시원스쿨 아이엘츠 기출 보카
IELTS Vocabulary

시원스쿨 **LAB**

시원스쿨 아이엘츠 기출 보카
IELTS Vocabulary

개정 1쇄 발행 2024년 5월 1일

지은이 시원스쿨어학연구소
펴낸곳 (주)에스제이더블유인터내셔널
펴낸이 양홍걸 이시원

홈페이지 www.siwonschool.com
주소 서울시 영등포구 영신로 166 시원스쿨
교재 구입 문의 02)2014-8151
고객센터 02)6409-0878

ISBN 979-11-6150-842-9 13740
Number 1-110505-23230407-08

머리말

IELTS 시험 점수는 어휘(Vocabulary) 실력에 비례!

좋은 영어 시험 점수를 받기 위해서는 어휘를 많이 알아야 합니다. 탄탄한 어휘력이 뒷받침해 주면 아무리 어려운 영어 문제가 나와도 해결할 수 있습니다. 이는 IELTS 시험도 마찬가지입니다. 특히, IELTS 시험은 타 시험과 다르게 빠르게 변하는 현대의 생활상을 반영하는데, 이러한 최신 내용을 반영한 IELTS 시험 전문 어휘책은 찾기가 어렵습니다.

이에, 프리미엄 시험영어 인강 브랜드 시원스쿨랩에서 IELTS 시험 특성을 제대로 반영한 『IELTS Vocabulary』를 내놓게 되었습니다. 이 도서는 IELTS 를 처음 공부하는 학습자부터, 고득점을 목표로 하는 수험생 모두를 대상으로 합니다.

본 도서는 IELTS 시험 초창기인 2001년부터 최근까지의 누적 기출 자료를 바탕으로 최신 출제 경향을 완벽히 분석하여 정답을 맞히는 데 필요한 어휘와 정보를 집대성한 학습서입니다. 특히 정답과 관련된 기출 포인트를 모두 공개함으로써 실전에서 바로 점수를 올릴 수 있도록 구성하였습니다.

시험에 반드시 나오는 단어(word)와
콜로케이션(collocation)으로 IELTS 시험 정복!

이 책의 또 다른 특징은, IELTS 시험에서 반드시 알아야 하는 콜로케이션(collocation 연어) 표현을 제공한다는 점입니다. 책의 Listening과 Reading 부분에서는, 실제 시험에 나온 단어를 바탕으로 표제어를 정리하였는데, 이때 이 단어가 지문에서 어떻게 다른 단어와 연계되어 콜로케이션으로 나오는지도 알려줍니다. 무엇보다도 Writing과 Speaking 부분에서는 콜로케이션 학습을 더 강화하여, 시험에 사용할 수 있는 콜로케이션을 주제별 표제어로 제공하고 예문과 함께 간단하게 테스트할 수 있도록 구성하였습니다.

이 책의 저자인 시원스쿨어학연구소는 전문 원어민 연구원들은 물론, IELTS 영역별 만점 연구원들, 그리고 영국과 호주의 명문대에서 수학한 원어민급 연구원들로 구성되어 있습니다. 연구진은 매년 수차례 IELTS 시험을 직접 보면서 최신 경향을 분석하여 교재에 반영하고 있습니다. 본 교재를 통해 모든 IELTS 수험자들이 보다 쉽고 빠르게 목표 점수에 도달하여, 원하는 꿈을 이룰 수 있기를 기원합니다.

시원스쿨어학연구소

Content

- 머리말
- 이 책의 특징
- 이 책의 구성
- 아이엘츠(IELTS) 시험 소개
- 어휘 정복 플랜

이 책의 특징

1 IELTS 어휘, 초급부터 실전까지 한번에 정복!

이 책은 IELTS 실전 시험에 나온 기출 어휘들을 제공하고 있기에 시험을 준비하는 수험생들이 반드시 읽어야 하는 실전서입니다. IELTS 시험의 어휘 수준은 수능 또는 내신 영어, 토익(TOEIC) 보다 더 어렵습니다. 본 도서는 아직 영어 실력이 부족한 수험생들도 쉽게 학습할 수 있도록, IELTS 시험에 빈출되는 기본 단어 200개를 도서 마지막 코너, Basic Vocabulary 200에서 제공하고 있습니다. 따라서 입문 또는 초급 수험생들은 이 부분부터 먼저 학습하기 바랍니다.

2 정답과 관련된 출제포인트 모두 공개!

시험에 자주 나오는 것을 위주로 학습해야 빠르게 목표점수에 도달할 수 있습니다. 시원스쿨어학연구소는 IELTS 시험 초기부터 가장 최근 시점까지 약 25년간의 누적 기출자료를 바탕으로 기출 어휘 빅데이터를 구축하였습니다. 그리고 IELTS 시험의 정답 단어 혹은 정답 근거가 되는 문장에 나왔던 단어들 위주로 선정하여, 실제로 점수를 올릴 수 있는 어휘 학습을 할 수 있도록 책을 구성하였습니다.

기출 유의어	기출 Collocations	출제포인트
▸ 패러프레이징 단어	▸ 표제어의 앞뒤에 함께 쓰이는 단어 조합	▸ 단어의 이중적 의미/발음 ▸ 패러프레이징 구/표현 ▸ 파생어/단어 의미 비교 ▸ 관련 용어 상세 설명

시험에 자주 나오는 것을 위주로 학습해야 빠르게 목표점수에 도달할 수 있습니다. 시원스쿨어학연구소는 IELTS 시험 초기부터 가장 최근 시점까지 약 25년간의 누적 기출자료를 바탕으로 기출 어휘 빅데이터를 구축하였습니다. 그리고 IELTS 시험의 정답 단어 혹은 정답 근거가 되는 문장에 나왔던 단어들 위주로 선정하여, 실제로 점수를 올릴 수 있는 어휘 학습을 할 수 있도록 책을 구성하였습니다.

3 효과적인 단어 학습을 위한 부가 장치

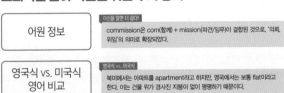

단어의 뜻을 암기하기 쉽도록 어원에 대한 설명을 수록했습니다. 어원 정보를 알고 있다면 단어의 철자만으로 뜻을 떠올릴 수 있기도 합니다. 또한 영국식 영어에 대한 두려움을 갖고 있는 학습자들을 위해 미국식 영어와의 비교 설명을 추가하여 좀 더 쉬운 어휘 학습이 되도록 하였습니다.

4 효과적인 어휘 학습을 위한 과목별 구성!

IELTS Listening과 Reading 시험에서는 어려운 단어(word)가 많이 등장하는데, 수험생은 빠르게 이 단어들의 뜻을 파악하는 실력을 쌓는 것이 중요합니다. 하지만 Writing과 Speaking에서는 개별 단어 의미만 알고 있으면 안 되고, 하나의 단어가 또 다른 단어와 어떻게 자연스럽게 연결되는지를 반드시 알아야 합니다. 예를 들면 '실수를 하다'를 do mistakes가 아닌 make mistakes로, '숙제를 하다'는 make homework가 아닌 do homework로 표현해야 합니다.

이렇게 자연스러운 단어 간의 조합을 콜로케이션(collocation 연어)이라고 합니다. 우리가 그동안 영어 공부를 하며 배워왔던 구동사(phrasal verb), 숙어, 속담 등의 관용어, 즉 이디엄(idiom) 역시 콜로케이션에 속합니다. 이 책은 아이엘츠 학습에 꼭 필요한 단어와 자연스러운 표현 모두 제공하는 진정한 아이엘츠 어휘(vocabulary) 학습서입니다.

5 영국 원어민 발음을 들으며 학습!

Listening/Reading은 단어 위주로, Writing/Speaking은 콜로케이션 특성상 예문 중심으로 영국인 원어민 성우가 녹음한 MP3를 다음 두 가지 방법으로 이용하실 수 있습니다.

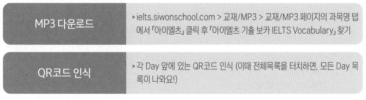

MP3 다운로드	▸ ielts.siwonschool.com > 교재/MP3 > 교재/MP3 페이지의 과목명 탭에서 「아이엘츠」 클릭 후 「아이엘츠 기출 보카 IELTS Vocabulary」 찾기
QR코드 인식	▸ 각 Day 앞에 있는 QR코드 인식 (이때 전체목록을 터치하면, 모든 Day 목록이 나와요!)

어휘 학습은 소리를 들으며 직접 발음해야 효과적입니다. 원어민이 녹음한 Day별 단어를 수시로 듣고 따라하는 연습을 집중적으로 한다면, 어휘 암기가 더욱 쉬워집니다.

이 책의 구성

Words for Listening & Reading

출제빈도
★★★ 최근 5년 출제빈도 최상
★★ 최근 5년 출제빈도 상
★ 역대 출제빈도 상

예문
기출에서 가장 많이 쓰이는, 뜻을 잘 살리면서 아이엘츠 지문 스타일을 반영한 예문

기출 표제어
아이엘츠 기출 어휘

뜻
아이엘츠에서 주로 쓰이는 표제어의 뜻

기출 유의어
표제어와 함께 외워야하는 실제 기출되었던 유의어

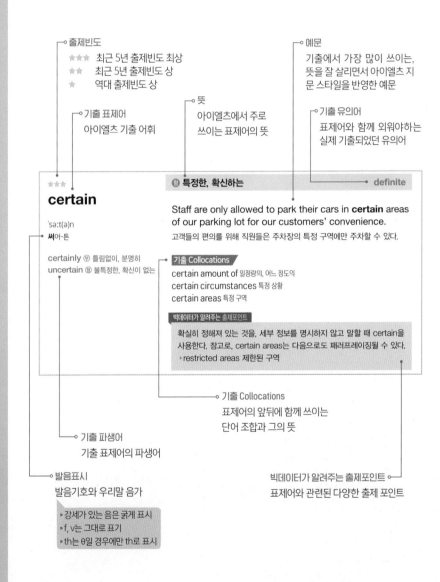

★★★

certain

[ˈsəː(t)(ə)n]
써어-튼

certainly ⓐ 틀림없이, 분명히
uncertain ⓐ 불특정한, 확신이 없는

ⓐ 특정한, 확신하는 ● definite

Staff are only allowed to park their cars in **certain** areas of our parking lot for our customers' convenience.
고객들의 편의를 위해 직원들은 주차장의 특정 구역에만 주차할 수 있다.

기출 Collocations
certain amount of 일정량의, 어느 정도의
certain circumstances 특정 상황
certain areas 특정 구역

빅데이터가 알려주는 출제포인트
확실히 정해져 있는 것을, 세부 정보를 명시하지 않고 말할 때 certain을 사용한다. 참고로, certain areas는 다음으로도 패러프레이징될 수 있다.
▸ restricted areas 제한된 구역

기출 Collocations
표제어의 앞뒤에 함께 쓰이는 단어 조합과 그의 뜻

기출 파생어
기출 표제어의 파생어

발음표시
발음기호와 우리말 음가
▸ 강세가 있는 음은 굵게 표시
▸ f, v는 그대로 표기
▸ th는 θ일 경우에만 th로 표시

빅데이터가 알려주는 출제포인트
표제어와 관련된 다양한 출제 포인트

Collocations for Writing & Speaking

IELTS Writing과 Speaking 채점 기준에, 자연스럽고 정확한 콜로케이션 및 관용 표현 사용 (accuracy in collocation / use idomatic language naturally and accurately)이 나오듯이, 좋은 점수를 획득하기 위해서는 반드시 콜로케이션 공부를 따로 하여야 합니다.

○ 빈출 토픽
Writing/Speaking 시험에
자주 나오는 주제

○ 콜로케이션/관용 표현
Writing/Speaking 답안 점수를
상승시키는 자연스러운 영어 표현

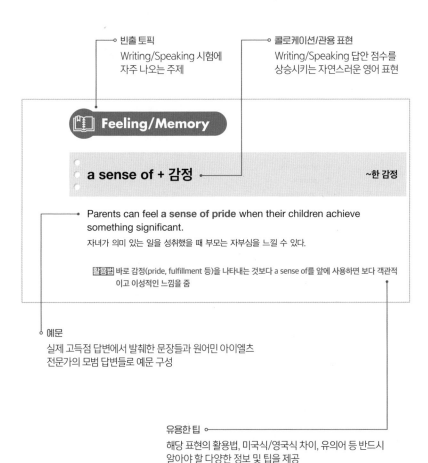

Feeling/Memory

a sense of + 감정 ~한 감정

Parents can feel **a sense of pride** when their children achieve something significant.
자녀가 의미 있는 일을 성취했을 때 부모는 자부심을 느낄 수 있다.

활용법 바로 감정(pride, fulfillment 등)을 나타내는 것보다 a sense of를 앞에 사용하면 보다 객관적이고 이성적인 느낌을 줌

○ 예문
실제 고득점 답변에서 발췌한 문장들과 원어민 아이엘츠
전문가의 모범 답변들로 예문 구성

○ 유용한 팁
해당 표현의 활용법, 미국식/영국식 차이, 유의어 등 반드시
알아야 할 다양한 정보 및 팁을 제공

이 책의 구성

Quick Review

각 Day의 Words와 Collocations가 끝나면 복습 문제가 바로 나오는데, 반드시 복습 문제를 풀면서 그날 확실히 단어와 표현을 학습했는지 확인합니다. 틀리거나 제대로 숙지하지 못한 단어나 표현이 있으면 반드시 확실하게 암기하고 넘어가도록 합니다.

Quick Review

단어와 그에 알맞은 뜻을 연결해 보세요.

1.	induce		①	관습적인
2.	appliance		②	채택하다, 받아들이다
3.	frustration		③	(지구의) 대기, 분위기
4.	term		④	유발하다, 유도하다
5.	atmosphere		⑤	용어, 기간
6.	observe		⑥	기기
7.	conventional		⑦	관찰하다
8.	adopt		⑧	좌절감
9.	elusive		⑨	이해하기 어려운, 포착하기 어려운
10.	setback		⑩	차질

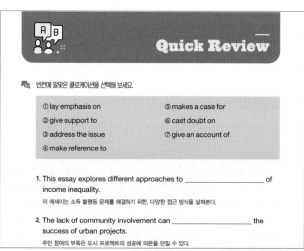

Quick Review

빈칸에 알맞은 콜로케이션을 선택해 보세요.

① lay emphasis on   ⑤ makes a case for
② give support to   ⑥ cast doubt on
③ address the issue   ⑦ give an account of
④ make reference to

1. This essay explores different approaches to _____ of income inequality.
   이 에세이는 소득 불평등 문제를 해결하기 위한, 다양한 접근 방식을 살펴본다.

2. The lack of community involvement can _____ the success of urban projects.
   주민 참여의 부족은 도시 프로젝트의 성공에 의문을 던질 수 있다.

Vocabulary Expansion

아이엘츠에 자주 나오는 어휘가 각 Day 마지막 페이지에 따로 정리되어 있습니다. 학습자는 부담 없이 읽으며 다양한 어휘에 익숙해지면서 어휘력을 보다 확장시킬 수 있습니다.

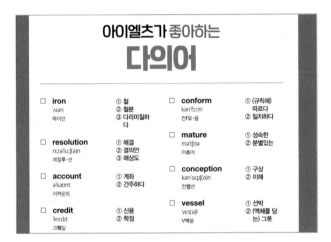

Basic Vocabulary

영어 입문 학습자라면 이 단어들의 뜻과 함께 학습하고, 중급 학습자는 모르는 단어만 각 표제어 앞에 있는 체크박스에 체크하면서 선택적으로 학습하는 것이 좋습니다.

아이엘츠(IELTS) 시험 소개

IELTS(International English Language Testing System)는 학업과 이민 및 취업을 위한 영어 능력을 평가하기 위해 만들어진 국제공인 영어능력 평가시험입니다. 영국문화원(British Council), 호주의 IDP, 그리고 케임브리지 대학교(Cambridge University Press & Assessment)가 공동으로 주관하는 시험으로, 현재 영국, 호주, 뉴질랜드, 미국, 캐나다, EU, 싱가포르, 홍콩, 인도, 중국 등 세계 대부분의 대학에서 일정 수준 이상의 IELTS 점수를 입학 자격으로 인정하고 있습니다. 또한 이민 자격 요건으로 영국, 호주, 뉴질랜드, 캐나다 정부에서 IELTS 점수를 요구하고 있습니다.

시험 응시

IELTS 응시료, 접수 및 진행 방법은 국가마다 조금씩 차이가 있습니다. 따라서 정확하고 자세한 정보는 시험을 접수하기 전에 홈페이지 등에서 확인해야 됩니다. 아래 정리된 내용은 국내의 일반 IELTS 시험 응시 사항입니다.

공식 접수처	영국문화원 또는 IDP 홈페이지에서 온라인 접수 영국문화원 공식 파트너인 시원스쿨LAB에서도 시험 접수 가능 https://reg.britishcouncil.kr/ko/Main/Schedule/SW
시험 접수 준비물	여권 (성적발표일까지 유효기간이 남은 여권) 시험 접수할 때 사용한 여권을 시험 당일에 지참해야 함
성적 조회	성적발표일부터 16일간 온라인으로 성적 조회 가능
성적표 수령	우편 수령(성적발표일에 발송), 방문 수령(성적발표일부터 1주일간)
재채점 요청	확인한 성적에 대해 재채점 요청 가능 시험 응시일부터 6주 이내에 신청 가능 요청 후 8주 전후 소요

▶ 자세한 사항은 다음 공식페이지에서 확인
영국문화원 https://www.britishcouncil.kr/exam/ielts, IDP http://www.ieltskorea.org/index.asp

Paper-based IELTS와 Computer-delivered IELTS

컴퓨터로 시험을 보는 형태인 Computer-delivered IELTS(CD IELTS)가 2018년 9월부터 도입
되었습니다. 또한 코로나 이후 몇몇 시험 장소에서는 컴퓨터를 통한 실시간 화상 면접 방식(Video-
Call Speaking)으로 Speaking 과목을 진행하기도 하는데, 시험 접수시 시험 진행 방식을 확인할
수 있습니다.

	종이	컴퓨터
답안작성방법	손글씨로 작성	컴퓨터로 작성
응시료	299,000원 (2024년 5월 기준)	299,000원 (2024년 5월 기준)
성적 발표	응시일로부터 13일 후	응시일로부터 3~5일 후
시험 일정	월 4회	월 50회 이상
시험 순서	Writing – Reading – Listening – 휴식 – Speaking * 2019년 4월부터 Listening과 Writing 시험 순서가 바뀜 * 일부 국가는 Listening – Reading – Writing – 휴식 – Speaking 순서임	Listening – Reading – Writing – 휴식 – Speaking 또는 Speaking – 휴식 – Listening – Reading – Writing
스피킹 시험 시간	무작위 배정	사전에 선택 가능

일반 IELTS와 IELTS for UKVI

IELTS for UKVI는 영국 비자 Tier 1, Tier 2, Tier 4의 발급 조건에 해당하는 시험으로, UKVI는
UK Visas and Immigration(영국 비자와 이민)을 칭합니다.

IELTS for UKVI도 Academic과 General Training 시험이 있고, 시험 과목 및 문제도 일반 IELTS
와 동일 합니다. 다만 응시료의 차이가 있으며(IELTS for UKVI 응시료: 333,000원), 시험 장소도
영국 정부가 인정한 소수의 장소로 한정되어 있습니다.

일반 아이엘츠와 IELTS for UKVI를 모두 인정하는 학교도 있지만, IELTS for UKVI 점수만 인정하
는 학교도 있으므로 반드시 자신이 목표로 하는 학교가 요구하는 시험이 무엇인지 정확히 파악해
야 합니다.

아이엘츠(IELTS) 시험 소개

One Skill Retake

아이엘츠 시험을 응시 후 처음에 목표로 한 점수를 얻지 못했을 경우, One Skill Retake를 통해 4가지 영역의 읽기, 듣기, 말하기, 쓰기 중 하나를 선택하여 재시험을 치를 수 있습니다.

One Skill Retake는 영국, 뉴질랜드 호주 이민성 및 호주 정부기관, 여러 대학교와 교육기관 등에서 인정받고 있는데, One Skill Retake 시험 결과를 인정하는 기관 리스트들은 계속해서 바뀌고 있기에 자신이 지원하려는 대학 또는 기관에서 자신이 지원하는 학기에 인정하는지 반드시 직접 확인해야 합니다.

접수 조건	1. 시험 시행일 기준 60일 이내에, 컴퓨터로 일반 시험을 완료한 응시자 (UKVI 불가) 2. 원시험 당 하나의 과목만 다시 응시할 수 있음 3. 원시험과 동일한, 유효 기간 내에 있는 여권만 사용 가능 (여권 만료 시, 응시 불가)
접수 방법	응시자 포털 에 로그인하면 IELTS 결과를 확인할 수 있는데, 다시 응시하고 싶은 과목의 'Retake' 버튼을 클릭
성적표	응시자는 새로운 성적표를 받게 되는데, 새로 받은 IELTS One Skill Retake 점수와 원시험의 나머지 세 과목 결과가 표시됨 (원시험의 성적표와 새로운 성적표 중 선택하여 사용 가능)
비용	약 20만원

2024년 4월 영국문화원 기준
https://www.britishcouncil.kr/exam/ielts/one-skill-retake

IELTS Online

아이엘츠 온라인은 집에서 노트북 또는 데스크탑 컴퓨터에 인터넷 연결을 통해 시험을 보는 방식입니다. 컴퓨터 시험과 동일한 문제, 형식, 시간으로 진행되며, 스피킹 테스트도 온라인 인터뷰로 진행됩니다.

유의할 점은 정부 기관에서 IELTS Online을 인정하지 않고, 인정하는 대학 역시 한정되어 있기에, 자신이 지원하는 곳에서 IELTS Online을 인정하는지 먼저 확인해야 합니다.

접수 조건	1. 만 18세 이상
	2. Academic 응시만 가능
	3. IDP 공식 사이트에서만 접수(영어로만 나와 있음)
성적 발표	응시일로부터 6~8일 후
성적표	인터넷으로 확인 가능하지만 종이 성적표는 발급 불가
비용	약 30만원 (224.30 USD로 환율에 따라 금액 변동 있음)

2024년 4월 IELTS 공식 홈페이지 기준
https://ielts.org/take-a-test/test-types/ielts-academic-test/ielts-online

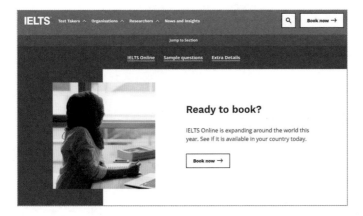

아이엘츠(IELTS) 시험 소개

시험 영역과 평가 방식

유학을 하려는 사람들은 아카데믹(Academic Module), 이민 및 취업을 위한 사람들은 제너럴 트레이닝(General Training Module)에 응시해야 합니다.

시험 영역	Academic (유학용)	General Training (이민/취업용)
Listening 30분, 40문제	대화 혹은 1인 발화 내용에 대한 문제 풀기 Part 1　일상 대화 (2인 대화) Part 2　안내 및 공지 (1인 위주 발화) Part 3　연구 과제 (2~4인의 대화) Part 4　전문 강좌 (1인 발화)	
Reading 60분, 40문제	총 3개의 지문에 대한 문제 풀기 저널, 신문, 잡지, 서적 등의 글 - 인간의 신체와 정신, 환경, 역사, 경제, 생물, 공학 등 학문적인 내용	총 5개의 지문에 대한 문제 풀기 짧은 광고 및 공지 등 생활 관련(2개 지문), 계약서 규정 및 사내 규칙 등 직장 관련(2개 의 지문), 학문적인 내용(1개의 지문)
Writing 60분, 2개의 글쓰기	Task 1 - 150 단어 이상의 분석 글쓰기 도표나 도해 분석	Task 1 - 150 단어 이상의 편지 글쓰기 정보 요청이나 상황 설명
	Task 2 - 250 단어 이상의 에세이 글쓰기 특정 주제에 대한 논리적인 주장 전개	
Speaking 11~14분	시험관과의 1:1 대화 방식 Part 1　자기 소개 등 친근한 주제로 질의응답 Part 2　특정 주제에 대해 2분 정도로 설명하기 Part 3　Part 2 주제에 대해 시험관과 토론	

2020년 시험 변경 내용 정리

컴퓨터용 시험(Computer-delivered IELTS)으로의 IELTS 일원화 추세에 따라 2020년 1월부터 다음과 같이 종이 시험(Paper-based IELTS)이 변경되었습니다.

Listening	1. Section 대신 Part란 용어로 통일 2. Part 1이 예제(Example) 없이 바로 1번부터 시작 3. 문제에 페이지 번호가 더 이상 나오지 않음

* Listening 외에 다른 영역은 변경사항이 없습니다.

시험 점수

아이엘츠 점수는 밴드(Band) 단위로 산정되는데, 범위는 0~9이고 0.5 단위로 구분합니다. 각 점수가 의미하는 바는 아래의 표와 같습니다. 일반적으로 목표로 하는 점수는 5.5 ~ 7.0이지만, 각자 자신이 원하는 전공과 학교가 요구하는 점수로 목표를 설정해 공부하는 것이 중요합니다.

밴드	레벨	설명
9.0	Expert User	완벽한 영어를 구사함. 적절하고 정확하며 유창한 영어를 구사하며 완벽한 이해력을 보임
8.0	Very good user	익숙하지 못한 상황에서 간혹 부정확하거나 부적절한 표현을 갖고 있지만 거의 완벽한 영어를 구사. 복잡한 토론을 이어 나감
7.0	Good user	때때로 부정확하거나 부적절한 경우도 있지만 거의 완벽한 영어 구사. 일반적으로 복잡한 언어를 다루고, 상세한 추론을 이해함
6.0	Competent user	약간 부적절하거나 부정확한, 그리고 잘못 이해하는 경우에도 불구하고 효과적인 영어를 구사함. 익숙한 상황에서는 상대적으로 복잡한 표현을 이해하고 사용함
5.0	Modest user	많은 실수를 하는 경향이 있지만, 대부분 상황에서 영어를 부분적으로 구사하며 전반적인 이해 가능. 자신의 분야에서 기본적인 의사소통 가능
4.0	Limited user	친숙한 상황에서만 기본적인 소통 가능함. 이해하고 표현하는데 있어서 자주 문제점을 드러냄. 복잡한 언어소통은 어려움
3.0	Extremely limited user	아주 친숙한 상황에서만 기본적인 의미를 이해함. 의사 소통에 있어서 자주 문제가 발생함
2.0	Intermittent user	말하기와 쓰는데 있어서 상당히 어려움
1.0	Non-user	아주 제한적인 어휘를 제외하곤 언어 사용 능력이 없음
0	Did not attempt the test	시험을 보지 않음

아이엘츠(IELTS) 시험 소개

과목별 채점 기준

아이엘츠 Listening과 Reading은 객관적으로 맞고 틀린 개수가 명확하기 때문에 아래와 같은 채점표로 자신의 점수를 예상할 수 있습니다. 각 과목에서 어휘를 직접적으로 물어보는 문제는 없지만, 정확하고 유연한 어휘력을 갖추어야 문제를 풀 수 있도록 출제하고 있습니다.

Listening 채점표

밴드	맞은 개수	밴드	맞은 개수
1	1	6	25~32
2	2~3	7	33~37
3	4~9	8	38~39
4	10~16	9	40
5	17~24		

Reading 채점표

Academic		General Training Reading	
밴드	맞은 개수	밴드	맞은 개수
1	1	1	1
2	2~3	2	2~4
3	4~9	3	5~11
4	10~15	4	12~17
5	16~22	5	18~25
6	23~28	6	26~34
7	29~35	7	35~37
8	36~39	8	38~39
9	40	9	40

Writing과 Speaking은 이러한 채점표 대신에 각 과목에 맞는 4개의 채점 기준이 있습니다. 각 4개의 기준이 각각 1~9점으로 채점이 되고 총점은 이 4개 점수의 평균이 됩니다. 다르게 말하면 아이엘츠 시험은 라이팅에서 과제달성을 잘하고 스피킹에서 유창하게 말한다고 하더라도 사용하는 단어의 수준이 낮다면 고득점은 맞기 어려운 채점 기준을 갖고 있습니다.

Writing 채점 기준

과제 달성 Task Achievement (= Task Response)	▸ 과제의 모든 요구사항을 다룸 ▸ 완전하게 전개된 자신의 생각 및 입장 또는 문제에 대한 답변을 명확하게 보여줌
일관성과 응집성 Coherence and Cohesion	▸ 주의를 끌지 않는 자연스러운 방법으로 글의 응집성이 있음 ▸ 능숙하게 문단을 구성함
어휘력 Lexical Resource	▸ 다양한 어휘를 매우 자연스럽고 세련된 방식으로 사용함
문법의 다양성과 정확성 Grammatical Range and Accuracy	▸ 다양한 문장 형태를 유창하고 정확하게 사용함

Speaking 채점 기준

유창성과 일관성 Fluency and Coherence	▸ 반복이나, 자기 수정없이 유창하게 말함 ▸ 단어나 문법을 찾기 위해 머뭇거리지 않음 ▸ 최적의 연결어로 일관성 있게 말함 ▸ 화제를 완전하고 적절하게 전개함
어휘력 Lexical Resource	▸ 모든 화제에서 완전한 유창성 및 정확성을 갖춘 어휘를 사용함 ▸ 관용어를 자연스럽고 정확하게 사용함
문법의 다양성과 정확성 Grammatical Range and Accuracy	▸ 다양한 문장 형태를 자연스럽고 적절하게 사용함 ▸ 일관되게 정확한 문장 형태를 사용함
발음 Pronunciation	▸ 정확하고 섬세하게 다양한 모든 발음을 사용함 ▸ 시종일관 유연한 발음을 유지함 ▸ 이해하는데 수월함

어휘 정복 플랜

계획에 따라 밀리지 않게 학습하려면, 매일 일정한 시간을 공부 시간으로 정하여 학습하는 것을 권장합니다. 그리고 어휘 학습은 반복 학습이 필수이므로 최소 3회독을 합니다.

1회독 방법

차근차근 모든 단어를 학습하며 단어의 정확한 의미 파악에 중점을 둡니다.

 발음, 뜻과 유의어, 예문과 기출 collocation, 빅데이터가 알려주는 출제포인트, 파생어 순으로 차근차근 학습합니다. 아는 어휘라도 내용을 다 읽고 다음으로 넘어갑니다.

 음원을 들으며 2번 이상 직접 발음하며 암기합니다. Listening/Reading 단어 학습이 끝나면 해당 Quick Review를 통해 복습하는데, 책에 정답을 적지 않습니다.

 Writing/Speaking의 콜로케이션과 예문을 학습합니다. 예문을 직접 해석할 수 있을 때까지 꼼꼼하게 학습하도록 합니다.

 콜로케이션과 예문에 대한 음원을 들으며 2번 이상 직접 발음하며 암기합니다. 학습이 끝나면 해당 Quick Review를 통해 복습하는데, 책에 정답을 적지 않습니다.

 Quick Review에서 틀리거나 완벽하게 암기하지 못한 어휘는 본문에 표시해 두고 수시로 반복 확인합니다. 맨 뒤의 Vocabulary Expansion은 가볍게 읽어봅니다.

2회독 방법

1회독 보다는 빠르게 학습하지만, 여전히 차근차근 도서를 읽으며 암기합니다. 따라서 1회독에서 사용했던 방법을 그대로 반복합니다.

3회독 방법

3회독부터는 모르는 어휘 위주로, 예문에 중점을 두어 학습하고, 빠르게 Day 1부터 Day 20까지 순서대로 학습합니다. 이러한 방식으로 4회독, 5회독을 하며 모든 내용을 암기하도록 합니다.

입문 및 초급 학습자 - 40일 어휘 정복 플랜

Basic Vocabulary 학습	1일	2일	3일	4일	5일
	1-50	51-100	101-150	151-200	복습(1-200)
	6일	7일	8일	9일	10일
	Day 1	Day 2	Day 3	Day 4	Day 5
	11일	12일	13일	14일	15일
1회독	Day 6	Day 7	Day 8	Day 9	Day 10
	16일	17일	18일	19일	20일
	Day 11	Day 12	Day 13	Day 14	Day 15
	21일	22일	23일	24일	25일
	Day 16	Day 17	Day 18	Day 19	Day 20
	26일	27일	28일	29일	30일
2회독	Day 1-2	Day 3-4	Day 5-6	Day 7-8	Day 9-10
	31일	32일	33일	34일	35일
	Day 11-12	Day 13-14	Day 15-16	Day 17-18	Day 19-20
	36일	37일	38일	39일	40일
3회독	Day 1-4	Day 5-8	Day 9-12	Day 13-16	Day 17-20

어휘 정복 플랜

중급 및 실전 학습자 – 30일 어휘 정복 플랜

	1일	2일	3일	4일	5일
1회독	Day 1	Day 2	Day 3	Day 4	Day 5
	6일	**7일**	**8일**	**9일**	**10일**
	Day 6	Day 7	Day 8	Day 9	Day 10
	11일	**12일**	**13일**	**14일**	**15일**
	Day 11	Day 12	Day 13	Day 14	Day 15
	16일	**17일**	**18일**	**19일**	**20일**
	Day 16	Day 17	Day 18	Day 19	Day 20
다회독	**21일**	**22일**	**23일**	**24일**	**25일**
	Day 1–2	Day 3–4	Day 5–6	Day 7–8	Day 9–10
	26일	**27일**	**28일**	**29일**	**30일**
	Day 11–12	Day 13–14	Day 15–16	Day 17–18	Day 19–20

DAY
01

Listening
Reading

Writing
Speaking

★

fabulous

ˈfæbjʊləs

f애뷸러스

⟨형⟩ 기막히게 멋진   wonderful

Nowadays, people are too obsessed with the **fabulous** lifestyles of, celebrities.

요즘 사람들은 유명인들의 기막히게 멋진 생활 방식에 너무 집착한다.

★★★

attention

əˈtɛnʃ(ə)n

어텐션

⟨명⟩ 주의, 주목, 관심   awareness, notice

For networking purposes, it's important to pay **attention** to the job titles of the people you meet at a professional conference.

인맥을 형성하기 위해, 전문적인 컨퍼런스에서 만나는 사람들의 직함에 주의를 기울이는 것은 중요하다.

기출 Collocations

pay attention 주의를 기울이다
draw attention 관심을 끌다
medical attention 의학적인 관심, 치료

빅데이터가 알려주는 출제포인트

정답근거 문장에 자주 등장하는 어휘로, 의미적으로 다음 어휘와도 연결시킬 수 있어야 한다.
▸ guidance 안내
▸ focus on ~에 집중하다

★

evoke

ɪˈvəʊk

이V오크

⟨동⟩ 유발하다, 떠올리게 하다

The films of Luca Guadagnino **evoke** the 'Golden Age' of classical cinema.

루카 구아다니노의 영화들은 고전 영화의 '황금기'를 떠올리게 한다.

기출 Collocations

evoke memories 기억을 떠올리게 하다
evoke responses 반응을 유발하다

★

set aside

sɛt əˈsʌɪd

쎗 어싸이드

(나중을 위해) 치워두다, 따로 두다

Parents should always try to **set aside** the time to read and play with their young children.

부모들은 어린 아이들에게 책을 읽어 주고 함께 노는 시간을 따로 남겨 두도록 항상 노력해야 한다.

★
concession

kən'sɛʃ(ə)n
컨쎄-션

명 양보

The union launched the strike because it was not
willing to make steep **concessions** regarding overtime
pay.
그 조합은 파업을 시작했는데, 초과 근무 수당과 관련해 터무니없는 양보를
할 의향이 없었기 때문이었다.

명 할인   discount

University students receive a **concession** of 50% on
admission to sporting events.
대학생들은 스포츠 행사 입장권에 대해 50%의 할인을 받는다.

기출 Collocations
No concession 할인 없음
applicable concession 적용가능한 할인

★★★
replace

rɪ'pleɪs
리플레이스

동 대체하다   substitute

The orientation session covering employee health
insurance will be **replaced** by a welcome speech from
the CEO.
직원의 건강 보험을 다루는 오리엔테이션 시간이 대표이사의 환영 연설로 대
체될 것이다.

기출 Collocations
be replaced with ~으로 대체되다

빅데이터가 알려주는 출제포인트
아이엘츠에서는 의미적으로 패러프레이징하는 경우가 많다. 예를 들어,
be replaced with는 다음 표현으로 패러프레이징될 수 있다.
▸ complete repairs 수리를 완성하다
▸ change 변경하다

★★
ought

ɔ:t
오-트

동 ~해야 하다, ~할 의무가 있다   should, be necessary to

New laws **ought** to be made to protect residents
and the environment from the dangers of natural gas
extraction.
천연 가스 추출의 위험으로부터 주민과 환경을 보호하기 위한 새로운 법안이
만들어져야 한다.

빅데이터가 알려주는 출제포인트
필요성이나 가능성을 표현할 때 사용되는 조동사로서, 단독으로 쓰이지
않고 항상 ought to로 사용된다는 것을 기억한다. 'ought to = should'
라고 생각하고 해석해도 무방하다.

★★
query

'kwɪəri

쿠에어리

명 질문, 문의

The local wildlife authority will also answer **queries** about seasonal hunting and fishing limits.

지역 야생 동물 관리 당국이 계절적 사냥과 낚시 제한에 관한 질문에도 답변할 것이다.

★
fort

fɔːt

f오-트

fortification 명 요새화, 무장

명 요새

The ruins of several Roman **forts** can still be seen throughout the English countryside.

폐허가 된 로마군의 여러 요새들은 여전히 잉글랜드 시골 전역에 걸쳐 볼 수 있다.

★★★
scheme

skiːm

스끼-임

명 계획, 제도   programme

Many advertising experts agree that releasing several short commercials instead of a single long one is a clever marketing **scheme**.

많은 광고 전문가들은 하나의 긴 광고 대신에 짧은 분량의 여러 광고를 내보내는 것이 현명한 마케팅 계획이라는 것에 동의한다.

기출 Collocations
a recycling scheme 재활용 정책
an incentive scheme 장려책, 인센티브 제도
a pension scheme 연금제도

★★★
immediate

ɪ'miːdɪət

이미-디어트

immediately 부 즉시, 가까이에

형 즉각적인, 직접적인   instant

Providing a healthy breakfast to primary school students will have an **immediate** effect on their academic performance.

초등학교 학생들에게 건강한 아침식사를 제공하는 것은 그들의 학업 성취도에 즉각적인 영향을 미칠 것이다.

기출 Collocations
in the immediate future 가까운 미래에

★★★

appreciate

əˈpriːʃieɪt
어프**리**-쉬에잇ㅌ

appreciation [명] 감사, 감상
appreciative [형] 감사해하는, 감탄하는

[동] 진가를 인정하다, 감사해하다 value

Critics did not fully **appreciate** Van Gogh's talent or artistic vision until long after his passing.
비평가들은 반 고흐가 사망하고 오랜 시간이 지난 후에야 그의 재능 또는 예술적 관점을 제대로 알아봤다.

[동] (상황이나 문제점을 완전히) 인식하다 recognise

When walking through the slums of Kolkata, you immediately **appreciate** the depth of poverty faced by local residents.
콜카타의 빈민가 사이를 지나갈 때, 지역 주민들이 직면하고 있는 가난의 심각성을 즉시 인식하게 된다.

★★

party

ˈpɑːti
파-티

[명] 일행, 무리, 정당 group

We will have to divide the group into **parties** of eight for everyone's convenience on the tour.
여행 중 모든 분들의 편의를 위해 일행을 8명의 사람들로 나눠야 할 것입니다.

기출 Collocations
the other party 상대방
the third party 제3자

빅데이터가 알려주는 출제포인트

party는 '파티'라는 뜻이 일반적이지만 아이엘츠에서는 '무리, 정당'라는 뜻으로 더 자주 나오며, '당사자'라는 뜻으로도 출제되었다.

★★★

regarding

rɪˈɡɑːdɪŋ
리**가**-딩

[전] ~에 대하여, ~에 관한 concerning, in respect of

Any queries **regarding** room and trip reservations can be answered by the hotel's front desk attendant.
객실 및 여행 예약과 관련된 어떤 문의 사항이든 호텔 프런트 데스크 직원이 답변해 드릴 수 있습니다.

빅데이터가 알려주는 출제포인트

regarding은 about과 동일하게 보면 된다. about 대신 아이엘츠에서 자주 사용하는 단어들은 다음과 같다.
- on ~에 대해
- concerning ~에 대해
- as to ~에 대해
- in relation to ~에 대해
- with regard to ~에 대해, ~와 관련하여
- in regard to ~에 대해, ~와 관련하여
- in that regard (방금 언급한) 그것과 관련하여

harm

★★

hɑːm
하아-암

harmful ⓐ 해로운
harmless ⓐ 해가 없는

⑧ 해를 끼치다   injure

Tourists exploring the island can **harm** the natural
environment, often without even realising it.
그 섬을 탐험하는 관광객들은 자연 환경에 해를 끼칠 수 있는데 종종 그들은
인식도 하지 못한다.

⑨ 피해, 손해

Lab procedures must be followed in order to prevent
personal **harm**.
실험실 이용 절차는 개인 상해를 예방할 수 있도록 준수되어야만 한다.

기출 Collocations
harm to ~에 끼치는 피해
do more harm than good 좋은 것보다 나쁜 것이 많다

---

objective

★★★

əbˈdʒɛktɪv
어브**젝**티V으

objectively ⓥ 객관적으로

⑨ 목적, 목표   ambition, aim

The study's primary **objective** is to find out why the
coral reefs are dying.
그 연구의 기본적인 목적은 산호초가 없어지고 있는 이유를 밝히는 것이다.

빅데이터가 알려주는 출제포인트

형용사 어미(-ive)로 끝나서 형용사로만 생각할 수 있지만 명사와 형용사
모두 가능한 단어이다. 두 가지 품사 모두 아이엘츠에 자주 등장한다.

⑧ 객관적인   unbiased

Some art critics believe the value of art is determined
by **objective** methods of evaluation rather than
individuals' reactions.
일부 미술 비평가들은 미술의 가치가 개개인의 반응보다는 객관적인 평가 방
법에 의해 결정된다고 생각한다.

---

mammal

★★★

ˈmam(ə)l
매-멀

⑨ 포유동물

Cetaceans are marine **mammals** comprising whales,
dolphins and porpoises.
고래목에 속한 동물들은 고래와 돌고래, 그리고 작은 돌고래를 포함하는 해
양 포유동물이다.

기출 Collocations
marine mammal 해양 포유동물
terrestrial mammal 육상 포유동물

---

critical

ˈkrɪtɪk(ə)l
크리티컬

critically ⓟ 비평적으로
criticise ⓢ 비판하다

ⓗ (잠재적으로) 대단히 중요한   important, crucial

Tablet devices are **critical** to increasing the efficiency of our serving staff.
태블릿 기기는 우리 서빙 담당 직원들의 업무 효율성을 높이는 데 있어 대단히 중요하다.

기출 Collocations
critical skills 핵심 기술
critical factors 결정적 요인

ⓗ 비판적인, 비평적인   negative, judgemental

Reviewers were **critical** of the author's biased depiction of female characters as helpless and timid.
서평가들은 그 작가가 여성 등장 인물들을 무력하고 소심하게 편향적으로 묘사한 것에 대해 비판적이었다.

기출 Collocations
critical acclaim 비평가들의 격찬

빅데이터가 알려주는 출제포인트
명사로 파생된 단어는 critic(비평가)과 criticism(비평)이 있다. 이 중 critic을 형용사로 보지 않도록 유의하고, 아이엘츠에서 주로 복수형태인 critics로 나온다는 것을 알아두자.

precious

ˈprɛʃəs
프레셔스

ⓗ 귀한, 값비싼   valuable

The new recycling scheme is designed to save **precious** and limited natural resources in an easier way.
그 새로운 재활용 사업은 귀하고 제한적인 천연 자원을 좀 더 쉬운 방법으로 보존할 수 있도록 고안되었다.

기출 Collocations
precious resources 귀중한 자원
precious materials 귀중한 자재
a precious opportunity 귀중한 기회

빅데이터가 알려주는 출제포인트
아이엘츠에서 금이나 은과 같은 '귀금속'을 precious metal이라고 표현하기도 한다.

obstacle

ˈɒbstək(ə)l
옵스티컬

ⓗ 장애물   obstruction

Poor economic conditions are a massive **obstacle** to technological development.
어려운 경제 상황이 기술 발전에 엄청난 장애물이 되고 있다.

commission

kəˈmɪʃ(ə)n
커미셔언

명 (의뢰/위탁된 일을 맡은) 위원회   committee

The International Test **Commission** oversees the proper administration and application of educational tests.

국제 시험 관리 위원회는 교육적인 시험의 적절한 시행과 집행을 총괄한다.

명 (의뢰/위탁된 일에 대한) 수수료   fee

Employees at Kanver Furniture were displeased when management replaced **commissions** with an hourly pay increase.

칸버 가구의 직원들은 경영진이 판매 수수료를 시급 인상으로 대체했을 때 불만스러워했다.

동 (일을) 의뢰하다, (지위 등을) 위임하다

The famous portrait, which is now on display in the National Museum, was **commissioned** by a member of the royal family and painted in 1665.

지금 국립 박물관에서 전시 중인 그 유명한 초상화는, 한 왕족이 의뢰해서 1665년에 그려진 것이다.

기출 Collocations

be commissioned to ~로 위촉되다
be commissioned by ~가 의뢰하다

어원을 알면 더 쉽다!

commission은 com(함께) + mission(파견/임무)이 결합된 것으로, '의뢰, 위임'의 의미로 확장되었다.

tackle

ˈtak(ə)l
태-컬

동 해결하다

There is no shame in seeking the advice of others when **tackling** a complex problem.

복잡한 문제를 해결할 때 다른 사람들의 조언을 구하는 것은 부끄러운 일이 아니다.

conceal

kənˈsiːl
컨씨-일

동 감추다, 숨기다   hide

The painter's amateur brushwork was **concealed** by the surprising mix of colours.

그 화가의 아마추어 같은 붓놀림은 놀라운 색상 조합으로 감춰졌다.

★★
gather
ˈgaðə
개더-

gathering [명] 모임, 회의

[동] 모으다 collect, assemble

Every winter, the charity **gathers** donations in order to restock its food bank.
겨울마다 그 자선 단체는 그들의 무료 급식소의 재고를 다시 채우기 위해 기부금을 모은다.

기출 Collocations
gather information 정보를 모으다
gather evidence 증거를 수집하다
hunter-gatherers 수렵 채집인

★★★
conflict
ˈkɒnflɪkt
컨f을릭트

[명] 갈등, 충돌 disagreement, quarrel

The CEO's announcement about the huge investment in R&D led to **conflict** between the major shareholders.
연구개발의 막대한 투자에 관한 대표이사의 발표는 주요 주주들 사이에서 의견 충돌로 이어졌다.

기출 Collocations
cause conflict 갈등을 초래하다
foster conflict 갈등을 조성하다
resolve conflict 갈등을 해결하다
break up conflict 갈등을 해소하다
minimise conflict 갈등을 최소화하다

빅데이터가 알려주는 출제포인트

동사로도 사용되는 단어이며, 다르게 발음한다. 동사일 때는 con이 더 약하게 발음되면서 flict에 강세가 부여되어, /컨f을**릭**트/로 발음한다.

또한 conflicting은 conflict의 분사형용사로, '상반되는, 서로 싸우는'을 의미한다. 다음 collocation이 아이엘츠에 등장한다.
▹conflicting needs 상충된 요구
▹conflicting priorities 상반되는 우선순위
▹conflicting views 견해 차이

★★
livestock
ˈlʌɪvstɒk
라이V으스톡

[명] 가축 animal

Certain breeds of dogs, such as the Border Collie, excel at herding and protecting **livestock**.
보더 콜리와 같은 특정 견종은 가축 떼를 몰고 보호하는 데 뛰어나다.

Day 01 Listening & Reading

★★★
advanced

ad'vɑːnst
어드**V**안스ㅌ

Applicants for the software developer position should have **advanced** understanding of several different programming languages.

소프트웨어 개발자 직책 지원자들은 여러 가지 다른 프로그래밍 언어에 대한 고도의 이해력을 지니고 있어야 한다.

기출 Collocations

advanced technology 첨단 기술, 선진 기술
advanced thinking 고등 사고력
advanced courses 상급 과정, 고급반

영국식 vs. 미국식

/a/발음을 주로 영국에서는 /아/, 미국에서는 /애/라고 발음하기에 영국은 /어드**V**안스ㅌ/, 미국은 /어드**V**앤스ㅌ/라고 발음한다.

★★★
keen

kiːn
키-인

keenly ⟨부⟩ 열심히, 빈틈없이

⟨형⟩ 열을 올리고 있는

Local authorities were **keen** to promote the opening of the new hospital as a part of the efforts to boost the local economy.

지방자치단체는 지역 경제를 고취시키기 위한 노력의 일환으로 새로운 병원의 개업을 장려하는데 열을 올리고 있었다.

기출 Collocations

keen on ~을 아주 좋아하는, ~에 관심이 많은
keen to do ~을 하기를 간절히 바라는

★
derelict

'dɛrəlɪkt
데럴릭ㅌ

⟨형⟩ 버려진   abandoned

The **derelict** building is scheduled for demolition in the spring.

버려진 그 건물은 봄에 철거될 예정이다.

★
avert

ə'vəːt
어v어-ㅌ

⟨동⟩ 피하다, 막다   avoid

He **averted** financial disaster by selling his pharmaceutical stocks before they crashed.

그는 갖고 있던 제약 회사 주식이 폭락하기 전에 매각함으로써 금융재난을 피했다.

Quick Review

단어와 그에 알맞은 뜻을 연결해 보세요.

1.	fabulous	① 포유동물
2.	party	② (잠재적으로) 대단히 중요한, 비판적인, 비평적인
3.	scheme	③ 유발하다, 떠올리게 하다
4.	evoke	④ ~에 대하여, ~에 관한
5.	obstacle	⑤ 계획, 제도
6.	derelict	⑥ 가축
7.	critical	⑦ 기막히게 멋진
8.	regarding	⑧ 버려진
9.	livestock	⑨ 장애물
10.	mammal	⑩ 일행, 무리, 정당

단어와 그에 알맞은 유의어를 연결해 보세요.

11.	objective	⑪ discount
12.	commission	⑫ substitute
13.	concession	⑬ collect
14.	replace	⑭ fee
15.	immediate	⑮ recognise
16.	conceal	⑯ disagreement
17.	avert	⑰ instant
18.	gather	⑱ unbiased
19.	appreciate	⑲ hide
20.	conflict	⑳ avoid

[정답]

1. ⑦ 2. ⑩ 3. ⑤ 4. ③ 5. ⑨ 6. ⑧ 7. ② 8. ④ 9. ⑥ 10. ①
11. ⑱ 12. ⑭ 13. ⑪ 14. ⑫ 15. ⑰ 16. ⑲ 17. ⑳ 18. ⑬ 19. ⑮ 20. ⑯

Collocations for Writing & Speaking

 **Daily Life**

catch up
밀린 이야기를 하다

Sometimes, we **catch up** over lunch to exchange the latest news.
때때로 우리는 최근 소식을 주고받기 위해 점심을 먹으며 밀린 이야기를 한다.

활용법 Speaking 또는 General Training Writing의 Informal letter에서 사용

do one's hair
머리를 손질하다

I have to spend most of my time in the morning **doing my hair**, which can be quite time-consuming.
나는 아침 시간의 대부분을 머리를 손질하는 데 할애해야 하는데, 이것은 꽤나 시간 소모가 크다.

활용법 Speaking 또는 General Training Writing의 Informal letter에서 사용

do one's grocery shopping
장을 보다

My family tends to **do our grocery shopping** at the local supermarket due to its easy accessibility.
내 가족은 편한 접근성 때문에 동네 슈퍼마켓에서 장을 보는 편이다.

활용법 Speaking 또는 General Training Writing의 Informal letter에서 사용

do the washing

빨래하다, 세탁하다

I usually spend my Saturday afternoons **doing the washing** to ensure that I have fresh and clean clothes to wear for the upcoming week.
다가오는 주에 입을 산뜻하고 깨끗한 옷을 확보하기 위해 나는 보통 토요일 오후에 빨래를 한다.

활용법 Speaking 또는 General Training Writing의 Informal letter에서 사용

get dressed

옷을 입다

After returning home, I **get dressed** in comfortable attire for a relaxing evening.
귀가 후, 나는 느긋한 저녁을 위해 편안한 복장으로 입는다.

keep in touch

연락을 유지하다

= **stay in touch**

I hope we can **keep in touch** to discuss potential collaborations in the future.
앞으로도 계속 연락을 주고받으며 잠재적인 협업에 대해 논의할 수 있기를 바랍니다.

make a change
변화를 주다, 변경하다

After many years working at the same job, he decided to **make a change** in his life and pursue a new career path.
수년간 같은 직장에서 일한 후, 그는 그의 삶에 변화를 주기로 결심하고 새로운 진로를 추구했다.

make a choice
선택하다

With various options available, I took my time to **make a** thoughtful **choice** about the job offer.
다양한 선택지가 있는 만큼, 나는 채용 제안을 신중하게 선택하기 위해 시간을 들였다.

make a difference
차이를 만들다, 영향을 주다

Making small changes in your diet can **make a** big **difference** on your health.
당신의 식습관에 작은 변화들을 만드는 것은 당신의 건강에 큰 차이를 만들 수 있다.

make a purchase 구매하다

Wise consumers research products thoroughly before deciding to **make a purchase**.
현명한 소비자는 구매를 결정하기 전에 제품을 철저하게 조사한다.

make an effort 노력하다, 애쓰다

My brother always **makes an effort** to maintain a positive attitude and achieve his goals.
내 동생은 항상 긍정적인 태도를 유지하고 목표를 달성하기 위해 노력한다.

make arrangements for ~을 준비하다

I had to **make arrangements for** the conference, including sending the attendees the necessary details.
나는 참석자들에게 필요한 세부 정보를 보내는 등 컨퍼런스 준비를 해야 했다.

on a regular basis
정기적으로, 규칙적으로

To maintain a healthy lifestyle, it is essential to exercise **on a regular basis**.

건강한 생활 방식을 유지하기 위해서는, 규칙적으로 운동하는 것이 필수적이다.

sleep late
늦잠을 자다

= sleep in

During weekends, teenagers often **sleep late**, relishing the freedom from their studies.

주말에는 청소년들이 종종 늦잠을 자며, 그들의 학업으로부터 자유를 만끽한다.

활용법 sleep in은 좀 더 가볍게 회화체에서 사용할 수 있음

take a shower
샤워하다

After exercising, it is essential to **take a shower** to maintain personal hygiene.

운동 후, 개인 위생을 유지하기 위해 샤워를 하는 것이 필수적이다.

Quick Review

🔖 빈칸에 알맞은 콜로케이션을 선택해 보세요.

① make a thoughtful choice	⑤ make arrangements for
② make a change	⑥ get dressed
③ make a big difference	⑦ catch up
④ make a purchase	

1. Sometimes, we _____ over lunch to exchange the latest news.

때때로 우리는 최근 소식을 주고받기 위해 점심을 먹으며 밀린 이야기를 한다.

2. I had to _____ the conference, including sending the attendees the necessary details.

나는 참석자들에게 필요한 세부 정보를 보내는 등 컨퍼런스 준비를 해야 했다.

3. After returning home, I _____ in comfortable attire for a relaxing evening.

귀가 후, 나는 느긋한 저녁을 위해 편안한 복장으로 입는다.

4. After many years working at the same job, he decided to _____ in his life and pursue a new career path.

수년간 같은 직장에서 일한 후, 그는 그의 삶에 변화를 주기로 결심하고 새로운 진로를 추구했다.

5. With various options available, I took my time to _____ about the job offer.

다양한 선택지가 있는 만큼, 나는 채용 제안을 신중하게 선택하기 위해 시간을 들였다.

6. Making small changes in your diet can _____ on your health.

당신의 식습관에 작은 변화들을 만드는 것은 당신의 건강에 큰 차이를 만들 수 있다.

7. Wise consumers research products thoroughly before deciding to _____ .

현명한 소비자는 구매를 결정하기 전에 제품을 철저하게 조사한다.

정답

1. ⑦ 2. ⑤ 3. ⑥ 4. ② 5. ① 6. ③ 7. ④

아이엘츠가 좋아하는
자연 관련 어휘

☐ **seed** 씨앗, 종자
si:d
씨-드

☐ **monsoon** 폭풍우
mɒnˈsuːn
몬쑤-운

☐ **sustenance** 자양물, 지속
ˈsʌstɪnəns
써스티넌쓰

☐ **humid** 습한
ˈhjuːmɪd
휴-미드

☐ **pollinate** 수분하다
ˈpɒlɪneɪt (가루받이하다)
폴리네이트

☐ **mist** 옅은 안개, 이슬
mɪst 이 맺히다
미스트

☐ **botanic** 식물의
bəˈtanɪk
보타닉

☐ **temperate** (기후, 지역이)
ˈtɛmp(ə)rət 온화한
템퍼러트

☐ **altitude** 고도
ˈaltɪtjuːd
알티튜-드

☐ **acclimatise** (장소, 기후 등
əˈklʌɪmətʌɪz 에) 익숙해지다
어클라이마타이즈

☐ **glacier** 빙하
ˈɡlasɪə
글라씨아

☐ **rustic** 시골 풍의
ˈrʌstɪk
뤄스틱

☐ **tundra** 툰드라, 동토대
ˈtʌndrə
턴드라

☐ **shellfish** 조개류, 갑각류
ˈʃɛlfɪʃ
쉘f이쉬

☐ **Mediterranean** 지중해의
ˌmɛdɪtəˈreɪnɪən
메디터레이니언

☐ **coral** 산호
ˈkɒr(ə)l
코럴

☐ **subtropical** 아열대의
sʌbˈtrɒpɪk(ə)l
썹트러피컬

☐ **salinity** 염분
səˈlɪnɪti
쎌리니티

☐ **sugar cane** 사탕수수
ˈʃʊɡə keɪn
슈가 케인

☐ **tide** 조수, 조류
tʌɪd
타이드

DAY
02

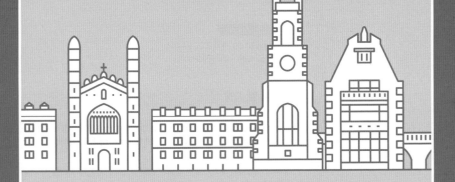

Listening
Reading

Writing
Speaking

★

hierarchy

ˈhʌɪərɑːki
하이어라-키

hierarchically [부] 계급 제도로

[명] **계급, 서열**

Wolves are well-known for following the **hierarchy** of their packs.
늑대는 무리 안의 서열을 따르는 것으로 잘 알려져 있다.

기출 Collocations
in a hierarchy 계층 구조로

★★★

struggle

ˈstrʌg(ə)l
스뜨**러**글

[동] **애쓰다, 고군분투하다**

Early astronomers such as Galileo **struggled** to present their views against the Church.
갈릴레오와 같은 초기 천문학자들은 교회에 반대되는 의견을 펼치려고 고군분투했다.

기출 Collocations
struggle to do ~하려고 고군분투하다
struggle with ~와 씨름하다, 싸우다

[명] **힘든 일, 다툼**

The unexpected death of the company's founder led to a **struggle** for ownership of the company among his children.
그 회사 설립자의 예기치 못한 죽음은 회사의 소유권에 대해 자녀들 사이의 다툼으로 이어졌다.

★★

vivid

ˈvɪvɪd
V이v이ㄷ

vividly [부] 생생하게, 활발하게

[형] **생생한, 활발한** dramatic

The film created a **vivid** depiction of daily life in Victorian London.
그 영화는 빅토리아 시대 런던의 일상적인 삶에 대한 생생한 묘사를 만들어 냈다.

기출 Collocations
vivid media coverage 활발한 언론 보도

★★

explosive

ɪk'spləʊsɪv
익스플**로**시V으

[형] **폭발적으로 증가하는, 폭발적인**

The lead actors' **explosive** chemistry on screen made the romance film an instant classic.
주연 배우들의 폭발적인 궁합은 그 로맨스 영화를 즉각적으로 고전으로 만들었다.

기출 Collocations
explosive release 폭발적 방출

[명] **폭발물, 폭발**

The first nuclear **explosive** was tested on July 16, 1945, and had the energy of 22 kilotons of TNT.
첫 번째 핵 폭발이 1945년 7월 16일에 시험되었는데, TNT 2만 2천 톤에 해당하는 에너지를 지니고 있었다.

기출 Collocations
stabilise an explosive 폭발물을 안정화시키다

★★★

attribute

[동] ə'trɪbjuːt
어트**리**뷰-트

[명] 'atrɪbjuːt
아트리뷰-트

attributable [형] ~가 원인인, ~에 기인하는

[동] **~탓이라고 보다**

Bill Gates **attributed** much of the success of Windows to its simplicity and functionality.
빌 게이츠는 윈도우의 성공의 대부분이 단순함과 기능성 덕분이라고 여겼다.

기출 Collocations
be attributed to ~에 기인하다, ~의 덕분으로 여겨지다

[명] **속성, 특징**

Adaptability and mobility were key **attributes** of the invading Mongol forces.
적응성과 기동성이 몽골 침략군의 핵심적인 특징이었다.

★★★

controlled

kən'trəʊld
컨트**롤**드

uncontrolled [형] 통제되지 않는

[형] **통제된, 조정된**

The psychologists hoped to repeat the social experiment in a variety of **controlled** conditions.
그 심리학자들은 다양한 통제된 조건에서 사회적 실험을 반복하기를 바랐다.

기출 Collocations
controlled environment 통제된 환경
controlled experiments 통제된 실험
internally controlled 내부적으로 통제된
properly controlled 적절히 통제된

★★
costly

'kɒs(t)li
커스틀리

cost [명] 가격

[형] **많은 비용이 드는, 비싼** expensive

Many students give up on their dreams of being a photographer after realising how **costly** the equipment is.

많은 학생들이 장비에 얼마나 많은 비용이 드는지 알게 된 후에 사진작가가 되겠다는 꿈을 포기한다.

빅데이터가 알려주는 출제포인트

형용사 뒤에 -ly가 붙으면 부사, 명사 뒤에 ly가 붙으면 형용사이다. 그래서 cost(명사) 뒤에 -ly가 붙은 costly는 형용사가 되는 것이다. 아이엘츠에서 costly가 상당히 자주 등장하는데, 이때 단순히 명사 앞에 위치하는 경우는 적고, 예문처럼 부사로 오해받을 수 있는 자리에 나오는 편이니 독해할 때 유의해야 한다.

★
infest

ɪn'fɛst
인**f에**스트

infestation [명] 횡행

[동] **(곤충이나 쥐 등이) 들끓다, 우글거리다**

Many of the islands within the Chagos Archipelago are **infested** with rats.

차고스 제도 지역 내의 섬 다수에 쥐가 들끓고 있다.

기출 Collocations

be infested by ~이 들끓다, ~가 만연해 있다

★★★
require

rɪ'kwʌɪə
리**콰**이어

requirement [명] 요구, 조건

[동] **필요로 하다** ask, need

Parcels sent by our premium service **require** a signature on delivery.

저희 프리미엄 서비스를 통해 보내지는 소포는 배달품에 대한 서명을 필요로 합니다.

기출 Collocations

require A to do A에게 ~할 것을 요구하다
be required for ~을 위해 요구되다

빅데이터가 알려주는 출제포인트

의무적으로 꼭 해야하는 것을 말할 때 require을 사용한다. 따라서 의미적으로 다음 어휘들과 연결시킬 수 있어야 한다.

- must 해야한다
- duty 의무
- fill 충족시키다

★★★

restriction

rɪ'strɪkʃ(ə)n
리스트**릭**션

restrict [동] 제한하다
restrictively [부] 제한적으로
unrestricted [형] 무제한의, 구속받지 않는

[명] **제한, 규제** limitation

The Public Transport Authority has introduced new **restrictions** on bringing food and hot beverages onto trains and buses.
대중 교통부는 열차와 버스에 음식과 뜨거운 음료를 반입하는 것에 대한 새로운 규제를 도입했다.

기출 Collocations

caloric restriction 식이 조절
without restriction 무제한으로

★★★

distinguish

dɪ'stɪŋgwɪʃ
디스**팅**귀시

undistinguished [형] 특별하지 않은
indistinguishable [형] (차이가) 분명하지 않은

[동] **구별하다, 식별하다** recognise

Supporters of the ban argue that children are losing the ability to **distinguish** between real life and video games.
그 금지령을 지지하는 사람들은 어린이들이 실생활과 비디오 게임을 구별하는 능력을 잃고 있다고 주장한다.

★

fatal

'feɪt(ə)l
f에이털

[형] **치명적인, 죽음을 초래하는**

Texting while driving could lead to a **fatal** accident.
운전 중의 문자 메시지 전송은 치명적인(사망) 사고로 이어질 수 있다.

기출 Collocations

fatal accident 사망 사고

★★

efficiency

ɪ'fɪʃ(ə)nsi
이**f**이-션씨

efficient [형] 효율적인

[명] **효율성, 능률**

Allowing employees time to exercise during the day may increase their **efficiency** when working.
직원들에게 하루 중에 운동할 시간을 허용하는 것은 업무 중 효율성을 증가시킬 수도 있다.

기출 Collocations

water-use efficiency 용수 효율(물 사용 효율)
energy-producing efficiency 에너지 생산 효율
improve efficiency 효율성을 개선시키다

★★
equivalent

ɪ'kwɪv(ə)l(ə)nt
이**퀴**V얼런트

equivalence [명] 같음

[명] **상응하는 것**

One terabyte is the **equivalent** of 1,000 gigabytes.
1테라바이트는 1,000기가바이트에 상응하는 것이다.

기출 Collocations

the equivalent of ~에 상당하는, ~와 같은

빅데이터가 알려주는 출제포인트

형용사로도 사용되며, 아이엘츠에는 '동등한, 상응하는'이라는 뜻으로 자주 등장한다.
▸equivalent to ~와 같은, 상응하는

어원을 알면 더 쉽다!

equi(동등) + val(가치) + ent(명사형 또는 형용사형 어미)의 결합에서 유래한 단어로, 가치 등이 '동등한, 상응하는 것'이란 뜻이 되었다.

★★★
domestic

də'mɛstɪk
도**메**스틱

[형] **국내의, 가정용의, 집안의** home

The new talk programme will invite guests to discuss serious **domestic** issues, such as social security and immigration.
새 담화 프로그램이 게스트들을 초대해 사회적 안정과 이민 같은 진지한 국내 문제들을 논의할 것이다.

기출 Collocations

domestic tasks 국내 과업
domestic markets 국내 시장

★★
intuitive

ɪn'tjuːɪtɪv
인**튜**-이티V으

intuitively [부] 직감적으로
intuition [명] 직감, 직관

[형] **직관적인**

Microsoft Windows became known for its **intuitive** user interface and simple presentation.
마이크로소프트 윈도우는 직관적인 사용자 인터페이스와 간단한 제시 방식으로 알려지게 되었다.

기출 Collocations

counter-intuitive 직관에 반대되는

aggravate

★

ˈægrəveɪt
아그러V에이트

aggravation ⑱ 악화

⑧ 악화시키다

The poor harvest **aggravated** the already weakened economy.
형편 없는 수확이 이미 약해진 경제 상태를 악화시켰다.

기출 Collocations

aggravate pain 통증을 악화시키다

어원을 알면 더 쉽다!

ag(~에; ad의 변형) + gravate(무거운; 라틴어 gravis의 변형)의 결합에서 유래한 단어로, '~에 더 무거운 것을 두다'라는 의미를 내재하고 있다. 참고로 gravity(중력)도 바로 이 라틴어 gravis에서 유래한 것이다.

convert

★★

kənˈvəːt
컨V어-트

⑧ 전환하다, 변환하다   transform, change, adapt

A new urban trend is to **convert** bare rooftops into vibrant green gardens.
도시의 새로운 경향은 아무 것도 없는 옥상을 생동감 있는 녹지 정원으로 전환하는 것이다.

기출 Collocations

convert A into B A를 B로 전환하다

suffer

★★★

ˈsʌfə
써f어

⑧ 고통받다

Studies have shown that children who have **suffered** severe stress have greater difficulty forming meaningful relationships later in life.
다수의 연구는 극심한 스트레스로 고통받았던 아이들이 나중에 삶에서 의미 있는 관계를 형성하는 데 더 큰 어려움을 겪는다는 것을 보여 주고 있다.

⑧ 병에 걸리다

Individuals who **suffer** from the flu may have a variety of symptoms, including a fever, headache and joint pains.
독감을 앓는 사람들은 고열과 두통, 그리고 관절통을 포함해 다양한 증상을 지닌다.

encounter

★★

ɪnˈkaʊntə
인**카**운터

동 (예상치 못하게) 맞닥뜨리다, 접하다　　come across

While establishing Reelane Inc., the three co-founders **encountered** several obstacles, all of which were quickly overcome.

릴래인 사를 설립하는 과정에서, 세 명의 공동 설립자들은 여러 장애물과 맞닥뜨렸는데, 모두 빠르게 극복되었다.

빅데이터가 알려주는 출제포인트

명사로도 사용되는 단어이며, 아이엘츠에 다음 collocation으로 등장한다.
▸ encounter with ~와의 접촉, 조우

---

abundant

★★

əˈbʌnd(ə)nt
어-**번**던트

abundance 명 풍부

형 풍부한　　rich, plentiful

Crops have become more **abundant** throughout the region thanks to the efforts of the non-profit organisation.

그 비영리 단체의 노력 덕분에 그 지역 전체에 작물이 더욱 풍부하게 되었다.

---

assess

★★★

əˈsɛs
어**쎄**스

assessment 명 평가

동 평가하다　　rate, calculate, monitor

Samples are taken from fresh water sources at different times of the day in order to **assess** the level of contamination.

오염 수준을 평가하기 위해 하루 중 몇몇 다른 시간대에 여러 담수원으로부터 샘플이 채취된다.

---

assemble

★★

əˈsɛmb(ə)l
어**쎔**블

assemblage 명 모임
assembly 명 의회, 집회, 조립

동 모이다, 구성하다　　gather

Members of the charity organisation **assemble** every Saturday to help build a house for someone in need.

그 자선 단체의 구성원들은 어려움에 처한 사람에게 집을 지어주는 데 도움을 주기 위해 매주 토요일에 모인다.

기출 Collocations

assemble a team 팀을 구성하다

동 조립하다　　put together

A 69-metre-high platform was **assembled** at Belfast Harbour to facilitate the construction of the Titanic and her sister ships.

타이타닉호와 자매 선박의 축조를 용이하게 하기 위해 벨파스트 항구에 69미터 높이의 플랫폼이 조립되었다.

★★★
rely

rɪˈlʌɪ
릴**라**이

⑤ 의존하다

Most freelancers **rely** heavily on their financial advisors about various tax issues.

대부분의 프리랜서들은 다양한 세금 이슈에 대해 그들의 재정 자문가에게 크게 의존한다.

기출 Collocations

rely on ~에 의존하다

★★
aspiration

aspəˈreɪʃ(ə)n
아스퍼**레**이션

⑧ 열망, 포부

Teachers and parents should always encourage a child's **aspirations** and dreams.

교사와 학부모들은 항상 아이의 포부와 꿈을 격려해야 한다.

빅데이터가 알려주는 출제포인트

철자가 비슷한 단어로 aspirator(흡인기)가 있는데 이는 aspiration과 전혀 다른 뜻이니 유의하도록 한다.

★★
classify

ˈklasɪfʌɪ
클**라**시f아이

classification ⑧ 분류, 범주

⑤ 분류하다   categorise, interpret

Tropical storms are **classified** according to their pressure, wind speed and damage potential.

열대 폭풍우는 기압과 풍속, 그리고 피해 가능성에 따라 분류된다.

★★★
merely

ˈmɪəli
미얼리

mere ⑨ 단지, ~에 불과한

⑨ 단지, 그저   simply

I was able to improve my phone's performance by **merely** deleting a single application.

나는 그저 단 하나의 애플리케이션을 삭제하는 것만으로 내 전화기의 성능을 향상시킬 수 있었다.

기출 Collocations

not merely 단지 ~일뿐 아니라

★★★

decline

dɪˈklʌɪn
디클**라**인

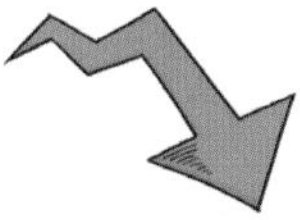

[동] 줄어들다, 감소되다 decrease, descend, fall, vanish

The percentage of land covered by glaciers in the Antarctic has steadily **declined**.
남극의 빙하 비중은 계속 줄어들고 있다.

기출 Collocations
quickly decline 빠르게 감소하다
substantially decline 상당히 감소하다

[명] 감소, 하락

The national **decline** in voter participation led some to speculate about the future of democracy.
전국적인 투표 참여율 하락으로 인해 일부 사람들이 민주주의의 미래에 관해 깊이 생각해 보게 되었다.

기출 Collocations
decline in ~의 하락

빅데이터가 알려주는 출제포인트
정답근거 문장에 자주 등장하는 어휘로, 의미적으로 다음 어휘와도 연결시킬 수 있어야 한다.
- change 변화, 변화하다
- threat 위협
- problem 문제점

★★★

enable

ɪˈneɪb(ə)l
이**네**이블

[동] 할 수 있게 하다 allow, permit

Working with a financial expert can help you improve your credit score, **enabling** you to receive housing loans at reduced interest rates.
금융 전문가와 함께 하는 것이 신용 점수를 개선하는 데 도움이 될 수 있으며, 이는 할인된 금리로 주택 담보 대출을 받을 수 있도록 해 준다.

기출 Collocations
enable A to do A가 ~할 수 있게 하다

★★

regardless of

rɪˈgɑːdlɪs ɒv
리**가**-드리스 오v으

[전] ~에 상관없이 despite

All officers, **regardless of** age or rank, will be required to take the new training courses.
나이와 직급에 상관 없이 모든 장교들은 새 교육 과정을 이수해야 할 것이다.

빅데이터가 알려주는 출제포인트
유사한 뜻을 가진 전치사로 다음이 있다.
- despite
- in spite of
- unconcerned about
- notwithstanding

Quick Review

단어와 그에 알맞은 뜻을 연결해 보세요.

1.	vivid	① (곤충이나 쥐 등이) 들끓다, 우글거리다
2.	equivalent	② 고통받다, 병에 걸리다
3.	intuitive	③ 상응하는 것
4.	hierarchy	④ 생생한, 활발한
5.	aggravate	⑤ 구별하다, 식별하다
6.	suffer	⑥ 계급, 서열
7.	infest	⑦ 악화시키다
8.	attribute	⑧ ~탓이라고 보다, 속성, 특징
9.	rely	⑨ 의존하다
10.	distinguish	⑩ 직관적인

단어와 그에 알맞은 유의어를 연결해 보세요.

11.	enable	⑪ categorise
12.	restriction	⑫ expensive
13.	merely	⑬ transform
14.	regardless of	⑭ despite
15.	costly	⑮ decrease
16.	abundant	⑯ gather
17.	classify	⑰ simply
18.	assemble	⑱ allow
19.	decline	⑲ rich
20.	convert	⑳ limitation

정답

1. ④ 2. ③ 3. ⑩ 4. ⑥ 5. ⑦ 6. ② 7. ① 8. ⑧ 9. ⑨ 10. ⑤
11. ⑱ 12. ⑳ 13. ⑰ 14. ⑭ 15. ⑫16. ⑲ 17. ⑪ 18. ⑯ 19. ⑮ 20. ⑬

Collocations for Writing & Speaking

 Feeling/Memory

a sense of + 감정
~한 감정

Parents can feel **a sense of pride** when their children achieve something significant.
자녀가 의미 있는 일을 성취했을 때 부모는 자부심을 느낄 수 있다.

> **활용법** 바로 감정(pride, fulfillment 등)을 나타내는 것보다 a sense of를 앞에 사용하면 보다 객관적이고 이성적인 느낌을 줌

be asking for trouble
화를 자초하다

Wearing sandals while hiking **is asking for trouble**.
등산 중에 샌들을 신는 것은 화를 자초하는 일이다.

> **활용법** Speaking 또는 General Training Writing의 Informal letter에서 사용

be fed up with
~에 진저리가 나다, 지겹다

I'm **fed up with** living in a small village in the countryside.
나는 시골의 작은 마을에 사는 것이 지겹다.

> **활용법** Speaking 또는 General Training Writing의 Informal letter에서 사용

get on one's nerves

신경을 건드리다, 짜증나게 하다

My roommate's complaints and negative attitude really **get on my nerves**, making it challenging to enjoy our time together.
내 룸메이트의 불평과 부정적인 태도는 내 신경을 건드려서, 함께 즐거운 시간을 보내기 어렵게 만든다.

활용법 Speaking 또는 General Training Writing의 Informal letter에서 사용

haven't got a clue

전혀 모르다

I **haven't got a clue** how to find accommodation in Australia.
나는 호주에서 숙소를 찾는 방법을 전혀 모른다.

활용법 Speaking 또는 General Training Writing의 Informal letter에서 사용

in the blink of an eye

눈 깜짝할 사이에

Our money, fame and even health can be gone **in the blink of an eye**.
우리의 돈, 명성, 심지어 건강까지 눈 깜짝할 사이에 사라질 수 있다.

활용법 Speaking 또는 General Training Writing의 Informal letter에서 사용

jump for joy

기뻐서 펄쩍펄쩍 뛰다, 매우 기쁘다

I **jumped for joy** when I heard that I won first prize.
나는 1등 당첨 소식을 듣고 기뻐서 펄쩍펄쩍 뛰었다.

활용법 Speaking 또는 General Training Writing의 Informal letter에서 사용

know A inside out

A를 훤하게 알다

My teacher is from London, and she **knows** the city **inside out**.
나의 선생님은 런던 출신으로, 그 도시에 대해 훤하게 알고 계신다.

활용법 Speaking 또는 General Training Writing의 Informal letter에서 사용

music to one's ears

듣기 좋은 소리

The sound of my car engine was **music to my ears**.
내 귀에는 내 자동차 엔진 소리가 듣기 좋은 소리였다.

활용법 Speaking 또는 General Training Writing의 Informal letter에서 사용

on the tip of one's tongue

혀끝에서 맴돌며 (생각이 안 나는)

The name is **on the tip of my tongue**, but I just can't recall it at the moment.

그 이름이 혀끝에서 맴돌지만, 지금은 기억할 수 없습니다.

활용법 Speaking 또는 General Training Writing의 Informal letter에서 사용

over the moon

너무나도 황홀한,
하늘을 둥둥 떠다니는 듯한

I was **over the moon** about my test results.

나는 내 시험 결과에 너무나도 황홀했다.

활용법 Speaking 또는 General Training Writing의 Informal letter에서 사용

painful memory

아픈 기억

Losing a loved one leaves a **painful memory** that lingers for years.

사랑하는 이를 잃는 것은 수년간 머무는 아픈 기억을 남긴다.

ring a bell

들어본 적이 있다, 낯이 익다

I'm sorry, but that name doesn't **ring a bell**.
죄송하지만 그 이름은 들어본 적이 없습니다.

활용법 Speaking 또는 General Training Writing의 Informal letter에서 사용

taken aback

깜짝 놀란, 당황한

I was **taken aback** by his rude answer.
나는 그의 무례한 대답에 깜짝 놀랐다.

활용법 Speaking 또는 General Training Writing의 Informal letter에서 사용

train of thought

일련의 생각

The book describes the character's **train of thought**.
그 책은 그 등장인물의 일련의 생각을 기술한다.

빈칸에 알맞은 콜로케이션을 선택해 보세요.

① taken aback
② is asking for trouble
③ haven't got a clue
④ over the moon
⑤ get on my nerves
⑥ fed up with
⑦ ring a bell

1. I'm _____ living in a small village in the countryside.

나는 시골의 작은 마을에 사는 것이 지겹다.

2. I was _____ about my test results.

나는 내 시험 결과에 너무나도 황홀했다.

3. I'm sorry, but that name doesn't _____ .

죄송하지만 그 이름은 들어본 적이 없습니다.

4. I was _____ by his rude answer.

나는 그의 무례한 대답에 깜짝 놀랐다.

5. My roommate's complaints and negative attitude really

_____ , making it challenging to enjoy our time

together.

내 룸메이트의 불평과 부정적인 태도는 내 신경을 건드려서, 함께 즐거운 시간을 보내기 어렵게 만든다.

6. I _____ how to find accommodation in Australia.

나는 호주에서 숙소를 찾는 방법을 전혀 모른다.

7. Wearing sandals while hiking _____ .

등산 중에 샌들을 신는 것은 화를 자초하는 것이다.

Vocabulary Expansion

아이엘츠가 좋아하는
구동사&표현

☐ **find out**
faɪnd aʊt
f아인드 아울
알아내다, 알게 되다

☐ **turn up**
tə:n ʌp
터-언 업
나타나다

☐ **put forward**
pʊt ˈfɔːwəd
풑 f오-워드
제안하다, 제시 하다

☐ **stick out**
stɪk aʊt
스틱 아울
눈에 띄다, 잘 보이다

☐ **stick to**
stɪk tu:
스틱 투-
(어려움을 참고) ~을 계속하다

☐ **put together**
pʊt təˈɡɛðə
풑 투게더-
조립하다, 합하 다

☐ **back up**
bæk ʌp
백 업
뒷받침하다, 지지하다

☐ **in advance**
ɪn ədˈvɑːns
인 어드V아안-쓰
미리

☐ **come up with**
kʌm ʌp wɪð
컴 업 위드
(아이디어 등을) 찾아내다

☐ **in the long run**
ɪn ðə lɒŋ rʌn
인 더 롱- 런
길게 보았을 때 는, 결국에는

☐ **work out**
wɜːk aʊt
워-크 아울
해결하다, 운동하다

☐ **in sequential order**
ɪn sɪˈkwɛnʃəl ˈɔːdə
인 씨퀜셜 오-더
순차적으로

☐ **bear in mind**
beər ɪn maɪnd
베-어 인 마인드
명심하다

☐ **a handful of**
ə ˈhæn(d)fʊl ɒv
어 핸드f울 오V으
소수의

☐ **shed light on**
ʃɛd laɪt ɒn
쉐드 라이트 온
~을 비추다, 밝 히다, 해명하다

☐ **a variety of**
ə vəˈraɪəti ɒv
어 V어라이티 오V으
여러 가지의, 다양한

☐ **make up**
meɪk ʌp
메이크 업
구성하다, 보상 하다

☐ **a number of**
ə ˈnʌmbər ɒv
어 넘버 오V으
많은

☐ **end up**
ɛnd ʌp
엔드 업
결국 (어떤 처지 에) 처하게 되다

☐ **in favour of**
ɪn ˈfeɪvər ɒv
인 f에이버 오V으
~에 찬성하여, ~을 위하여

DAY
03

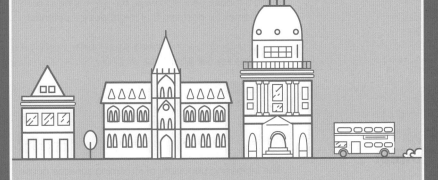

Listening
Reading

Writing
Speaking

★

entice

ɪnˈtʌɪs
인**타**이스

[동] 끌어들이다, 꼬드기다 tempt

Several special events are used to **entice** patrons to restaurants during the weekdays.
주중에 식당으로 손님들을 끌어 들이기 위해 여러 특별 행사가 활용된다.

★★★

establish

ɪˈstablɪʃ
이스**타**블리쉬

establishment [명] 설립, 확립

[동] 설립하다, 확립하다 set

Plans were put into practice to **establish** a population of endangered kiwi birds on the island.
그 섬에서 멸종 위기에 처한 키위새의 개체수를 확고히 하기 위한 계획이 시행되었다.

빅데이터가 알려주는 출제포인트

established는 분사형용사로 '확실히 자리잡은'의 뜻을 기본으로 하며, 아이엘츠에서는 '인정받는, 저명한'의 뜻으로도 등장한다.
▸ well-established 안정된, 정착한

★★★

pose

pəʊz
포우즈

[동] (문제, 위험 등을) 제기하다

Once a toddler begins to walk, the parents must scan their homes for anything that might **pose** a potential risk.
걸음마를 배우는 아기들이 걷기 시작하면 부모들은 잠재적인 위험을 일으키는 모든 것을 위해 집을 훑어봐야 한다.

기출 Collocations

pose a question 의문을 제기하다

★★★

threat

θrɛt
th으렡

threaten [동] 위협하다

[명] 위협 risk, danger, fear

The increasing popularity of streaming services poses a **threat** to both traditional broadcasting companies and cable television providers.
스트리밍 서비스의 높아지고 있는 인기는 전통적인 방송사들과 케이블 텔레비전 제공업체 모두에게 위협이 되고 있다.

기출 Collocations

threats to ~에 대한 위협
pose a clear threat 분명한 위협을 가하다

★★★
pupil

ˈpjuːp(ə)l
퓨-펄

명 학생   student

Teachers must give special attention to **pupils** who struggle with the class material.
교사는 수업 자료에 대해 애를 먹는 학생에게 특별한 관심을 주어야 한다.

기출 Collocations
gifted pupils 영재

★★★
reveal

rɪˈviːl
리v이-일

동 밝히다, 나타내다   discover, uncover

The article **revealed** that the CEO had been hiding some of the company's profits in a foreign bank account.
그 기사는 대표이사가 회사의 수익 일부를 해외 은행 계좌에 숨겨 왔다는 사실을 밝혀냈다.

★
eradicate

ɪˈrædɪkeɪt
이라디케이트

eradication 명 근절

동 근절하다   disappear

Polio is one of the diseases that has been nearly **eradicated** by vaccines.
소아마비는 예방 주사에 의해 거의 근절된 질병 중 하나이다.

기출 Collocations
eradicate famine 기근을 근절하다

어원을 알면 더 쉽다!
e(밖으로) + radicate(뿌리박게 하다)이 결합되어 '뿌리뽑다, 근절하다'는 의미가 되었다.

★★★
inspire

ɪnˈspʌɪə
인스파이아

inspiring 형 영감을 주는
inspired 형 영감을 받는

동 영감을 주다, 고취시키다

Reliable customer service can **inspire** brand loyalty in shoppers.
신뢰할 수 있는 고객 서비스는 쇼핑객들의 브랜드 충성도를 고취시킬 수 있다.

기출 Collocations
be inspired by ~에게 영감받다
inspire creative thinking 창의적인 사고력을 고취시키다

★★★

continent

ˈkɒntɪnənt
컨티넌트

continental [형] 대륙의

[명] **대륙** land, area

A common goal among modern adventurers is to travel to each **continent** at least one time.
요즘 모험을 즐기는 사람들 사이에서 공통된 목표는 최소 한 번씩 각 대륙으로 여행을 가는 것이다.

기출 Collocations
continent-wide 대륙에 걸쳐진

★★★

motivate

ˈməʊtɪveɪt
모티v에이트

motivation [명] 동기

[동] **동기를 부여하다** encourage

One argument for increasing teacher pay is that higher earnings **motivate** talented young people to pursue careers in education.
교사 급여를 인상하는 것에 대한 한 가지 주장은 더 높은 소득이 재능 있는 젊은이들이 교육직에서 일하도록 동기 부여한다는 것이다.

영국식 vs. 미국식
모음과 모음 사이에 있는 /t/와 /d/발음은 미국식에서는 연음처리되어 부드럽게 /ㄷ/ 또는 /ㄹ/로 발음한다. 영국식 /모티v에이트/는 미국식으로 /모디v에이트/ 또는 /모리v에이트/로 들린다.

★★★

behave

bɪˈheɪv
비**헤이**v으

behaviour [명] 행동

[동] **행동하다** act

Parents are often shocked to learn that their children **behave** completely differently at school compared to at home.
부모들은 자식이 집에서 비해 학교에서 완전히 다르게 행동한다는 것을 알고 종종 충격받는다.

기출 Collocations
be well behaved 품행이 바르다, 예의가 바르다

★

sceptical

ˈskɛptɪk(ə)l
스**켑**티컬

[형] **의심많은, 회의적인**

The spread of misleading information on the internet has tricked some people into becoming **sceptical** of everything, from politics to medicine.
인터넷 상에서 확산되는 허위 정보는 일부 사람들을 속여 정치에서부터 의학까지 모든 것에 대해 의심하게 만들었다.

영국식 vs. 미국식
영국에서는 주로 sceptical, 미국에서는 skeptical이라고 쓴다.

★★★

artificial

ɑːtɪˈfɪʃ(ə)l
아-티f어셜

artificially ⓐ 인공적으로

ⓐ 인공적인, 인조의

Many manufacturing jobs could be put at risk by the development of **artificial** intelligence.
많은 제조업 직업이 인공 지능의 발달로 위태로워질 수 있다.

기출 Collocations
artificial additives 인공 첨가물

★★★

fascinating

ˈfæsɪneɪtɪŋ
f에씨네이팅

fascinate ⓥ 마음을 사로잡다, 매혹하다
fascinated ⓐ 매혹된

ⓐ 대단히 흥미로운

The artificial intelligence technologies used to enable robots to do domestic chores are **fascinating**.
로봇이 집안일을 할 수 있도록 하는데 사용되는 인공지능 기술은 대단히 흥미롭다.

★★★

effect

ɪˈfɛkt
이f엑트

effective ⓐ 효과적인
effectively ⓐ 효과적으로
ineffective ⓐ 효과 없는

ⓝ 영향, 효과   impact, influence

The adverse **effects** of technology and social media make some people wish to return to simpler times.
기술과 소셜 미디어의 부정적인 영향은 사람들이 더 단순했던 시대로 되돌아가기를 바라도록 만들고 있다.

기출 Collocations
be in effect (법 등이) 발효되다
adverse effects 부정적인 영향
side effects 부작용
an effect on ~에 대한 효과

빅데이터가 알려주는 출제포인트
철자가 비슷한 동사 affect(영향을 미치다)와 혼동하지 않도록 한다.

★

administer

ədˈmɪnɪstə
어드**미**니스터

administration [명] 관리, 운영
administrative [형] 운영상의, 행정상의

[동] **관리하다, 운영하다**

The Environmental Protection Agency **administers** the care and maintenance of national parks.
환경 보호국은 국립 공원의 관리와 시설 유지를 관리한다.

[동] **시행하다, 집행하다**

The Ministry of Health will **administer** new regulations regarding the prescription of painkillers.
보건부는 진통제 처방과 관련된 새로운 규제를 시행할 것이다.

기출 Collocations
administer punishment 처벌하다, 형벌을 내리다

[동] **(약을) 투여하다**

A guardian's signature is required to **administer** the vaccine.
그 백신을 투여하는 데 보호자의 서명이 필요하다.

★★★

practice

ˈpraktɪs
프**랙**티스

[명] **실행, 관행** custom

Although an educational activity for young children seems perfect in theory, it may be impossible in **practice**.
아이들을 위한 교육 활동이 이론적으로는 완벽해 보인다 하더라도, 실행하기 불가능할 수도 있다.

기출 Collocations
agricultural practices 농업 경영, 농업 기술
medical practices 의료 행위, 병원
in practice 실생활에서는, 실제로
put into practice 실행하다

[명] **연습, 실습**

Learning a foreign language requires countless hours of **practice**.
외국어를 배우는 일은 무한한 연습 시간을 필요로 한다.

빅데이터가 알려주는 출제포인트

동사로도 쓰이는 단어로, 아이엘츠에서 '연습하다, (법이나 의료계에서) 일하다'로 자주 등장한다. 그리고 영국에서는 동사 단어의 철자를 practise로 사용한다.

★★★

damage

ˈdamɪdʒ
데미쥐

[명] 손상, 피해 — harm, injury

Running can cause serious **damage** to knees and ankles for overweight people.
달리기는 과체중 사람들의 무릎과 발목에 심각한 손상을 초래할 수 있다.

기출 Collocations
damage to ~에 대한 손상, 피해
cause damage 해를 가하다
environmental damage 환경 훼손
damages 손해 배상금

빅데이터가 알려주는 출제포인트
'손상을 입히다'라는 뜻의 동사로도 쓰이는 단어로, be damaged(손상되다)는 be faulty(흠이 있다)와 패러프레이징된다.

★★

beneficial

bɛnɪˈfɪʃ(ə)l
베네**f이**-셜

benefit [명] 이득, 혜택

[형] 유익한, 이로운 — positive

Switching to drinking tea instead of coffee is a **beneficial** lifestyle change.
커피 대신 차를 마시는 것으로 바꾸는 것은 생활 방식의 유익한 변화이다.

★

invariably

ɪnˈvɛːrɪəbli
인**V에**리어블리

invariable [형] 변함없는

[부] 변함없이, 예외 없이 — always

Tortoises **invariably** retract their heads into their shells when faced with a potential threat.
거북이들은 잠재적인 위협에 직면할 때 예외 없이 머리를 등껍질 속으로 집어 넣는다.

★

robust

rə(ʊ)ˈbʌst
로-**버**스트

[형] 튼튼한, 원기왕성한 — vigour

Business experts attributed Australia's **robust** economy to the country's soaring gold and iron exports.
비즈니스 전문가들은 호주의 탄탄한 경제가 그 국가에서 급증하고 있는 금과 철제 수출품에 기인하는 것으로 여겼다.

★★

due

djuː
듀우-

overdue [형] (지불, 반납 등의) 기한이 지난

[형] ~하기로 예정 되어 있는 expected

The first guests are **due** to arrive at 10 o'clock in the morning.
첫 손님들이 오전 10시에 도착할 예정이다.

기출 Collocations
in due course 적절한 때에

[형] 지불 기일이 된 to be paid

Even if the first payment on your new car isn't **due** for six months, remember that interest will still build during that time period.
귀하의 새 자동차에 대한 첫 납입금의 지불 기일이 6개월 후라도, 그 기간 중에 이자는 여전히 누적된다는 점을 기억하십시오.

기출 Collocations
a due date 만기일

★

smuggle

ˈsmʌg(ə)l
스**머**그을

[동] 밀수하다

Many exotic animals are **smuggled** into the country and sold illegally as pets.
많은 외래 동물들이 국내로 밀수되어 애완 동물로 불법 판매되고 있다.

기출 Collocations
be smuggled from ~로부터 밀수되다

★

fossilise

ˈfɒs(ə)lʌɪz
f오쓸라이즈

fossil [명] 화석

[동] 화석화하다

Since hair and feathers do not **fossilise**, we cannot be sure of how dinosaurs actually looked.
털과 깃털은 화석화되지 않기 때문에, 우리는 공룡들이 실제로 어떻게 생겼는지 확신할 수는 없다.

영국식 vs. 미국식
영국은 주로 동사형 어미 -ise를 쓰고 미국은 -ize를 쓴다. 그래서 fossilise는 영국식 철자이며 미국식은 fossilize가 된다.

risk

★★★

rısk

리스크

risky ⓐ 위험한

명 위험, 위험 요인   threat, danger

Construction of the oil pipeline posed several **risks** to both the town's residents and the environment.

송유관 건설 작업은 그 도시의 주민과 환경 모두에게 여러가지 위험을 야기했다.

기출 Collocations

high risk 고위험
at risk 위험에 처한
weather-related risk 날씨 관련 위험

---

permanent

★★★

ˈpə:m(ə)nənt

퍼-머넌트

permanently ⓟ 영구적으로

형 영구적인   long-lasting

The massive oil spill has caused **permanent** damage to the energy company's reputation.

그 어마어마한 석유 유출은 그 에너지 회사의 명성에 영구적인 손상을 입혔다.

기출 Collocations

a permanent job 영구적인 직장, 상근직
a permanent solution 영구적인 해결책
semi-permanent settlements 반영구적인 정착

---

cope with

★★★

kəʊp wɪð

코옵 위드

동 대처하다, 처리하다   deal with, manage, handle

Medical residents must **cope with** long shifts, emotional and mental stress and the professional pressures of their career.

전공의들은 장시간 교대 근무, 감정적이고 정신적인 스트레스, 경력의 직업적인 압박 등에 대처해야 한다.

---

destroy

★★★

dɪˈstrɔɪ

디스트로-이

동 파괴하다, 훼손하다   demolish

The original paintings were completely **destroyed** by the sprinkler system malfunction.

그 진품 그림들은 스프링클러 시스템 오작동으로 인해 완전히 훼손되고 말았다.

빅데이터가 알려주는 출제포인트

아이엘츠에서는 사전적 유의어/반의어 외에도 문맥상의 유의어/반의어를 정답의 단서로 활용한다. 예를 들어 destroy는 clear(치우다)가 문맥상 유의어가 될 수 있으며, unscratched(긁히지 않은)는 문맥상 반의어가 될 수 있다.

★★★
subsequent

ˈsʌbsɪkw(ə)nt

썹시퀀트

subsequently ④ 뒤이어

⑧ 뒤의, 그 이후의   following, successive

Sylvia Plath greatly influenced **subsequent** generations of female poets and novelists.
실비아 플라스는 이후 세대의 여성 시인과 소설가에게 크게 영향을 미쳤다.

기출 Collocations

in all subsequent years 그 이후에
subsequent to ~ 이후에

★★★
last

lɑːst

라-스트

latest ⑧ 최근의

⑧ 지속되다

The negative effects of the pesticide **last** for up to 50 years in the soil.
그 살충제의 부정적인 영향은 토양 속에서 최대 50년까지 지속된다.

기출 Collocations

last for ~동안 지속되다
long-lasting 오래 지속되는, 오래 지속될 수 있는
at last 마침내, 드디어

빅데이터가 알려주는 출제포인트

부사로도 사용되며, 뜻은 '마지막으로'이다.
▸ last see 마지막으로 보다

⑧ 지난   previous

The number of young people who choose to completely avoid social interactions has increased dramatically over the **last** 10 years.
사회적 교류를 완전히 피하기로 선택하는 젊은이들의 숫자가 지난 10년에 걸쳐 급격히 증가했다.

영국식 vs. 미국식

/a/발음을 영국에서는 주로 /아/, 미국에서는 /애/라고 발음하기에 영국은 /라스트/, 미국은 /래스트/라고 발음한다.

Quick Review

단어와 그에 알맞은 뜻을 연결해 보세요.

1. pose	① 영감을 주다, 고취시키다
2. sceptical	② 밀수하다
3. eradicate	③ 의심많은, 회의적인
4. inspire	④ 근절하다
5. robust	⑤ 밝히다, 나타내다
6. artificial	⑥ (문제, 위험 등을) 제기하다
7. smuggle	⑦ 튼튼한, 원기왕성한
8. practice	⑧ 실행, 관행, 연습, 실습
9. reveal	⑨ 인공적인, 인조의
10. entice	⑩ 끌어들이다, 꼬드기다

단어와 그에 알맞은 유의어를 연결해 보세요.

11. destroy	⑪ risk
12. motivate	⑫ harm
13. threat	⑬ expected
14. subsequent	⑭ impact
15. due	⑮ long-lasting
16. invariably	⑯ always
17. cope with	⑰ following
18. permanent	⑱ demolish
19. damage	⑲ deal with
20. effect	⑳ encourage

정답

1. ⑥ 2. ③ 3. ④ 4. ① 5. ⑦ 6. ⑨ 7. ② 8. ⑧ 9. ⑤ 10. ⑩
11. ⑱ 12. ⑳ 13. ⑪ 14. ⑰ 15. ⑬ 16. ⑯ 17. ⑲ 18. ⑮ 19. ⑫ 20. ⑭

Collocations for Writing & Speaking

📖 School/Study

burn the candle at both ends

잠을 거의 자지 않고(밤새) 하다

We had to **burn the candle at both ends** to meet the project deadline.
우리는 프로젝트 기한을 맞추기 위해 잠을 거의 자지 않고 해야 했다.

> **활용법** Speaking 또는 General Training Writing의 Informal letter에서 사용

draw the line

선을 긋다, 거부하다

In group discussions, we should embrace constructive criticism but **draw the line** at tolerating personal attacks.
그룹 토론에서, 우리는 건설적인 비판을 수용하되 인신공격은 용인하지 않는 선을 그어야 한다.

feel like a number

(마치 기계 부품처럼)
하나의 숫자처럼 느끼다

Some students in massive lecture halls may **feel like a number** rather than an active participant.
대규모 강의실에서 일부 학생들은 능동적인 참여자보다는 하나의 숫자처럼 느껴질 수 있다.

firsthand knowledge

직접 경험한 지식,
직접 경험으로 체득한 지식

Actually, I don't have any **firsthand knowledge** of teaching a class.
사실 나는 수업 진행에 대한 직접 경험한 지식이 전혀 없다.

give someone a hard time

누군가를 힘들게 하다

Ms Lee used to **give us a hard time** in class when we failed to answer her questions.
이선생님은 수업 시간에 우리가 질문에 대답하지 못하면 우리를 힘들게 하곤 했다.

> **활용법** Speaking 또는 General Training Writing의 Informal letter에서 사용

historical figure

역사적 인물

Many historians consider Yi Sun-sin a heroic **historical figure** for his pivotal role in naval victories.
많은 역사학자들은 해전 승리에서의 중추적인 역할로 인해 이순신을 영웅적인 역사적 인물로 평가한다.

learn one's lesson

(안 좋은 일을 통해) 교훈을 배우다

I will never procrastinate on a final essay again; I **learnt my lesson** from that experience.

나는 다시는 기말 에세이를 미루지 않을 것이다; 나는 그 경험으로부터 교훈을 배웠다.

like-minded

같은 생각을 가진, 생각이 비슷한

Joining clubs can help you connect with **like-minded** individuals and form lasting friendships.

클럽에 가입하는 것은 같은 생각을 가진 사람들과 교류하고 지속적인 우정을 쌓는 데 도움이 될 수 있다.

make the point

주장하다, ~라는 점을 강조하다

In his thesis, the researcher aimed to **make the point** that cultural context matters.

논문에서 연구자는 문화적 맥락이 중요하다는 점을 강조하고자 했다.

Writing & Speaking

mandatory curriculum
의무 교육과정

The new educational policy included a course on environmental sustainability as part of the **mandatory curriculum**.
새로운 교육 정책은 환경 지속 가능성에 대한 강의를 의무 교육과정의 일부로서 포함했다.

put forward
(이론, 개념, 생각 등을) 제시하다, 제안하다

Researchers often **put forward** hypotheses to advance scientific understanding in their respective disciplines.
연구자들은 종종 그들의 각 분야에 대한 과학적 이해를 발전시키기 위해 가설들을 제시한다.

roundly criticised
대대적으로 비판을 받는

The controversial study was **roundly criticised** by scholars for its flawed methodology.
그 논란의 여지가 있는 연구는 결함 있는 방법론 때문에 학자들에 의해 대대적으로 비판을 받았다.

미국식 roundly criticized

skim through

대충 훑어보다

= flick through

I didn't have much time, so I had to **skim through** the report to get the main points.

나는 시간이 많지 않아서 보고서를 대충 훑어보고 요점을 파악해야 했다.

활용법 Speaking 또는 General Training Writing의 Informal letter에서 사용

study for a test

시험공부를 하다

Students often stay up late to **study for a test**, aiming for academic success.

학생들은 종종 학업 성취를 위해 밤늦게까지 시험공부를 한다.

turn in

~을 제출하다

= submit

Students are required to **turn in** their assignments by the specified deadline to receive full credit.

학생들은 지정된 마감일까지 과제를 제출해야 전체 학점을 받을 수 있다.

Quick Review

Day 03

Writing & Speaking

빈칸에 알맞은 콜로케이션을 선택해 보세요.

① burn the candle at both ends
② make the point
③ put forward
④ learnt my lesson
⑤ turn in
⑥ roundly criticised
⑦ draw the line

1. In his thesis, the researcher aimed to _____ that cultural context matters.

   논문에서 연구자는 문화적 맥락이 중요하다는 점을 강조하고자 했다.

2. Researchers often _____ hypotheses to advance scientific understanding in their respective disciplines.

   연구자들은 종종 그들의 각 분야에 대한 과학적 이해를 발전시키기 위해 가설들을 제시한다.

3. The controversial study was _____ by scholars for its flawed methodology.

   그 논란의 여지가 있는 연구는 결함 있는 방법론 때문에 학자들에 의해 대대적으로 비판을 받았다.

4. In group discussions, we should embrace constructive criticism but _____ at tolerating personal attacks.

   그룹 토론에서, 우리는 건설적인 비판을 수용하되 인신공격은 용인하지 않는 선을 그어야 한다.

5. I will never procrastinate on a final essay again; I _____ from that experience.

   나는 다시는 기말 에세이를 미루지 않을 것이다; 나는 그 경험으로부터 교훈을 배웠다.

6. Students are required to _____ their assignments by the specified deadline to receive full credit.

   학생들은 지정된 마감일까지 과제를 제출해야 전체 학점을 받을 수 있다.

7. We had to _____ to meet the project deadline.

   우리는 프로젝트 기한을 맞추기 위해 잠을 거의 자지 않고 해야 했다.

정답

1. ② 2. ③ 3. ⑥ 4. ⑦ 5. ④ 6. ⑤ 7. ①

아이엘츠가 좋아하는
동사

☐ **soar** sɔː 쏘오-어	(가치, 물가 등이) 급증하다	
☐ **confuse** kənˈfjuːz 컨f유-즈	혼란시키다	
☐ **waggle** ˈwag(ə)l 와글	(상하, 좌우로) 흔들다	
☐ **spoon-feed** ˈspuːnfiːd 스푸-운f이-드	(스스로 생각하게 하지 않고) 하나하나 다 가르쳐 주다	
☐ **adjust** əˈdʒʌst 어져스트	조정하다	
☐ **withstand** wɪðˈstand 위드스탠드	견뎌내다	
☐ **excel** ɪkˈsɛl 익쎌	뛰어나다	
☐ **incinerate** ɪnˈsɪnəreɪt 인씨너레이트	소각하다	
☐ **pursue** pəˈsjuː 퍼쓔-	추구하다	
☐ **speculate** ˈspɛkjʊleɪt 스페큘레이트	추측하다	

☐ **explode** ɪkˈspləʊd 익스플러우드	폭발하다	
☐ **prorate** prəʊˈreɪt 프러우레이트	할당하다	
☐ **shatter** ˈʃatə 셰터	산산조각 나다	
☐ **foreshadow** fɔːˈʃadəʊ f오-섀도우	전조가 되다	
☐ **exclude** ɪkˈskluːd 익스클루-드	제외하다	
☐ **demolish** dɪˈmɒlɪʃ 디몰리쉬	철거하다	
☐ **bombard** bɒmˈbɑːd 봄바-드	충격을 가하다	
☐ **deceive** dɪˈsiːv 디씨-V으	속이다	
☐ **purify** ˈpjʊərɪfʌɪ 퓨우리f아이	정화시키다	
☐ **persuade** pəˈsweɪd 퍼쓰웨이드	(~을 하도록) 설득하다	

DAY
04

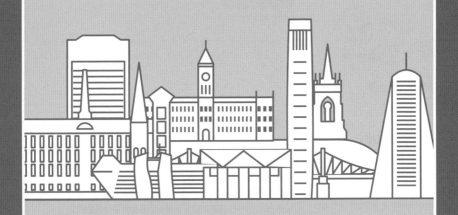

Listening
Reading

Writing
Speaking

deliberate

dɪˈlɪb(ə)rət
딜**리**버럿

deliberately (형) 고의적으로

(형) 고의적인, 계획적인   intentional

There is no doubt that the new law is a **deliberate** attempt to limit voters' rights.
그 새로운 법이 권리자들의 권리를 제한하기 위한 고의적인 시도라는 것은 의심의 여지가 없다.

> **빅데이터가 알려주는 출제포인트**
>
> 리딩의 TRUE / FALSE / NOT GIVEN 유형에서 FALSE로 유도하기 위해 반의어 accidental(우연의, 돌발적인)이 사용되기도 한다.

---

odour

ˈəʊdə
오**우**더

odourless (형) 냄새가 없는, 무취의

(명) (불쾌한) 냄새   smell

Homeowners near the paper mill frequently complain about the foul **odours** coming from the factory.
제지 공장 근처의 집주인들은 공장에서 나오는 역겨운 냄새에 대해 자주 불평한다.

> **기출 Collocations**
> body odours 체취

---

predator

ˈprɛdətə
프**레**더터

predatory (형) 포식성의, 약한 사람들을 이용해 먹는

(명) 포식 동물, 포식자

Farmers benefit from natural **predators** such as snakes and owls living on their farms since they control pest populations.
농부들은 그들의 농장에 사는뱀이나 올빼미 같은 자연적인 포식자로부터 이득을 얻고 있는데, 그들이 해충 개체수를 조절해 주기 때문이다.

> **기출 Collocations**
> natural predators 자연적 포식자

---

intertwine

ɪntəˈtwʌɪn
인터트**와**인

(동) 밀접하게 관련되다

The way the art installation **intertwines** traditional painting techniques with digital media is highly innovative.
그 설치 미술품이 전통적인 화법들과 디지털 미디어를 밀접하게 관련시키는 방식은 매우 혁신적이었다.

seek

si:k
씨-크

⑧ 구하다, 찾다　　　　　　　　look for, study

North Star Studios is **seeking** an experienced digital animator to work on an upcoming film.
북극성 스튜디오는 곧 촬영될 영화를 맡아 작업할 경험 많은 디지털 애니메이터를 찾고 있다.

기출 Collocations
seek out (특히 많은 노력을 기울여) ~을 찾아내다

빅데이터가 알려주는 출제포인트
seek-sought-sought으로 변형된다. sought을 보고 sight의 과거형 (sighted)으로 혼동하지 않도록 주의한다.

promote

prəˈməʊt
프러**모**우트

promotion ⑨ 승진, 홍보

⑧ 촉진하다, 홍보하다　　　　　encourage, advertise

Today's young adults, more so than previous generations, are educating themselves by reading books that **promote** careful financial planning.
이전 세대들에 비해서 오늘날의 젊은이들은 신중한 재정 계획을 촉진하는 책을 읽어서 독학한다.

기출 Collocations
promote global awareness 세계적 인식을 고취하다
promote health 건강을 증진하다

⑧ 승진시키다

The young engineer's innovative designs led him to be **promoted** early in his career at General Electric.
그 젊은 엔지니어의 혁신적인 디자인이 그를 제너럴 일렉트릭 입사 초기에 승진될 수 있도록 이끌었다.

crucial

ˈkruːʃ(ə)l
크**루**-셜

⑱ 중대한, 결정적인　　　　　　important, critical

Proper nutrition education in schools has been **crucial** in managing childhood obesity.
학교에서 이뤄지는 적절한 영양 교육은 소아 비만을 관리하는 데 있어 중요한 일이 되었다.

기출 Collocations
crucial changes 결정적 변화
crucial roles 중대한 역할, 대활약
crucial flaws 결정적인 결함
crucial to do ~을 하는 데 있어서 중대한

Day 04

Listening & Reading

shelter

ˈʃeltə
쉘터

명 피신처, 쉼터

There are several **shelters** along the hiking path, and they provide fresh water and restrooms.
여러 쉼터가 등산로를 따라 있으며, 깨끗한 물과 화장실을 제공한다.

동 숨기다, 보호하다

Octopuses hide under coconut shells so that they are **sheltered** from predators.
문어는 포식자들로부터 피신하기 위해 코코넛 껍데기 아래에 숨는다.

---

archaeology

ˌɑːkɪˈɒlədʒi
아-키올로지

archaeologist 명 고고학자
archaeological 형 고고학의

명 고고학

Students who enjoy both science and history should take courses in **archaeology**.
과학과 역사를 모두 즐기는 학생들은 고고학 과정을 들어야 한다.

archaeo (고대) + logy (학문)

---

indigenous

ɪnˈdɪdʒɪnəs
인디져너스

형 토착의, 그 지역 고유의

Several of the island's **indigenous** plants have beneficial medicinal properties.
그 섬의 여러 토착 식물들은 유익한 약효 성분을 지니고 있다.

기출 Collocations
indigenous populations 토착민

---

voluntary

ˈvɒlənt(ə)ri
V올런터리

형 자발적인, 자원 봉사로 하는   unpaid

Retired members of the community often serve as **voluntary** staff at hospitals and clinics.
은퇴한 지역 사회 구성원들은 흔히 병원과 진료소에서 자원 봉사 직원으로 근무한다.

기출 Collocations
voluntary work 자원봉사
on a voluntary basis 자유의사에 따라

★★★
rainfall

ˈreɪnfɔːl
뤠인f오-올

명 강우량

The Sahara Desert has an annual **rainfall** of less than one inch.
사하라 사막은 연간 강우량이 1인치 미만이다.

기출 Collocations
rainfall patterns 강우 패턴(양상)

빅데이터가 알려주는 출제포인트
비슷한 철자를 가진 rainforest(열대 우림)과 혼동하지 않도록 한다.

★★★
property

ˈprɒpəti
프로퍼티

명 소유물, 재산, 건물   real estate

Fire alarms and CCTVs must be installed on every **property** related to cultural heritage.
화재 경보기와 CCTV는 문화유산과 관련된 모든 건물에 설치해야 한다.

기출 Collocations
intellectual property 지적 재산
damage to property 기물 파손

명 속성, 특징   attribute, feature

The rocks are so valuable because of their rare chemical **properties**.
그 암석은 희귀한 화학적 속성으로 인해 매우 가치가 크다.

기출 Collocations
individual properties 개인적인 특징

영국식 vs. 미국식
/o/ 발음을 주로 영국에서는 /오/, 미국에서는 /아/라고 발음하기에 영국은 /프로퍼티/, 미국은 /프라퍼티/라고 발음한다.

★★
retrieval

rɪˈtriːvl
리트리-V을

retrieve 통 회수하다

명 회수, 인출

Odours can sometimes trigger random memory **retrieval**, so a scent may cause a person to recall a forgotten childhood event.
냄새는 때때로 무작위 기억 인출 과정을 촉발할 수 있기 때문에, 향기가 사람에게 잊고 있던 유년기 사건을 기억해 내도록 만들 수 있다.

기출 Collocations
memory retrieval 기억 복구

빅데이터가 알려주는 출제포인트
retrieval은 심리학 용어로도 사용되는데, 장기 기억에서 정보를 찾는 탐색 과정을 말한다.

★★★
certain

'sə:t(ə)n
써어-튼

certainly ⓐ 틀림없이, 분명히
uncertain ⓐ 불특정한, 확신이 없는

⑧ 특정한, 확신하는   definite

Staff are only allowed to park their cars in **certain** areas
of our parking lot for our customers' convenience.
고객들의 편의를 위해 직원들은 주차장의 특정 구역에만 주차할 수 있다.

기출 Collocations

certain amount of 일정량의, 어느 정도의
certain circumstances 특정 상황
certain areas 특정 구역

빅데이터가 알려주는 출제포인트

확실히 정해져 있는 것을, 세부 정보를 명시하지 않고 말할 때 certain을
사용한다. 참고로, certain areas는 다음으로도 패러프레이징될 수 있다.
‣ restricted areas 제한된 구역

★★
capture

'kaptʃə
캡쳐

⑧ 포착하다, 사로잡다

The image **captured** by the satellite's camera could be
zoomed in to clearly show the faces of people walking
on the street.
위성 카메라에 의해 포착된 이미지는 거리를 걷는 사람들의 얼굴을 선명히
나타낼 정도로 확대될 수 있다.

빅데이터가 알려주는 출제포인트

사진이나 글 등으로 정확하게 기록하는 것을 말할 때 capture를 사용한
다. 따라서 의미적으로 다음 단어와 연결시킬 수 있어야 한다.
‣ record 기록하다
‣ illustrate 묘사하다
‣ photograph 사진을 찍다

★★
subsidiary

səb'sɪdɪəri
썹씨디어리

⑧ 부수적인   extra, incidental

To recover the losses from the commercial failure of its
new smartphone, Vision-Tech had to sell off several of
its **subsidiary** companies.
신상품 스마트폰의 상업적 실패에서 온 손실액을 회복하기 위해 비전 테크는
자회사 몇몇을 매각해야만 했다.

기출 Collocations
subsidiary information 부수적인 정보

빅데이터가 알려주는 출제포인트

명사로도 사용되며 '자회사'라는 뜻이 된다.
‣ a subsidiary of ~의 자회사

★★
abandon

əˈband(ə)n
어**밴**-던

abandonment [명] 유기

[동] **(완전히) 떠나다, 유기하다** leave

The ancient city was **abandoned** early in the 12th century, most likely due to a nearby volcanic eruption.
그 고대 도시는 12세기 초반에 버려졌는데 아마 인근 화산 폭발 때문일 것이다.

[동] **(완전히) 그만두다, 포기하다** give up

Recently, many farmers have **abandoned** traditional ways of agriculture in favour of more modern methods.
최근 많은 농가들이 더 현대적인 방법을 선호하여 그들의 전통적인 농업 방식을 포기하고 있다.

★★
evolutionary

ˌiːvəˈluːʃ(ə)n(ə)ri
이-V올**루**-셔너리

evolution [명] 진화
evolutionarily [부] 진화론적으로

[형] **진화의, 진화적인**

The large ears of mice are an **evolutionary** adaptation that improved their hearing so that they could better evade predators.
쥐가 갖고 있는 큰 귀는 청각 능력을 향상시켜 포식자들을 더 잘 피할 수 있게 된 진화적 적응의 하나이다.

기출 Collocations
evolutionary history 진화 역사
evolutionary throwback 진화적인 후퇴

★★
award

əˈwɔːd
어**워어**-드

[명] **상, 공로** medal, recognition

The doctor received an **award** in recognition of her charity work.
그 의사는 자선 활동에 대한 공을 인정받아 상을 받았다.

기출 Collocations
award-winning 수상한

[동] **수여하다, 상을 주다** give

He was then **awarded** the Oscar for best actor in 2013 for his portrayal of Abraham Lincoln.
그는 그 후 에이브러햄 링컨 연기로 2013년에 아카데미 남우 주연상을 수상했다.

기출 Collocations
be awarded for ~에 대해 수상하다

★★★
habitat

ˈhabɪtat
헤비타ㅌ

habitation [명] 거주, 주거

[명] 서식지

China's giant panda, once found all throughout the country, now only survives in certain regions due to the destruction of its original **habitat**.
한때 전국에서 발견되었던 중국의 대왕판다는 원래의 서식지 파괴로 인해 특정 지역에서만 생존하고 있다.

기출 Collocations
an attractive habitat for ~에게 매력적인 서식지
an ideal habitat 이상적 서식지
habitat destruction 서식지 파괴

빅데이터가 알려주는 출제포인트

철자가 비슷한 단어들의 의미를 구분하면 다음과 같다. 모두 아이엘츠에 자주 나오는 단어이니 정확히 알아두도록 한다.

지역
▸habitat (동물, 식물, 특정 종의) 서식지
▸habitation ① 거주, 주거 ② (사람의) 거주지, 집

지역에 거주하는 사람/동물
▸habitant 거주민 (=population)
▸inhabitant (특정 지역의) 거주민, 서식 동물

(특정 지역에) 거주하다
▸inhabit (동물, 사람, 특정 종이) 서식하다, 거주하다

★★
sufficient

səˈfɪʃ(ə)nt
써**f이**션트

sufficiently [부] 충분하게
insufficient [형] 불충분한

[형] 충분한 enough

Nowadays, investing in a single retirement plan may not be **sufficient** to guarantee a financially comfortable future.
요즘, 단 하나의 은퇴 계획에만 투자하는 것은 재정적으로 안정적인 미래를 보장 받기에 충분하지 않을 수 있다.

기출 Collocations
self-sufficient 자급자족할 수 있는
sufficient for ~에 충분한
sufficient to do ~하는 데 충분한, ~할 만한

★★★
escape

ɪˈskeɪp
이스**께**이프

escapable [형] 탈출 가능한
escapement [명] 탈출구
escapism [명] 현실 도피

[동] 탈출하다, 벗어나다

Teenagers may rebel as a way to **escape** from the pressures of their parents' expectations.
십대들은 부모의 기대감에서 오는 압박감에서 벗어나기 위한 방법의 하나로 반항할 수 있다.

기출 Collocations
escape from ~에서 벗어나다
escape into ~로 탈출하다

★★★
allow

ə'laʊ
얼**라**우

allowance [명] 비용, 허용량

[동] 허락하다, 허용하다 enable, entitle

Visitors are not **allowed** to swim at the beach when lifeguards are not on duty.
방문객들은 안전 요원들이 근무하지 않을 때 바닷가에서 수영하는 것이 허용되지 않는다.

기출 Collocations
allow A to do A가 ~하는 것을 허락하다

빅데이터가 알려주는 출제포인트
명사형인 allowance의 기출 collocations는 다음과 같다.
▸ travel allowance (정해진) 여행비용
▸ baggage allowance 수하물 허용량

[동] 고려하다 take into consideration

When purchasing your first home, it is important to hold back some of your savings to **allow** for unforeseen expenses.
첫 주택을 구입할 때, 예기치 못한 비용 지출을 고려하여 저축액의 일부를 가지고 있는 것이 중요하다.

기출 Collocations
allow for ~을 고려하다

★
hindsight

'hʌɪn(d)sʌɪt
하인드사이트

[명] 일이 다 벌어진 뒤에 알게 됨

The museum's director admitted that, in **hindsight**, the exhibition may have been distasteful to the general public.
그 박물관의 관장은 나중에서야 그 전시회가 일반 대중에게 불쾌했을 수도 있었다는 점을 인정했다.

기출 Collocations
in hindsight 지나고 나서, 나중에서야

어원을 알면 더 쉽다!
hind(뒤) + sight(보기)가 결합된 것으로, 일이 벌어진 이후에 알게 되었다는 뜻이 되었다.

★★
oppose

ə'pəʊz
어**포**우즈

opposite [형] 반대편의 [명] 반대 [전] 반대편에

[동] 반대하다 dissent

Indigenous populations strongly **opposed** the construction of the dam in the heart of the rainforest.
토착민들이 우림 한가운데의 댐 건설을 강력히 반대했다.

기출 Collocations
as opposed to ~와는 대조적으로, ~이 아니라

★★★
determined

dɪˈtəːmɪnd
디**터어**-민드

determine ⑤ 결정하다

★★

vulnerable

ˈvʌ(l)n(ə)rəb(ə)l
V**오**너러블

I feel vulnerable.

★★

presume

prɪˈzjuːm
프리**쥬**-움

★★★

apply

əˈplʌɪ
어플**라**이

application ⑨ 신청, 적용
applicant ⑨ 지원자

---

⑧ 작정한, 단호한

City council members in Toronto are **determined** to make bike lanes safer after last month's fatal accident.
지난 달의 사망 사고 후 토론토 시의회 의원들은 자전거 전용 도로를 더욱 안전하게 만들기로 작정했다.

---

⑧ 취약한　　　　　　　　　　　　endangered, at risk

The elderly are particularly **vulnerable** to a variety of financial scams.
노인들은 특히 다양한 금융 사기에 취약하다.

> **기출 Collocations**
> vulnerable to ~에 상처 입기 쉬운, ~에 피해를 입기 쉬운

---

⑧ 추정하다

The species of sea turtle had been **presumed** to be extinct until one was discovered by a fisherman in the Indian Ocean.
바다거북 종은 인도양에서 한 어부에 의해 한 마리가 발견될 때까지 멸종된 것으로 추정되었다.

---

⑧ 신청하다

Researchers should **apply** for federal funding every year in order to continue their studies.
연구가들은 연구를 계속하기 위해 매년 연방 보조금을 신청해야 한다.

⑧ 적용되다, 해당되다　　　　　　　　be subject to

The new regulations only **apply** to genetically-modified food producers.
그 새로운 규정은 유전자 변형 식품 생산자들에게만 적용된다.

⑧ 적용하다, 바르다　　　　　　　　　　add, cover

The government **applied** new restrictions to adverts for fast food and sugary snacks.
정부가 패스트푸드 및 당분이 높은 과자 광고에 새로운 규제를 적용했다.

> **기출 Collocations**
> apply for ~에 지원하다
> apply A to B A를 B에 적용하다
> apply to ~에 적용되다

Quick Review

단어와 그에 알맞은 뜻을 연결해 보세요.

1. evolutionary	① 고고학
2. indigenous	② 토착의, 그 지역 고유의
3. vulnerable	③ 허락하다, 허용하다, 고려하다
4. retrieval	④ 서식지
5. deliberate	⑤ 진화의, 진화적인
6. allow	⑥ 취약한
7. predator	⑦ 회수, 인출
8. shelter	⑧ 피신처, 쉼터, 숨기다, 보호하다
9. habitat	⑨ 고의적인, 계획적인
10. archaeology	⑩ 포식 동물, 포식자

단어와 그에 알맞은 유의어를 연결해 보세요.

11. property	⑪ medal
12. seek	⑫ definite
13. subsidiary	⑬ important
14. voluntary	⑭ unpaid
15. crucial	⑮ smell
16. odour	⑯ extra
17. sufficient	⑰ encourage
18. promote	⑱ enough
19. award	⑲ attribute
20. certain	⑳ look for

[정답]

1. ⑤ 2. ② 3. ⑥ 4. ⑦ 5. ⑨ 6. ③ 7. ⑩ 8. ⑧ 9. ④ 10. ①
11. ⑲ 12. ⑳ 13. ⑯ 14. ⑭ 15. ⑬ 16. ⑮ 17. ⑱ 18. ⑰ 19. ⑪ 20. ⑫

Collocations for Writing & Speaking

Education/Language

broaden one's horizons
시야를 넓히다

Studying abroad can help **broaden your horizons**.
해외 유학은 당신의 시야를 넓히는 데 도움이 될 수 있다.

come in handy
유용하다

Knowing multiple languages can **come in handy** while travelling in diverse regions.
다양한 지역을 여행할 때 여러 언어를 아는 것이 유용할 수 있다.

> **활용법** Speaking 또는 General Training Writing의 Informal letter에서 사용

communication skills
의사소통 능력

Effective **communication skills** are vital to convey ideas clearly.
효과적인 의사소통 능력은 생각을 명확하게 전달하는 데 필수적이다.

easier said than done

말은 쉽지만 실제 행하기는
훨씬 더 어려운

Mastering a second language is **easier said than done**.
제2언어를 완전히 익히는 것은 말은 쉽지만 실제 행하기는 훨씬 더 어렵다.

활용법 Speaking 또는 General Training Writing의 Informal letter에서 사용

hold the view

견해를 갖다

= **hold the opinion**

Many experts **hold the view** that early childhood education is crucial for lifelong development.
많은 전문가들은 유아 교육이 평생 발달에 매우 중요하다는 견해를 갖고 있다.

international student

유학생, 국제 학생

International students contribute to the diversity of university campuses, bringing varied perspectives and cultural richness.
유학생은 대학 캠퍼스의 다양성에 기여하며 다양한 관점과 문화적 풍요로움을 선사한다.

language barrier 언어 장벽

Language barriers are one of the biggest challenges for international students adjusting to a new academic environment.

언어 장벽은 새로운 학업 환경에 적응하는 유학생들에게 가장 큰 어려움 중 하나이다.

mother tongue 모국어

Preserving one's **mother tongue** is essential for maintaining cultural identity and heritage.

모국어를 보존하는 것은 문화적 정체성과 유산을 유지하는 데 필수적이다.

online class 온라인 수업

Online classes became a necessity, providing flexibility and accessibility for diverse learners.

온라인 수업은 다양한 학습자에게 유연성과 접근성을 제공하는 필수 요소가 되었다.

유의어 virtual class, e-learning, distance learning, remote learning, digital learning

play a role in
~에서 역할을 하다

Accessible education **plays a** crucial **role in** fostering economic development and reducing inequality.

접근성 높은 교육은 경제 발전을 촉진하고 불평등을 줄이는 데 중요한 역할을 한다.

private academy
학원

The prevalence of **private academies** reflects the intense academic competition in Korean society.

학원의 성행은 한국 사회의 치열한 학력 경쟁을 반영한다.

secondary education
중등 교육

Secondary education plays a crucial role in a student's academic journey.

중등 교육은 학생의 학업 여정에서 중요한 역할을 한다.

social interaction

사회적 상호 작용, 사회적 소통

The rise of digital platforms has altered the landscape of **social interactions**, allowing people to connect globally.
디지털 플랫폼의 부상은 사람들이 전 세계적으로 연결될 수 있도록 사회적 상호 작용의 환경을 변화시켰다.

> **활용법** 폭넓게 개념에 관해 언급할 때는 단수형, 구체적인 사례나 여러 경우에 대해 이야기할 때는 복수형으로 사용

specialist knowledge

전문 지식

Gaining a **specialist knowledge** of a subject requires a certain level of focus and dedication over a long period.
한 과목에 대한 전문 지식을 습득하는 것은 오랜 기간에 걸쳐 일정 수준의 집중력과 헌신을 필요로 한다.

take precedence over

우선권을 갖다, 우선하다

Some people believe that fluency should **take precedence over** grammar when speaking.
어떤 사람들은 말할 때 문법보다 유창함이 우선시되어야 한다고 생각한다.

빈칸에 알맞은 콜로케이션을 선택해 보세요.

① broaden your horizons   ⑤ language barriers

② private academies   ⑥ plays a crucial role

③ social interactions   ⑦ come in handy

④ hold the view

1. Many experts _____ that early childhood education is crucial for lifelong development.

   많은 전문가들은 유아 교육이 평생 발달에 매우 중요하다는 견해를 갖고 있다.

2. Accessible education _____ in fostering economic development and reducing inequalities.

   접근성 높은 교육은 경제 발전을 촉진하고 불평등을 줄이는 데 중요한 역할을 한다.

3. Studying abroad can help _____ .

   해외 유학은 당신의 시야를 넓히는 데 도움이 될 수 있다.

4. Knowing multiple languages can _____ while travelling in diverse regions.

   다양한 지역을 여행할 때 여러 언어를 아는 것이 유용할 수 있다.

5. The rise of digital platforms has altered the landscape of _____ , allowing people to connect globally.

   디지털 플랫폼의 부상은 사람들이 전 세계적으로 연결될 수 있도록 사회적 상호 작용의 환경을 변화시켰다.

6. _____ are one of the biggest challenges for international students adjusting to a new academic environment.

   언어 장벽은 새로운 학업 환경에 적응하는 유학생들에게 가장 큰 어려움 중 하나이다.

7. The prevalence of _____ reflects the intense academic competition in Korean society.

   학원의 성행은 한국 사회의 치열한 학력 경쟁을 반영한다.

정답

1. ④ 2. ⑥ 3. ① 4. ⑦ 5. ③ 6. ⑤ 7. ②

아이엘츠가 좋아하는
동물 관련 어휘

☐ **scale**
skeɪl
스께일
비늘

☐ **hare**
hɛ:
헤어-
토끼

☐ **feather**
ˈfɛðə
f에더어
깃털

☐ **amphibian**
amˈfɪbɪən
암f이비안
양서류

☐ **beak**
bi:k
비-크
(새의) 부리

☐ **lizard**
ˈlɪzəd
리자드
도마뱀

☐ **perch**
pə:tʃ
퍼-취
(나뭇가지 등에 새 등이) 앉아있다

☐ **tortoise**
ˈtɔ:təs
토오-터스
육지 거북

☐ **ostrich**
ˈɒstrɪtʃ
오스트릿취
타조

☐ **lynx**
lɪŋks
링크스
스라소니

☐ **pigeon**
ˈpɪdʒ(ə)n
피진
비둘기

☐ **hibernation**
ˌhʌɪbəˈneɪʃ(ə)n
하이버네이션
동면

☐ **worm**
wə:m
워-엄
벌레, 기생충

☐ **fauna**
ˈfɔ:nə
f오-나
동물군

☐ **fungus**
ˈfʌŋgəs
f어엉거스
균류, 곰팡이류

☐ **caudate**
ˈkɔ:deɪt
코오-데이트
꼬리가 있는

☐ **hive**
hʌɪv
하이v으
벌집

☐ **gill**
gɪl
기일
아가미

☐ **termite**
ˈtə:mʌɪt
터-마이트
흰개미

☐ **spawn**
spɔ:n
스포-온
(물고기 등의) 산란, 산란하다

DAY
05

Listening
Reading

Writing
Speaking

★★

ascent

əˈsɛnt
어쎈트

명 **오르막, 상승, 향상**   rise

Social unrest can be linked to the **ascent** of social media.
사회 불안이 소셜 미디어의 부상과 연관될 수도 있다.

★★★

extensive

ɪkˈstɛnsɪv
익쓰**뗀**시V으

extensively ⓐ 널리, 광범위하게

형 **아주 많은, 대규모의**

It is debatable that adults need more **extensive** time to learn a new language than children.
성인이 어린이에 비하여 새로운 언어를 배우는데 더 많은 시간이 필요하다는 것은 논란의 여지가 있다.

★★★

infant

ˈɪnf(ə)nt
인f언트

명 **유아**

Air travel is safe for **infants**, but there are some precautions parents should take.
비행기 여행이 유아에게 안전하기는 하지만, 부모들이 취해야 하는 몇몇 예방 조치들이 있다.

★

rewarding

rɪˈwɔːdɪŋ
리**워**-딩

reward ⓥ 보상하다 ⓝ 보상

형 **보람있는, 가치있는**   satisfying

Gardening is **rewarding** in terms of its benefits to stress relief and mental health.
원예는 스트레스 해소와 정신 건강에 이점이 된다는 측면에서 보람 있다.

★★★

foster

ˈfɒstə
f어쓰터

동 **조성하다, 촉진하다**

Modern workspaces, especially in the tech industry, are designed to **foster** creativity and productivity in the employees.
현대의 업무 공간은, 특히 기술 분야에서, 직원들의 창의력과 생산성을 촉진하도록 고안되어 있다.

★★★

numerous

ˈnjuːm(ə)rəs
뉴-머러스

형 **많은**   many

There are **numerous** reasons to quit smoking.
금연해야 하는 수많은 이유들이 있다.

★★★
rate

reɪt
뤠이트

동 평가하다, 등급을 매기다   **assess**

Participants were asked to **rate** each painting on a scale of 1 to 10.

참가자들은 1점에서 10점까지의 등급으로 각 그림에 점수를 매기도록 요청받았다.

명 비율   **speed, level**

The alarming drop in the national birth **rate** has become a major issue.

걱정스러울 정도로 하락하는 국내 출산율은 주요 문제가 되었다.

기출 Collocations
at a rate of ~의 비율로
at a rate equivalent to ~와 동등한 비율로
success rates 성공률
the rate of climate change 기후변화 속도
first-rate 1급의, 일류의

명 요금, 시세   **price, fee**

On Friday, the digital currency was being sold at 1,000 dollars per unit, but by Sunday, it had dropped to a **rate** of 50 dollars.

금요일에 그 전자 화폐는 단위당 1,000달러에 판매되고 있었지만, 일요일까지 50달러의 시세로 하락했다.

기출 Collocations
reduced rate tickets 할인티켓
a flat rate 고정 요금, 정액

★★
hypothesis

haɪˈpɒθɪsɪs
하이**포**th이시스

명 가설

A scientific theory starts as a **hypothesis** that is tested over and over again.

과학적 이론은 계속 반복적으로 실험되는 가설에서 시작된다.

어원을 알면 더 쉽다!
hypo(아래에) + thesis(논제, 명제)가 결합된 것으로, 주장의 아래에 있는 '가설'이라는 뜻이 되었다.

★★★
principle

ˈprɪnsɪp(ə)l
프**린**씨플

명 원칙

Parents should teach their children how to behave according to a set of moral **principles**.

부모는 도덕적 원칙에 따라 행동하는 방법을 아이들에게 가르쳐야 한다.

★★★
distinct

dɪ'stɪŋ(k)t
디스**팅**ㅌ

distinction [명] 차이, 뛰어남
distinctly [부] 뚜렷하게

[형] 뚜렷이 구별되는 different

Anxiety disorder is **distinct** from clinical depression, but they are often confused since their symptoms, such as excessive worry and difficulty sleeping, overlap.
불안 장애는 임상 우울증과 뚜렷이 구별되는 것이지만, 과도한 걱정이나 수면 장애와 같은 증상이 겹치기 때문에 그들은 종종 혼동된다.

기출 Collocations
distinct from ~와 뚜렷이 구별되는, ~와는 완전히 다른

★★★
no longer

nəʊ 'lɒŋgə
노 **롱**거

더 이상 ~아닌

Residents of the flat will **no longer** have to worry about finding an open parking spot with the completion of the new parking tower.
새로운 주차 타워의 완공으로 그 아파트의 주민들은 더 이상 빈 주차 공간을 찾는 일을 걱정할 필요가 없을 것이다.

기출 Collocations
no longer able to do 더 이상 ~할 수 없는
no longer need 더 이상 필요하지 않은
no longer available 더 이상 이용 가능하지 않은

★★★
maintenance

'meɪnt(ə)nəns
메인터넌쓰

[명] 유지보수

The park was gorgeous ten years ago, but nowadays, the community is no longer interested in its **maintenance**.
그 공원은 10년 전에는 아주 멋진 곳이었지만, 현재 그 지역 사회는 더 이상 그곳의 유지보수에 관심이 없다.

기출 Collocations
maintenance grants 유지보수 보조금
general health maintenance 전반적인 건강 관리

빅데이터가 알려주는 출제포인트
'유지하다'라는 의미를 가진 동사 maintain의 명사형으로 무언가를 유지시키는 것 자체를 뜻하기도 하고, 유지시키면서 발생하는 비용을 뜻하기도 해서 '생활비, 양육비' 등의 의미도 가진다. 두 가지 모두 아이엘츠에 자주 등장하므로 해석에 유의한다.

★★★
retain

rɪ'teɪn
리**테**인

[동] 유지하다 keep

Our great incentives allow us to **retain** and reward our best employees.
우리의 훌륭한 인센티브제는 최고의 직원들을 유지하고 그들에게 보상을 수여하게 한다.

★★★
judge

dʒʌdʒ
져어쥐

judgement [명] 판단
misjudge [동] 잘못 판단하다, 오해하다

[동] 판단하다

Most people **judge** the value of artwork according to its immediate beauty.
대부분의 사람들은 즉각적으로 보이는 아름다움에 따라 미술품의 가치를 판단한다.

기출 Collocations
judge the success of ~의 성공을 판단하다
judge from ~으로 판단하다

[명] 심사위원, 심판

A panel of **judges** will select the winner of the poetry contest based on its originality.
심사 위원단은 독창성을 바탕으로 그 시 대회 수상작을 선정할 것이다.

★★
compose

kəmˈpəʊz
컴**포**우즈

[동] 구성하다 constitute, make up, put together

The holiday package was **composed** of a four-night stay at the resort, scuba diving lessons and trips to popular diving locations.
그 휴가 여행 패키지는 리조트에서의 4박과 스쿠버 다이빙 강습, 그리고 인기 있는 다이빙 장소 관광 서비스로 구성되어 있었다.

기출 Collocations
be composed of ~으로 구성되다
meticulously compose 꼼꼼하게 구성하다

★★★
accompany

əˈkʌmpəni
어**컴**퍼니

unaccompanied [형] 동행자가 없는, 동반되지 않는

[동] (어떤 일이나 현상이) 동반하다, 수반하다 occur with

The chef's signature dishes are often **accompanied** by a fresh salad.
그 요리사의 대표 요리에는 종종 신선한 샐러드가 함께 나온다.

[동] (동반자로서) 동행하다 go with

Children under the age of 12 must be **accompanied** by an adult while enjoying the rides at Thorpe Park.
12세 미만의 아이들은 소프 놀이공원의 놀이 기구를 즐길 때 반드시 성인 한 명을 동반해야 한다.

★
propound

prəˈpaʊnd
프러**파**운드

[동] 제기하다, 제의하다

Isaac Newton **propounded** religious views that conflicted with orthodox Christianity.
아이작 뉴턴은 정통 기독교에 상충되는 종교적 관점을 제기했다.

★★★
evolve

ɪ'vɒlv
이**V올**v으

[동] **진화하다, 점진적으로 발달하다** change

Through the need to store body heat, the dinosaurs' scales would then have **evolved** into feathers.
체온을 유지해야 하는 필요성 때문에, 공룡의 비늘이 그 후 깃털로 진화한 것일 것이다.

기출 Collocations
evolve from ~에서 진화하다, ~에서 발달하다
evolve into ~로 진화하다
evolve to do ~하기 위해 진화하다

어원을 알면 더 쉽다!
e(바깥으로) + volve(굴러나가다)가 결합되어, '진화하다'란 의미가 되었다.

★★
blast

bla:st
블**라**-스ㅌ

[동] **폭발하다, 맹렬히 비난하다** criticise

Long-time fans of the rock band **blasted** the new album for its mainstream appeal.
그 록 밴드의 오랜 팬들은 주류에 편입되기 위한 새 앨범을 맹렬히 비판했다.

빅데이터가 알려주는 출제포인트
명사로도 사용되며, '맹비난, 폭발'의 의미를 가진다.
▸a sudden blast 갑작스러운 폭발

★★
status

'steɪtəs
스**테**이터스

[명] **지위, 상황** social position

The professor's well-received paper ensured his **status** as one of the leading scientists in the field of stem cell research.
그 교수의 호평 받는 논문이 줄기 세포 연구 분야에서 손꼽히는 과학자들 중 한 명으로서의 지위를 확고히 해 주었다.

기출 Collocations
social status 사회적 지위

★★★
commercial

kə'mə:ʃ(ə)l
커**머**-셜

commercially [부] 상업적으로
commercialise [동] 상업화하다
commercialisation [명] 상업화

[형] **상업적인** lucrative

The new regulations have made the land around Oakham available for **commercial** real estate.
새로운 규정으로 인해 오크햄 인근의 토지가 상업용 부동산으로 이용할 수 있게 되었다.

기출 Collocations
commercial use 상용

chronological

★

krɒnəˈlɒdʒɪk(ə)l
크러노**로**지컬

⑩ 연대순의

The documentary shows the **chronological** development of oil empires in the Middle East.

그 다큐멘터리는 중동 지역 석유 제국들의 연대순의 발전을 보여준다.

기출 Collocations

in chronological order 연대순으로

---

merge

★★

məːdʒ
머어-쥐

⑧ 합병하다, 어우러지다　　　**combine, consolidate**

While he was writing the novel, real events that happened in the author's life gradually **merged** with the fictional events in the story.

그는 소설을 쓰는 동안, 작가의 삶에서 일어난 실제 사건들이 이야기 속 소설적인 사건들에 점점 녹아들었다.

---

available

★★★

əˈveɪləb(ə)l
어**V에**일러블

unavailable ⑩ 이용할 수 없는

⑩ 이용할 수 있는　　　**accessible, existing**

Additional storage space will be made **available** if the drawers provided are insufficient.

제공된 서랍장이 불충분할 경우에 추가 저장 공간을 이용할 수 있게 될 것입니다.

기출 Collocations

available for ~을 위한 시간이 있는, ~이 이용 가능한
available to ~가 이용 가능한

빅데이터가 알려주는 출제포인트

반의어인 unavailable은 의미적으로 다음 어휘로 패러프레이징되어 출제된다.
▸rare 희귀한
▸restriction 제한

---

descend

★★

dɪˈsɛnd
디**쎈**-드

⑧ 내려오다　　　**decline**

The monkey **descended** to the forest floor to retrieve the fallen fruit.

그 원숭이는 떨어진 과일을 가져가기 위해 숲의 바닥 쪽으로 내려왔다.

immense

★

ɪˈmɛns
이**멘**쓰

immensly ⓐ 엄청나게

옝 엄청난, 어마어마한

The large shopping center will also act as an **immense** solar panel.

그 대형 쇼핑몰은 어마어마한 태양열 전지판 역할도 하게 될 것이다.

---

adapt

★★★

əˈdapt
어**댑**트

adaptation ⓝ 각색, 적응

옹 조정하다, 적응하다   adjust

The plots and scripts of some major films are **adapted** to regional tastes so that they can be more successful in international markets.

몇몇 주요 영화들의 줄거리와 대본은 세계 시장에서 더 성공적일 수 있도록 지역적 취향에 맞게 조정된다.

---

harsh

★★

hɑːʃ
하아-쉬

harshly ⓐ 가혹하게

옝 가혹한, 혹독한   extreme, struggled

Fascinating and bizarre organisms have adapted to the **harsh** conditions of the deep ocean floor.

매력적이면서 기이한 생물체들은 깊은 해저의 가혹한 환경에 적응해왔다.

기출 Collocations
harsh conditions 가혹한 상황, 혹독한 환경
harsh weather 악천후, 혹독한 날씨

---

strict

★★

strɪkt
스트릭트

strictly ⓐ 엄격하게

옝 엄격한

The mayor imposed a **strict** curfew in response to the protests.

시장은 시위에 대응해 엄격한 통행 금지를 시행했다.

기출 Collocations
strict rules 엄격한 규칙

---

irresistible

★★

ɪrɪˈzɪstɪb(ə)l
이리**지**스터블

옝 거부할 수 없는

After the company offered additional holiday leave, the job offer became **irresistible**.

회사에서 추가 휴무일을 제공하자, 그 일자리 제안은 거부할 수 없는 것이 되었다.

Quick Review

단어와 그에 알맞은 뜻을 연결해 보세요.

1.	evolve	① 평가하다, 등급을 매기다, 비율, 요금, 시세
2.	rewarding	② 가혹한, 혹독한
3.	harsh	③ 더 이상 ~아닌
4.	rate	④ 진화하다, 점진적으로 발달하다
5.	infant	⑤ 제기하다, 제의하다
6.	propound	⑥ 연대순의
7.	principle	⑦ 원칙
8.	no longer	⑧ 유아
9.	judge	⑨ 보람있는, 가치있는
10.	chronological	⑩ 판단하다, 심사위원, 심판

단어와 그에 알맞은 유의어를 연결해 보세요.

11.	numerous	⑪ keep
12.	blast	⑫ criticise
13.	retain	⑬ go with
14.	accompany	⑭ many
15.	available	⑮ different
16.	status	⑯ rise
17.	merge	⑰ accessible
18.	ascent	⑱ constitute
19.	compose	⑲ social position
20.	distinct	⑳ combine

[정답]

1. ④ 2. ⑨ 3. ② 4. ① 5. ⑧ 6. ⑤ 7. ⑦ 8. ③ 9. ⑩ 10. ⑥
11. ⑭ 12. ⑫ 13. ⑪ 14. ⑬ 15. ⑰16. ⑲ 17. ⑳ 18. ⑯ 19. ⑱ 20. ⑮

Collocations for Writing & Speaking

 **Family/Friends**

---

be expecting a baby
임신 중이다

= be pregnant

We **are expecting a baby** and eagerly preparing for the upcoming addition to the family.
우리는 임신 중이며 다가올 가족의 증가를 대비해 열심히 준비하고 있다.

---

bring up
(아이나 가족을) 양육하다, 기르다

I was **brought up** in a loving home.
나는 사랑이 넘치는 가정에서 양육되었다.

> **미국식** raise는 영국보다 미국에서 보편적으로 사용됨

---

close-knit
가깝게 지내는

Despite living in different countries, they are a **close-knit** family.
다른 나라에 살고 있음에도 불구하고, 그들은 가깝게 지내는 가족이다.

dual-income household

맞벌이 가구

A **dual-income household** can allow for financial stability and a comfortable standard of living.

맞벌이 가구는 재정적으로 안정적이고 편안한 생활 수준을 유지할 수 있다.

family-run

가족이 운영하는

Being **family-run** for generations, the restaurant is known for its delicious meals and warm atmosphere.

대대로 가족이 운영하는 곳으로, 이 레스토랑은 맛있는 음식과 따뜻한 분위기로 유명하다.

get along with

사이가 좋다, ~와 잘 지내다

While many siblings don't **get along with** each other, I think of my sister as my best friend.

많은 형제자매가 서로 사이가 좋지 않지만, 나는 내 자매를 가장 친한 친구라고 생각한다.

활용법 Speaking 또는 General Training Writing의 Informal letter에서 사용

have a good relationship

좋은 관계를 갖다

They **have a good relationship** that is built on trust, communication and shared values.
그들은 신뢰와 소통, 공유된 가치를 바탕으로 된 좋은 관계를 갖고 있다.

유의 have a relation은 틀린 표현

have much in common

공통점이 많다

My best friend and I **have much in common**; we both like playing video games and badminton.
내 가장 친한 친구와 나는 공통점이 많다; 우리는 둘 다 비디오 게임과 배드민턴을 좋아한다.

활용법 Speaking 또는 General Training Writing의 Informal letter에서 사용

nuclear family

핵가족

A **nuclear family** consists of parents and their children, while an extended family includes other members like grandparents and cousins.
핵가족은 부모와 자녀로 구성되는 반면, 대가족은 조부모나 사촌과 같은 다른 구성원을 포함한다.

반의 extended family 대가족

parental support   부모의 지원

The academic success of students is often influenced by the level of **parental support** they receive at home.
학생의 학업 성취도는 종종 그들이 가정에서 받는 부모의 지원 수준에 따라 영향을 받는다.

provide for one's family   가족을 부양하다

Working tirelessly, my father has strived to **provide for our family**.
끊임없이 일하면서 아버지는 우리 가족을 부양하기 위해 노력해 왔다.

quality time   뜻깊은 시간, 소중한 시간

People cherish spending **quality time** with family and friends during the weekends.
사람들은 주말 동안 가족 및 친구들과 함께 뜻깊은 시간을 보내는 것을 소중히 여긴다.

set up house
(집을 정해) 살기 시작하다

After getting married, we decided to **set up house** in a cosy suburb with a well-connected transport system.

결혼 후, 우리는 교통이 잘 연결된 아늑한 교외에 살기 시작하기로 했다.

single parent/father/mother
한부모/편부/편모

Many **single parents** face the challenge of balancing work with parenting.

많은 한부모가 일과 자녀 양육의 균형을 맞추는 데 어려움을 겪는다.

start a family
가정을 이루다

They thought it was the right time to **start a family** and welcome their first child.

그들은 그 때가 가정을 이루고 첫 아이를 맞이하기에 적절한 시기라고 생각했다.

유의 begin a family는 틀린 표현

빈칸에 알맞은 콜로케이션을 선택해 보세요.

① provide for our family ⑤ brought up

② start a family ⑥ have much in common

③ have a good relationship ⑦ are expecting a baby

④ get along with

1. I was _____ in a loving home.

   나는 사랑이 넘치는 가정에서 양육되었다.

2. We _____ and eagerly preparing for the upcoming addition to the family.

   우리는 임신 중이며 다가올 가족의 증가를 대비해 열심히 준비하고 있다.

3. They _____ that is built on trust, communication and shared values.

   그들은 신뢰와 소통, 공유된 가치를 바탕으로 좋은 관계를 갖고 있다.

4. Working tirelessly, my father has strived to _____ .

   끊임없이 일하면서 아버지는 우리 가족을 부양하기 위해 노력해 왔다.

5. My best friend and I _____ ; we both like playing video games and badminton.

   내 가장 친한 친구와 나는 공통점이 많다; 우리는 둘 다 비디오 게임과 배드민턴을 좋아한다.

6. They thought it was the right time to _____ and welcome their first child.

   그들은 그 때가 가정을 이루고 첫 아이를 맞이하기에 적절한 시기라고 생각했다.

7. While many siblings don't _____ each other, I think of my sister as my best friend.

   많은 형제자매가 서로 사이가 좋지 않지만, 나는 내 자매를 가장 친한 친구라고 생각한다.

정답

1. ⑤ 2. ⑦ 3. ③ 4. ① 5. ⑥ 6. ② 7. ④

아이엘츠가 좋아하는
과학&논문 관련 어휘

☐ **geochemical** 지구화학적
ˌdʒiːəʊˈkɛmɪk(ə)l
지-오케미컬

☐ **hydraulic** 수압의
hʌɪˈdrɔːlɪk
하이드로올-릭

☐ **oxygen** 산소
ˈɒksɪdʒ(ə)n
옥씨젼

☐ **combustible** 가연성의
kəmˈbʌstɪb(ə)l
컴바스터블

☐ **ultrasonic** 초음파
ʌltrəˈsɒnɪk
얼트라쏘닉

☐ **ignite** 점화시키다
ɪgˈnʌɪt
이그나이트

☐ **evaporation** 증발
ɪˌvapəˈreɪʃ(ə)n
이V아퍼레이션

☐ **treatise** 논문
ˈtriːtɪs
트리-티스

☐ **neutron** 중성자
ˈnjuːtrɒn
뉴-트론

☐ **dissertation** (특히 대학 학
ˌdɪsəˈteɪʃ(ə)n 위) 논문
디써테이션

☐ **gasification** 기화
gasɪfɪˈkeɪʃ(ə)n
가시f이케이션

☐ **thesis** 학위 논문, 논지
ˈθiːsɪs
th이-씨쓰

☐ **carbon dioxide** 이산화탄소
ˈkɑːbən dʌɪˈɒksʌɪd
카-본 다이옥싸이드

☐ **methodology** 방법론
mɛθəˈdɒlədʒi
메th오돌러지

☐ **nuclear** 원자력의, 핵의
ˈnjuːklɪə
뉴-클리어

☐ **theoretical** 이론상으로의
θɪəˈrɛtɪk(ə)l
th이오레티컬

☐ **microscope** 현미경
ˈmʌɪkrəskəʊp
마이크로스콥

☐ **findings** 결론
ˈfʌɪndɪŋ
f아인딩

☐ **radioactivity** 방사능
ˌreɪdɪəʊakˈtɪvɪti
레디오엑티V이티

☐ **terminology** 전문 용어
ˌtəːmɪˈnɒlədʒi
터-미널러지

DAY
06

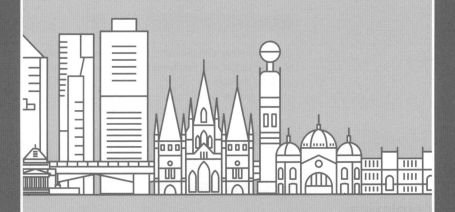

Listening
Reading

Writing
Speaking

★★★

emerge

ɪ'mə:dʒ
이**머**-쥐

emergence [명] 출현, 발생
emerging [형] 최근 생겨난

[동] **드러내다, 드러나다** appear, come out

The tourists watched from the ship as a pod of humpback whales **emerged** from the ocean depths.
관광객들은 혹등 고래 떼가 심해에서 모습을 드러내는 것을 배에서 봤다.

★★★

benefit

'bɛnɪfɪt
베니f잇ㅌ

beneficial [형] 유익한

[명] **이익, 수당** advantage, welfare

The discovery of penicillin in 1928 brought about numerous health **benefits** for people suffering from bacterial diseases and infections.
1928년 페니실린의 발견은 세균성 질병과 감염으로 고통 받는 사람들에게 많은 건강상의 이점을 가져다 주었다.

기출 Collocations
for the benefit of ~을 위하여

[동] **도움이 되다**

Experimenting with different musical genres rather than sticking to just one can **benefit** the creative process of aspiring musicians.
한 장르의 음악에만 매달리는 것보다 다른 음악 장르를 실험하는 것은 장차 음악가가 되려는 사람들의 창작 과정에 도움이 된다.

기출 Collocations
benefit from ~로부터 득을 보다

★

perplexing

pə'plɛksɪŋ
퍼플**렉**씽

perplex [동] 당황스럽게 하다

[형] **당황하게 하는, 난해한**

Since the themes contained in modern art can be **perplexing** and obscure, gallery visitors should simply focus on their personal reaction to a piece.
현대 미술에 포함된 주제가 난해하고 모호할 수 있기 때문에, 미술관 관람객들은 그저 작품에 대한 각자의 개인적인 반응에 중점을 두어야 한다.

★

herd

hə:d
허-ㄷ

herder [명] 양치기

[명] 떼, 무리, 사람들 flock, swarm

Using GPS* and satellite imagery, scientists were able to track the **herd** of reindeer across northern Canada.

GPS와 위성 영상을 이용하여, 과학자들은 캐나다 북부에 걸쳐 사슴 떼를 추적할 수 있었다.

*GPS(global positioning system): 위성항법장치

기출 Collocations

a herd of ~의 떼
zebra herds 얼룩말 무리

빅데이터가 알려주는 출제포인트

동사로도 쓰이는 단어로, '이동하다, 몰다'을 의미한다.
▸herd animals 동물을 몰다

★★

civil

ˈsɪv(ə)l
씨V으을

[형] 시민의, 문명의 municipal

Political philosophers in the 17th century offered contrasting views on the conditions that led to **civil** society.

17세기의 정치 사상가들은 문명 사회를 초래했던 조건에 대해 상반된 견해를 제시했다.

기출 Collocations

civil war 내전

★★

halt

hɔ:lt
호-올트

[동] 중단시키다 stop, quit

The product development team was ready to **halt** the project if the market survey's result was negative about the new flavours.

제품 개발팀은 시장 조사 결과가 새로운 맛에 부정적이라면 그 프로젝트를 중단시킬 준비를 하고 있었다.

[명] 중단

Hiding financial debt from a business partner can bring even the most promising relationships to a **halt**.

사업 파트너에게 금융 부채를 숨기는 일은 가장 잘 될 것 같은 관계조차도 중단 상태에 이르게 할 수 있다.

빅데이터가 알려주는 출제포인트

명사로 쓰일 때는 보통 단수 형태인 a halt로 쓰인다.

★★★
obtain

əb'teɪn
옵**테**인

[동] **얻다, 구하다** find, gain

It was necessary to **obtain** more samples from the glacial ice for further study.
추가 연구를 위해 그 빙하에서 더 많은 샘플을 얻는 것은 필수였다.

★★★
breeding

'bri:dɪŋ
브**리**-딩

breed [동] 사육하다, 재배하다

[명] **사육, 번식** reproduction

The remaining male rhinos were put into a specialised **breeding** programme that would, biologists hoped, save the species.
남아 있는 수컷 코뿔소들이 특수 사육 프로그램 대상이 되었는데, 생물학자들은 그것이 이 동물 종을 구할 수 있기를 바랐다.

기출 Collocations
breeding reserves 번식지
a breeding season 번식기, 산란기

★★
apart from

ə'pɑ:t frəm
어**파**-트 f으럼

[전] **~을 제외하고, 뿐만 아니라** except for, aside from

The building was undamaged **apart from** a few shattered windows.
그 건물은 몇 군데 산산조각 난 창문을 제외하고는 손상되지 않았다.

★★★
secure

sɪ'kjʊə
시**큐**-어

security [명] 보안
insecure [형] 불안정한

[동] **확보하다**

The director was able to **secure** funding to keep the homeless shelter open this winter.
그 책임자는 이번 겨울에 노숙자 쉼터를 유지할 수 있는 자금을 확보할 수 있었다.

기출 Collocations
secure funding 자금을 확보하다
secure one's future ~의 미래를 보장하다

[형] **안심하는**

During training, new flight attendants learn how to make passengers feel safe and **secure** on board.
교육 중에, 신입 승무원들은 승객들을 탑승 중에 안전하고 안심하게 만드는 방법을 배운다.

기출 Collocations
feel secure 안심하다
a secure website 보안 웹사이트

disabled

★★

dɪsˈeɪbld
디스**에**이블드

disability 몡 장애

혱 장애를 가진

By law, all movie theaters, sports stadiums and concert halls are required to have special seating areas for the **disabled**.

법에 의해 모든 영화관, 운동경기장, 콘서트홀은 장애인들을 위한 특별 좌석 구역을 갖추어야 한다.

> **빅데이터가 알려주는 출제포인트**
>
> 형용사 앞에 the를 붙이면 집단명사가 되는 경우가 많다. 아이엘츠에 자주 나오는 'the + 형용사'는 다음과 같다.
> ▸the disabled 장애인들
> ▸the elderly 노인들

marginalise

★

ˈmɑːdʒɪn(ə)lʌɪz
마-지널라이즈

통 사회에서 소외하다

A recent report claims that the social pressure to dress fashionably **marginalises** children from low-income families.

최근의 한 연구는 최신 유행에 맞게 옷을 입어야 한다는 사회적인 압박이 저소득층 가정의 아이들을 소외시킨다고 주장하고 있다.

involve

★★★

ɪnˈvɒlv
인**V올**v으

involvement 몡 개입, 관여

통 포함하다   entail

International trade agreements **involve** compromises from all participating nations.

국제 무역 협정은 모든 참여 국가들이 내놓은 타협안을 포함하고 있다.

> **기출 Collocations**
> get involved in ~에 관여하다

통 참여시키다, 연루시키다

Youths who are **involved** with community programmes develop a sense of their own strengths and weaknesses.

지역 사회 프로그램에 참여하는 젊은이들은 스스로의 장점과 약점에 대해 인지하는 감각을 기르게 된다.

통 열중시키다

Dog show competitors are so **involved** in the sport that they may even spend their total income on their dog.

애견 대회 참가자들은 그 경기에 너무 열중한 나머지 애견에게 그들의 소득 전부를 쓰기도 한다.

★★★
affect

əˈfɛkt
어f엑트

동 영향을 미치다

Introducing the Asian carp to American waterways **affected** the ecosystems of several lakes and rivers.
아시아 잉어를 미국의 수로에 들여온 것이 여러 호수와 강 생태계에 영향을 미쳤다.

기출 Collocations
be affected by ~의 영향을 받다

빅데이터가 알려주는 출제포인트
질병이나 재해의 피해를 입은 것을 affect를 활용하여 '재해의 영향을 받다'라고 자주 등장한다.
‣ be affected by the flooding 홍수 피해를 입다
‣ be affected by the cold 감기에 걸리다

★
drain

dreɪn
드레인

drainage 명 배수, 배수시설

동 액체가 빠지다, 배수하다

Draining the lake would provide water for residents in the drought-affected region.
호수의 물을 빼내는 작업은 가뭄의 영향을 받은 지역 주민들에게 필요한 물을 제공하게 될 것이다.

동 소모하다

Marathon runners are **drained** of energy during a race and should have nutritious foods in order to recover.
마라톤 선수들은 경기 중에 에너지가 소모되기 때문에 회복을 위해 영양가가 높은 음식을 먹어야 한다.

★
profound

prəˈfaʊnd
프로f아운드

형 엄청난   significant

The civil war had a **profound** effect on the economies of the neighbouring countries.
그 내전은 인근 국가들의 경제에 엄청난 영향을 미쳤다.

기출 Collocations
a profound effect 엄청난 영향

빅데이터가 알려주는 출제포인트
철자가 비슷한 propound와 혼동하지 않도록 한다. propound는 동사로 '제기하다'를 뜻한다.

obvious

★★

ˈɒbvɪəs

옵v이어스

obviously ⑨ 분명하게

형 분명한　　　　　　　　　　　　　evident

One of the **obvious** benefits of a plant-based diet is a reduction in body fat.

채식 위주 다이어트의 분명한 이점들 중의 하나는 체지방 감소이다.

기출 Collocations

obvious advantages 분명한 장점
obvious benefits 명확한 이점

영국식 vs. 미국식

/o/발음을 영국에서는 주로 /오/, 미국에서는 /아/라고 발음하며, 영국은 /옵v이어스/, 미국은 /압v이어스/라고 발음한다.

---

exaggerate

★★

ɪɡˈzædʒəreɪt

이그재쥬레이트

동 과장하다　　　　　　　　　　　　overstate

To this day, many people argue that concerns about climate change are **exaggerated** by certain media sources and political parties.

지금까지도, 많은 사람들은 기후 변화에 대한 우려가 특정 언론 매체들과 정당에 의해 과장된 것이라고 주장한다.

---

irrigation

★★

ɪrɪˈɡeɪʃ(ə)n

이리-게이션

명 관개

Several engineers volunteered to travel to the developing country to help improve the **irrigation** systems of its farmlands.

여러 명의 기술자들이 농지의 관개 시스템을 개선하도록 도움을 주기 위해 그 개발도상국으로 가는 데 자원했다.

기출 Collocations

irrigation canals 관개 수로, 용수로

빅데이터가 알려주는 출제포인트

'관개'는 농업용어로, 농사를 짓는데 필요한 물을 논밭에 대는 것을 말한다. 농업기술은 아이엘츠의 빈출 주제이므로 기본적인 용어와 의미를 알아두는 것이 독해에 유리하다.

---

steadily

★★

ˈstɛdɪli

스떼딜리

부 꾸준히

Interest in home gardening has been increasing **steadily** over the past decade.

가정 원예에 대한 관심이 지난 10년 동안 꾸준히 증가해 오고 있다.

melt
★★★

mɛlt

멜트

⑧ 녹다

During an eruption, solid rock **melts** into liquid magma and flows outward from the volcano.

화산 폭발 중에, 단단한 돌이 녹아서 액체 마그마가 되고 화산 밖으로 흘러 나온다.

기출 Collocations

melt down 녹이다, (감정, 태도 등이) 누그러지다

---

cultivation
★★

kʌltɪˈveɪʃn

컬티**V**에-이션

⑨ 경작   *farming, growing*

By draining the wetland, land available for **cultivation** in the region increased by 25%.

습지에서 물을 빼냄으로써, 그 지역 내에서 경작할 수 있는 토지가 25% 증가 하였다.

빅데이터가 알려주는 출제포인트

경작하는 행위나 상태를 뜻하므로 다음 어휘로도 패러프레이징된다.
▸ agriculture 농업

---

mimic
★★

ˈmɪmɪk

미밐ㅋ

⑧ 모방하다, 흉내내다   *imitate, copy*

The research team's next goal is to create an artificial intelligence that can **mimic** human emotions.

그 연구팀의 다음 목표는 인간의 감정을 모방할 수 있는 인공 지능을 만들어 내는 것이다.

빅데이터가 알려주는 출제포인트

형용사 의미를 가진 단어는 다음과 같으며, 주로 격식체에서 사용된다.
▸ mimetic 모방하는

---

edible
★★

ˈɛdɪb(ə)l

에드블

inedible ⑧ 먹을 수 없는

⑱ 식용 가능한, 식용인

Take care when picking mushrooms in the forest, as only a few varieties are **edible**.

오직 몇몇 종류만 식용 가능하므로 숲에서 버섯을 딸 때는 주의해라.

★★★
alert
ə'lə:t
얼럿-트

[동] 알리다 — warn, notify, caution

Speakers are installed in all hotel rooms to **alert** guests in case of an emergency such as a fire.
화재 같은 긴급 상황 발생 시에 투숙객들에게 알리기 위해 모든 호텔 객실에 스피커가 설치되어 있다.

[명] 알림

Text **alerts** are sent to customers to notify them of special offers and events.
특가 서비스와 행사를 알리기 위해 고객들에게 알림 문자 메시지가 발송된다.

빅데이터가 알려주는 출제포인트

형용사로도 사용되며, '기민한, 경계하는'이라는 의미이다.
▸stay alert 경계를 게을리하지 않다

stay alert는 attentive(주의를 기울이는)로 패러프레이징되기도 한다.

★★★
feed
fi:d
f이-드

feeding [명] 먹이주기
overfeed [동] 너무 많이 먹이다

[동] 먹이를 주다, 공급하다

The current food production level will not be enough to **feed** Earth's expected future population size.
현재의 식량 생산량은 예상되는 미래의 지구 인구 수를 먹일 수 있을 정도로 충분하지 않을 것이다.

기출 Collocations
feed on ~을 먹다, ~을 먹고 살다

★★★
means
mi:nz
미-인즈

[명] 수단, 방법 — way, method, form

For developing countries, participation in the Olympic Games became a **means** of earning recognition on the international stage.
개발도상국에게 있어, 올림픽 대회 참가는 세계적인 수준의 인지도를 얻을 수 있는 방법이 되었다.

기출 Collocations
as a means of ~의 수단으로서
by means of ~을 사용하여, ~에 의하여
by no means 결코 ~이 아닌
by any means 어떻게 해서든
alternative means 대안

intrusion

ɪnˈtruːʒ(ə)n
인트루-젼

intrusive ⓐ 방해하는

명 침해, 방해

The social media site has faced harsh criticism for **intrusions** into its users' privacy.

그 소셜 미디어 사이트는 사용자 개인 정보에 대한 침해 문제로 인해 극심한 비난에 직면했다.

기출 Collocations

unexpected intrusions 예기치 않은 침해

---

distribution

dɪstrɪˈbjuːʃ(ə)n
디스트리뷰-션

distribute ⓥ 분배하다, 배포하다

명 분배, 유통　　　　　spread

The Accounting Department manages the **distribution** of pay to our freelance writers.

회계부는 우리 프리랜서 작가들을 대상으로 하는 비용 지급을 관리한다.

기출 Collocations

distribution to ~로의 분포
distribution center 유통 센터

---

hollow

ˈhɒləʊ
할로우

형 속이 비어있는　　　　　empty

Early civilisations used **hollow** coconut shells as a means of serving and storing food.

초기 문명 사회는 음식을 제공하고 저장하기 위한 수단으로 비어 있는 코코넛 껍데기를 사용했다.

빅데이터가 알려주는 출제포인트

동사로도 사용되는 단어로 '우묵하게 만들다'라는 의미로 아이엘츠에 출제되고 있다.
▸ hollow out 움푹하게 파다
▸ hollow A until ~할 때까지 A를 비우다

Quick Review

단어와 그에 알맞은 뜻을 연결해 보세요.

1. perplexing	① 사회에서 소외하다
2. secure	② 침해, 방해
3. intrusion	③ 액체가 빠지다, 배수하다, 소모하다
4. edible	④ 관개
5. drain	⑤ 꾸준히
6. halt	⑥ 당황하게 하는, 난해한
7. feed	⑦ 식용 가능한, 식용인
8. irrigation	⑧ 중단시키다, 중단
9. steadily	⑨ 먹이를 주다, 공급하다
10. marginalise	⑩ 확보하다, 안심하는

단어와 그에 알맞은 유의어를 연결해 보세요.

11. emerge	⑪ municipal
12. civil	⑫ overstate
13. involve	⑬ farming
14. obvious	⑭ appear
15. distribution	⑮ warn
16. mimic	⑯ except for
17. cultivation	⑰ imitate
18. alert	⑱ evident
19. exaggerate	⑲ spread
20. apart from	⑳ entail

정답

1. ⑥ 2. ⑩ 3. ② 4. ⑦ 5. ③ 6. ⑧ 7. ⑨ 8. ④ 9. ⑤ 10. ①
11. ⑭ 12. ⑪ 13. ⑳ 14. ⑱ 15. ⑲ 16. ⑰ 17. ⑬ 18. ⑮ 19. ⑫ 20. ⑯

Collocations for Writing & Speaking

Money/Shopping

better deals
더 나은 거래(상품)

Price comparison websites help consumers discover **better deals** and make informed choices.

가격 비교 웹사이트는 소비자가 더 나은 거래를 발견하고 정보에 입각한 선택을 할 수 있도록 도와준다.

compare prices
가격을 비교하다

Before making a purchase, it is necessary to **compare prices** across different websites to get the best deals.

최적의 상품을 구매하기 위해서는, 구매 전 여러 웹사이트의 가격을 비교하는 것이 필요하다.

cost of living
생활비

The **cost of living** in urban areas is often higher due to increased housing expenses.

도시 지역의 생활비는 주거비 증가로 인해 종종 더 높다.

emergency fund

비상금

= contingency fund

Building an **emergency fund** is crucial to maintain financial stability in case of unexpected expenses.
예상치 못한 지출에 대비해서 재정적 안정을 유지하기 위해 비상금을 마련하는 것이 중요하다.

financial assistance

재정 지원

People living below the poverty line require additional **financial assistance** from the government.
빈곤선 이하에 사는 사람들은 정부의 추가적인 재정 지원을 필요로 한다.

good value for money

가격 대비 좋은 품질, 좋은 가성비

The restaurant offers delicious dishes that are **good value for money**, making it a favourite among locals.
이 레스토랑은 좋은 가성비로 맛있는 요리를 제공하여, 현지인들 사이에 선호되는 곳이다.

in stock

재고가 있는

= available

Many online stores display real-time information about products that are currently **in stock**.

많은 온라인 상점들은 현재 재고가 있는 제품에 대한 실시간 정보를 보여준다.

반의 out of stock(=unavailable) 재고가 없는

large selection

다양한 상품

= wide variety of goods

The bookstore offers a **large selection** of novels, catering to various literary tastes.

그 서점은 여러 문학적 취향에 맞는 다양한 상품의 소설을 제공한다.

late fee

연체료

It is essential to be aware of the due date for payment to avoid **late fees**.

연체료를 피하기 위해 결제 기한을 숙지하는 것이 중요하다.

place an order

주문하다

Customers can **place an order** for products with just a few clicks, making online shopping a convenient experience.

고객은 몇 번의 클릭만으로 제품을 주문할 수 있어, 온라인 쇼핑을 편리한 경험으로 만든다.

유의 make나 do 동사를 쓰지 않도록 유의

reasonably priced

적정한 가격의, 합리적인 가격의

Many online stores have gained popularity for their wide selection of **reasonably priced** items and efficient delivery services.

많은 온라인 상점들이 적정한 가격의 다양한 상품과 효율적인 배송 서비스로 인기를 얻어왔다.

ridiculously expensive

터무니없이 비싼

The restaurant was **ridiculously expensive** in spite of its exceptional quality.

이 레스토랑은 뛰어난 품질에도 불구하고 터무니없이 비쌌다.

활용법 Speaking 또는 General Training Writing의 Informal letter에서 사용

stick to one's budget
예산을 고수하다

It is important to **stick to your budget** for regular expenses such as rent, groceries and utility bills.

임대료, 식료품비, 공과금과 같은 정기적인 지출에 대해서는 예산을 고수하는 것이 중요하다.

활용법 Speaking 또는 General Training Writing의 Informal letter에서 사용

take out a loan
대출을 받다

Most young adults in Korea plan to **take out a loan** to purchase their first home.

우리나라 대부분의 젊은이들은 첫 주택 구입을 위해 대출을 받을 계획이다.

utility bills
공과금

Every month, residents are responsible for paying their **utility bills**, which cover electricity, water and gas expenses.

입주자는 매달 전기, 수도, 가스 비용을 포함하는 공과금을 납부할 책임이 있다.

빈칸에 알맞은 콜로케이션을 선택해 보세요.

① financial assistance	⑤ cost of living
② a large selection	⑥ an emergency fund
③ utility bills	⑦ late fees
④ good value for money	

1. Every month, residents are responsible for paying their
_____ to cover electricity, water and gas expenses.
입주자는 매달 전기, 수도, 가스 비용을 포함하는 공과금을 납부할 책임이 있다.

2. The _____ in urban areas is often higher due to
increased housing expenses.
도시 지역의 생활비는 주거비 증가로 인해 종종 더 높다.

3. It is essential to be aware of the due date for payment to avoid
_____ .
연체료를 피하기 위해 결제 기한을 숙지하는 것이 중요하다.

4. Building _____ is crucial to maintain financial stability
in case of unexpected expenses.
예상치 못한 지출에 대비해서 재정적 안정을 유지하기 위해 비상금을 마련하는 것이 중요하다.

5. People living below the poverty line require additional
_____ from the government.
빈곤선 이하에 사는 사람들은 정부의 추가적인 재정 지원을 필요로 한다.

6. The restaurant offers delicious dishes at _____ , making
it a favourite among locals.
이 레스토랑은 좋은 가성비로 맛있는 요리를 제공하여, 현지인들 사이에 선호되는 곳이다.

7. The bookstore offers _____ of novels, catering to
various literary tastes.
그 서점은 여러 문학적 취향에 맞는 다양한 상품의 소설을 제공한다.

정답

1. ③ 2. ⑤ 3. ⑦ 4. ⑥ 5. ① 6. ④ 7. ②

아이엘츠가 좋아하는
학문 관련 어휘

☐ **biology** 생물학
bʌɪˈɒlədʒi
바이올러지

☐ **physics** 물리학
ˈfɪzɪks
f이직스

☐ **mathematics** 수학
maθ(ə)ˈmatɪks
매th으매틱스

☐ **anthropology** 인류학
ˌanθrəˈpɒlədʒi
앤th으로폴러지

☐ **thermodynamics** 열역학
ˌθəːmə(ʊ)dʌɪˈnamɪks
th어-머 다이나믹스

☐ **chemistry** 화학
ˈkɛmɪstri
케미스트리

☐ **genetics** 유전학
dʒəˈnɛtɪks
제네틱스

☐ **astronomy** 천문학
əˈstrɒnəmi
어스트러너미

☐ **astrology** 점성술, 점성학
əˈstrɒlədʒi
아스트럴러지

☐ **meteorology** 기상학
ˌmiːtɪəˈrɒlədʒi
미-티어랄러지

☐ **geography** 지리학
dʒɪˈɒɡrəfi
지오그라f이

☐ **epidemiology** 전염병학, 역학
ˌɛpɪdiːmɪˈɒlədʒi
에피디-미올러지

☐ **neurology** 신경학
ˌnjʊəˈrɒlədʒi
뉴어롤로지

☐ **sociology** 사회학
ˌsəʊsɪˈɒlədʒi
쏘시올러지

☐ **linguistics** 언어학
lɪŋˈɡwɪstɪks
링귀스틱스

☐ **palaeontology** 고생물학
ˌpalɪɒnˈtɒlədʒi
팔리온톨러지

☐ **biomechanics** 생물역학
ˌbʌɪə(ʊ)mɪˈkanɪks
바이오미카닉스

☐ **entomology** 곤충학
ˌɛntəˈmɒlədʒi
엔트몰러지

☐ **cybernetics** 인공두뇌학
sʌɪbəˈnɛtɪks
싸이버네틱스

☐ **ornithology** 조류학
ɔːnɪˈθɒlədʒi
오-니th올러지

DAY
07

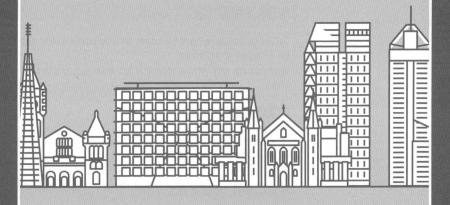

Listening
Reading

Writing
Speaking

★★★
rarely

ˈrɛːli
레얼-리

rare [형] 드문

[부] **드물게, 거의 ~않는** seldom

Only **rarely** is an exotic pet allowed in an airplane cabin, even if it is designated as a support animal.
반려 동물로 지정된 것이라도, 외래 애완 동물이 기내에 허용되는 경우는 매우 드물다.

빅데이터가 알려주는 출제포인트

'only와 부사'가 함께 문장 맨 앞에 나오면, 그 뒤의 주어와 동사가 도치된다. 특히 only rarely가 이러한 도치 문장으로 자주 출제되는 편이며, 해석할 때 중요한 것은 동사 뒤에 위치한 명사를 목적어가 아닌 주어로 봐야 한다는 것이다.

★★★
aid

eɪd
에이드

[동] **돕다** help, support, back

Charts and graphs will **aid** audience understanding by visualising your data.
차트와 그래프가 당신의 데이터를 시각화해 청중들의 이해를 도울 것이다.

[명] **지원, 보조기구**

Tablet computers have become an invaluable study **aid** for all ages of students.
태블릿 컴퓨터는 모든 연령대의 학생들에게 매우 중요한 학습 보조 기구가 되었다.

기출 Collocations
first aid 응급 처치
visual aids 시각 보조 기구
medical aids 의료 보조 기구, 의료 지원

★★★
sustain

səˈsteɪn
써스**테**인

sustainable [형] 지속할 수 있는
sustainability [명] 지속성

[동] **지속시키다, 존재하게 하다**

It's rare to **sustain** a friendship from primary school through to adulthood.
초등학교 시절부터 성년기까지 우정을 지속시키는 것은 드물다.

기출 Collocations
self-sustaining 자급자족
sustain life 연명하다, 삶을 지속시키다

빅데이터가 알려주는 출제포인트

형용사형인 sustainable은 환경 파괴 없이 '지속가능한'이라는 뜻의 형용사이다. 아이엘츠에서는 environmentally friendly와 서로 패러프레이징 된다.

initial
★★★

ɪˈnɪʃ(ə)l
이**니**-셜

initially ⓐ 초기에

⑱ 처음의, 최초의　　　　　　　　　　first

The **initial** step in establishing a personal relationship is to have communication.
개인적인 인간 관계를 맺기 위한 첫 번째 단계는 의사소통을 하는 것이다.

기출 Collocations
an initial period 초기
an initial outlay (사업을 착수하기 위해 필요한) 초기 경비

precise
★★★

prɪˈsʌɪs
프리**싸**이스

precisely ⓐ 정확하게

⑱ 정확한　　　　　　　　　exact, key, accurate

In order to keep tracking the location of the endangered animals, **precise** GPS data provided from satellites is necessary.
멸종 위기의 동물들의 위치를 계속 추적하기 위해서, 인공위성으로부터 제공받는 정확한 데이터는 필수적이다.

penetrate
★★

ˈpɛnɪtreɪt
페네츠레이트

⑧ 뚫다, 관통하다

A sharp spade was required to **penetrate** the tough topsoil.
거친 그 표토를 뚫고 들어가는 데에는 날카로운 삽이 필요했다.

⑧ 간파하다, 이해하다

Only advanced readers will be able to **penetrate** the author's dense writing style.
오직 고급 수준의 독자들만이 그 작가의 난해한 문체를 이해할 수 있을 것이다.

flexible
★★★

ˈflɛksɪb(ə)l
f을**렉**씨블

flexibility ⑱ 유연성

⑱ (상황에 맞게) 융통성 있는, 탄력적인

Flexible working hours draw much interest from individuals seeking work-life balance.
탄력적인 근무 시간은 일과 생활의 균형을 추구하는 사람들의 큰 관심을 끌고 있다.

기출 Collocations
flexible with ~가 자유로운, ~이 유연한

★★★

arrangement

ə'reɪn(d)ʒm(ə)nt
어**뤠**인지먼트

[명] 준비, 주선 planning

Entire itineraries should be reviewed before confirming travel **arrangements**.
여행 준비 사항을 확정하기에 앞서 전체적인 여정을 살펴봐야 한다.

기출 Collocations
meeting arrangements 회의 일정잡기

빅데이터가 알려주는 출제포인트

어떠한 일에 필요한 것들을 준비하는 일련의 과정을 말하는 단어로, 예를 들어 travel arrangements라고 하면 여행일정을 짜는 것을 포함하여 숙박 및 교통 예약 등을 하는 것이 된다.

반면, '합의, 협정'이라는 의미도 갖고 있는 단어로 출제된 적이 있다.
▹reciprocal arrangements with ~와의 상호 합의
▹by arrangement 합의에 의해, 타협하여

★

inherently

ɪn'hɛrəntli
인**헤**뤈틀리

inherent [형] 고유의, 타고난

[부] 선천적으로, 본질적으로

The theory proposes that the human brain **inherently** has the tools for learning a language.
그 이론은 사람의 뇌가 언어를 배우기 위한 도구를 선천적으로 갖고 있다고 제의한다.

어원을 알면 더 쉽다!

기본형인 inherent의 어원을 살펴보자. in(안에) + adhere(부착되다)가 결합되어, '안에 부착되어 있는'이라는 기본적인 의미에서 시작하여, '고유의, 타고난, 본래의'의 의미가 되었다.

★

estrangement

ɪ'streɪn(d)ʒm(ə)nt
이스트**레**인지먼트

estrange [동] 소원하게 하다, 멀리하다

[명] (관계의) 소원

The brothers' conflict over the money caused a long period of **estrangement** between them.
돈을 둘러싼 그 형제들의 갈등은 그들 사이의 장기간의 소원한 관계를 초래했다.

★★

seriously

'sɪərɪəsli
씨리어슬리

serious [형] 심각한, 진지한

[부] 심각하게, 진지하게

The algae growing on the lake's surface could **seriously** affect the amount of oxygen in the water.
그 호수의 표면에서 자라는 조류는 물 속에 포함된 산소의 양에 심각하게 영향을 미칠 수 있다.

★★★
official

əˈfɪʃ(ə)l
어f이셜

officially ⑨ 공식적으로

웹 공식적인

English is one of Singapore's four **official** languages.
영어는 싱가포르의 네 가지 공용어 중 하나이다.

명 공무원, 관리

Government **officials** arrived at the site of the earthquake to begin assessing the damage.
정부 관리들이 피해 상황을 가늠하는 일을 시작하기 위해 지진 발생 현장에 도착했다.

기출 Collocations
government officials 공무원, 정부 관리
public officials 공무원

★★
isolated

ˌʌɪsəleɪtɪd
아이쏠레이티ㄷ

웹 고립된, 외딴   remote, lonely

An airdrop system was designed to deliver supplies to **isolated** regions.
공중 투하 시스템은 고립된 지역에 물품을 전달하기 위해 고안되었다.

기출 Collocations
isolated areas 고립된 지역
emotionally isolated 정서적으로 고립된

★★★
accept

əkˈsɛpt
엑쎕트

acceptance ⑨ 수락
acceptable ⑨ 받아들일 수 있는
unacceptable ⑨ 받아들일 수 없는

동 받아들이다   agree

Not every major government **accepts** that global warming is caused by human actions.
지구 온난화가 인간 활동에 의해 초래되고 있다는 것을 모든 주요 국가의 정부가 받아들이고 있지는 않다.

기출 Collocations
traditionally accept 전통적으로 받아들이다
widely accept 폭넓게 받아들이다

빅데이터가 알려주는 출제포인트
참고로 widely accept는 normal(일반적인)로 패러프레이징되기도 한다.

★★

underestimate

ʌndər'ɛstɪmeɪt

언더r**에**스티메이ㅌ

[동] **과소평가하다** overlook

Workaholics should not **underestimate** the value of including leisure time in their busy schedules.

일 중독자들은 바쁜 일정에 여가 시간을 포함하는 것의 가치를 과소평가하지 말아야 한다.

기출 Collocations

underestimate the importance of ~의 중요성을 간과하다

빅데이터가 알려주는 출제포인트

덜 중요하게 생각하는 것을 말할 때 underestimate를 사용한다. 따라서 다음 표현으로 패러프레이징되기도 한다.

▸be reluctant to use 사용하기 꺼리다

★

acclaim

ə'kleɪm

어클**레**임

acclaimed [형] 찬사를 받는

[동] **환호하다, 칭송하다, 인정하다**

The functional and innovative design of the building was widely **acclaimed**, making it the city's most distinctive landmark.

그 건물의 기능적이면서도 혁신적인 디자인은 널리 인정 받았으며 그 건물을 도시에서 가장 독특한 랜드마크로 만들었다.

기출 Collocations

be internationally acclaimed 국제적으로 호평을 받다

[명] **찬사, 인정**

Although the song was unpopular with critics upon its initial release, Queen's 'Bohemian Rhapsody' eventually received worldwide **acclaim**.

첫 발매 시에는 비평가들에게 인기가 없었지만, 퀸의 '보헤미안 랩소디'는 결국 전 세계적인 찬사를 받게 되었다.

★

populated

'pɒpjʊleɪtɪd

팝퓰레이티드

population [명] 인구, 거주민

populate [동] 살다, 거주하다

[형] **살고 있는**

Housing prices rose steeply in the heavily **populated** neighbourhoods of London.

아주 많은 사람들이 거주하고 있는 런던의 여러 지역에서 주택 가격이 급격히 상승했다.

기출 Collocations

thinly populated 인구가 적은

eruption

ɪˈrʌpʃ(ə)n
이**럽**션

명 (화산의) 폭발, 분출

The ancient Roman city of Pompeii was destroyed by the violent **eruption** of Mt. Vesuvius in 79 A.D.
고대 로마 도시 폼페이는 서기 79년에 베수비오 산의 격렬한 화산 폭발로 인해 파괴되었다.

기출 Collocations
volcanic eruption 화산 폭발
violent eruption 맹렬한 분화

★★★
dependent

dɪˈpɛnd(ə)nt
디**펜**던-ㅌ

depend ⑤ 의존하다, 신뢰하다

형 좌우되는, 의존적인   reliant

The success of the new mobile device is heavily **dependent** on how efficient its batteries are in actual use.
그 새로운 모바일 기기의 성공은 실제 사용할 때 배터리가 얼마나 효율적인지에 따라 크게 좌우된다.

★★★
virtually

ˈvəːtʃʊəli
V어-츄얼리

virtual ⑨ 사실상의, 가상의

뷔 거의, 사실상

Some major telecommunications companies are hoping to make WiFi internet available **virtually** anywhere throughout the entire United States.
일부 주요 통신사들은 미국 전역에 걸쳐 거의 모든 곳에서 무선 인터넷 서비스를 이용할 수 있도록 만들기를 바라고 있다.

빅데이터가 알려주는 출제포인트
형용사형인 virtual의 기출 collocations는 다음과 같다.
▷ a virtual monopoly 사실상의 독점
▷ virtual reality 가상 현실
▷ virtual interviews 가상 인터뷰

★★★
severe

sɪˈvɪə
씨**V**이어

severely ⑨ 심각하게

형 심각한, 극심한   intense

Due to the ongoing drought, the government imposed **severe** limits on water usage for lawn maintenance.
계속되고 있는 가뭄으로 인해 정부가 잔디 유지 관리에 사용되는 물 사용에 대해 극심한 제한을 시행하였다.

기출 Collocations
severe effects 심각한 영향
a severe illness 중병
severe consequences 심각한 결과

Listening & Reading

capacity

kə'pasıti
케**파**시티

capacitate ⑧ 가능케하다

명 (최대) 수용량　　　ability, amount

With the steady growth in global population, scientists worry that we'll soon reach the Earth's full **capacity** for sustaining human life.

세계 인구가 지속적으로 증가하면서, 과학자들은 인류의 삶을 지속시키는 데 필요한 지구의 최대 수용 능력치에 곧 도달할 것이라는 점을 우려하고 있다.

기출 Collocations
reserve capacity 예비 용량

---

vertical

'və:tɪk(ə)l
V**어**-티컬

vertically ⑨ 수직으로

형 수직의　　　straight up

The team built horizontal and **vertical** tunnels to excavate buried pottery and weapons.

그 팀은 파묻혀 있는 도자기와 무기를 발굴하기 위해 수평 갱도와 수직 갱도를 만들었다.

기출 Collocations
vertical lines 수직선
vertical movements 수직운동

---

erosion

ɪ'rəʊʒ(ə)n
이**로**우전

명 침식

Erosion by wind, rain and the Colorado River shaped the Grand Canyon.

바람과 비, 그리고 콜로라도 강에 의한 침식이 그랜드 캐니언을 만들었다.

기출 Collocations
soil erosion 토양 침식
coastal erosion 해안 침식
accelerating erosion 침식 가속
slowing erosion 침식 둔화
minimising erosion 침식 최소화
further erosion 추가적인 부식

★

deficit

ˈdɛfɪsɪt
데f이씨트

[명] **부족, 결함, 적자** shortage

The government's serious finance **deficit** was a result of excessive reliance on the US dollar.
정부의 심각한 재정 적자는 미국 달러에 대한 과도한 의존도에 따른 결과였다.

기출 Collocations
function deficits 기능상 결함
attention deficit disorders 주의력 결핍 장애

빅데이터가 알려주는 출제포인트

아이엘츠에서 자주 쓰이는 '결함, 부족'을 의미하는 단어들은 다음과 같다.
- problem 문제
- shortage 결핍
- flaw 결함
- fault 단점, 흠잡다
- malfunction 고장, 고장나다

★★

remains

rɪˈmeɪnz
리**메**인즈

[명] **남은 것, 유적, 유해** ruins

The fossilised **remains** reveal the shape of prehistoric turtles.
그 화석화된 유해는 선사 시대 거북이의 모습을 보여준다.

기출 Collocations
fossilised remains 화석화된 유적

어원을 알면 더 쉽다!

remain(남다)의 복수형으로 파생된 단어로, '남은 것들'이라는 기본 뜻에서 확장되어 '유해, 유적'이라는 뜻이 되었다.

★

eager

ˈiːɡə
이-거

eagerness [명] 열망
eagerly [부] 열렬히

[형] **열렬한, 열망하는**

Attendees at the tech expo were **eager** to try the latest video game consoles.
그 기술 박람회 참석자들은 최신 비디오 게임기들을 시험 사용해보는 데 열심이었다.

기출 Collocations
be eager to do ~하기를 열망하다
be eager for ~을 열망하다

★★★

charge

tʃɑːdʒ
차아쥐

[동] **요금을 청구하다** pay

To increase monthly bills, many telecommunications companies **charge** their customers for hidden services.
월간 청구 요금을 늘리기 위해, 많은 통신사들은 고객들에게 숨겨진 서비스에 대한 비용을 청구한다.

기출 Collocations
be charged for ~에 대해 요금이 부과되다

[명] **요금** fee, fare, tariff

The **charge** for a week-long tourist transit pass is $35.
일주일 기간의 관광객 전용 교통 카드 요금은 35달러이다.

기출 Collocations
at no extra charge 추가 요금 없이
free of charge 무료로
an administrative charge 행정비용

빅데이터가 알려주는 출제포인트

'책임, 책임을 맡기다'라는 의미도 가지고 있으며 아이엘츠에는 다음 collocation이 특히 자주 출제된다.
▹in charge of ~을 맡아서, 담당해서

★★★

entire

ɪnˈtʌɪə
인**타이**아

entirely [부] 전체적으로

[형] **전체의** total

The volcano's eruption spread smoke and ash throughout the **entire** region.
그 화산 폭발은 연기와 재를 전 지역에 퍼뜨렸다.

★

irritation

ɪrɪˈteɪʃn
이뤼-**테**이션

irritate [동] 짜증나게 하다

[명] **(피부) 자극, 짜증** anger, annoyance

Even if the amount is really small, artificial ingredients in laundry detergent could cause skin **irritation**.
함량이 정말 적더라도, 세탁 세제 속의 인공 성분은 피부 자극을 유발할 수 있다.

기출 Collocations
cause irritation 짜증을 유발하다, 피부를 자극하다

Quick Review

단어와 그에 알맞은 뜻을 연결해 보세요.

1. aid	① 돕다, 지원, 보조기구
2. official	② 뚫다, 관통하다, 간파하다, 이해하다
3. eruption	③ 선천적으로, 본질적으로
4. virtually	④ 지속시키다, 존재하게 하다
5. rarely	⑤ 살고 있는
6. erosion	⑥ (화산의) 폭발, 분출
7. sustain	⑦ 드물게, 거의 ~않는
8. inherently	⑧ 거의, 사실상
9. populated	⑨ 침식
10. penetrate	⑩ 공식적인, 공무원, 관리

단어와 그에 알맞은 유의어를 연결해 보세요.

11. deficit	⑪ exact
12. isolated	⑫ reliant
13. remains	⑬ agree
14. dependent	⑭ first
15. initial	⑮ remote
16. arrangement	⑯ planning
17. accept	⑰ ruins
18. underestimate	⑱ overlook
19. precise	⑲ total
20. entire	⑳ shortage

정답

1. ① 2. ⑩ 3. ⑥ 4. ⑧ 5. ⑦ 6. ⑨ 7. ④ 8. ③ 9. ⑤ 10. ②
11. ⑳ 12. ⑮ 13. ⑰ 14. ⑫ 15. ⑭ 16. ⑯ 17. ⑬ 18. ⑱ 19. ⑪ 20. ⑲

Hometown/Place

adjacent to
~에 인접한

My family lived in a house **adjacent to** the railway.
우리 가족은 철길에 인접한 집에 살았다.

feel homesick
향수를 느끼다

While studying abroad, I often **feel homesick** for the familiar comforts of my hometown.
해외에서 공부를 하는 동안, 나는 종종 고향의 익숙한 안락함에 대한 향수를 느낀다.

fully furnished
가구를 완전히 갖춘

I have been searching for a **fully furnished** flat in the city centre.
나는 도심에 가구를 완전히 갖춘 아파트를 찾고 있다.

highly recommended

적극 추천되는

The new restaurant in town is **highly recommended** for its delicious cuisine and impeccable service.

마을에 새로 생긴 식당은 맛있는 요리와 흠잡을 데 없는 서비스로 인해 적극 추천된다.

holiday season

연말연시

Those who live abroad return to their hometowns during the **holiday season**.

해외에 거주하는 사람들은 연말연시에 고향으로 돌아간다.

hustle and bustle

북적거림, 분주함

Among the **hustle and bustle** of the city, I found peace in a quiet bookstore away from all the noise.

도시의 분주함 속에서, 나는 모든 소음에서 벗어난 조용한 서점에서 평화를 찾았다.

> 참고 Among 대신 Amid를 써서 Amid the hustle and bustle of the city가 보다 자주 사용되는데, 이렇게 amid를 사용하면 좀 더 도시 속의 분주함을 강조하게 됨

lunar calendar

음력

The biggest holiday in Korea is Gujeong, which is the first day of the year according to the lunar calendar, typically falling in late January or early February.

한국의 최대 명절인 '구정'은 음력 기준 새해 첫날로, 보통 1월 말이나 2월 초에 속한다.

반의 solar calendar 양력

neighbouring town

이웃 마을, 인근 도시

Many people who work in Seoul actually live in neighbouring towns like Incheon.

서울에서 근무하는 많은 사람들이 실제로는 인천과 같은 인근 도시에 거주하고 있다.

open space

공터, 확 트인 공간

Preserving open spaces in urban environments is vital for providing havens for city dwellers.

도시 환경에서 공터를 보존하는 것은 도시 거주자들에게 안식처를 제공하는 데 매우 중요하다.

out of sight, out of mind 눈에서 멀어지면, 마음에서도 멀어진다

I haven't thought about the problems in my hometown ever since I went abroad; **out of sight, out of mind.**

외국에 나간 후로 고향의 문제는 생각하지 않았는데, 눈에서 멀어지면 마음에서도 멀어진다.

활용법 Speaking 또는 General Training Writing의 Informal letter에서 사용

rich history 풍부한 역사

The museum features a captivating collection of ancient artefacts on display, reflecting the **rich history** of the region.

그 박물관은 매혹적인 고대 유물 수집품 전시를 특징으로 하는데, 지역의 풍부한 역사를 반영하고 있다.

shanty town 판자촌, 빈민가

The newly developed suburbs are located away from the poor **shanty towns** on the outskirts of the city.

새로 개발된 교외 지역들은 도시 외곽의 열악한 판자촌들과 떨어져 있다.

spick and span

깨끗하고 정돈된

The local council tries hard to keep the town **spick and span**.
지역 의회는 마을을 깨끗하고 정돈되게 유지하기 위해 열심히 노력한다.

활용법 Speaking 또는 General Training Writing의 Informal letter에서 사용

street market

재래시장

Street markets in Korea offer a variety of local food delights, allowing both locals and tourists to savour authentic flavours.
한국의 재래시장은 다양한 현지 음식을 제공하여, 현지인과 관광객 모두 현지의 진정한 맛을 즐길 수 있다.

tranquil countryside

고요한 시골

I want to get away from the hustle and bustle of the city to live in the **tranquil countryside**.
나는 도시의 분주함에서 벗어나 고요한 시골에서 살기를 원한다.

🗨 빈칸에 알맞은 콜로케이션을 선택해 보세요.

① feel homesick	⑤ spick and span
② fully furnished	⑥ highly recommended
③ hustle and bustle	⑦ adjacent to
④ rich history	

1. My family lived in a house _____ the railway.
우리 가족은 철길에 인접한 집에 살았다.

2. I have been searching for a _____ flat in the city centre.
나는 도심에 가구를 완전히 갖춘 아파트를 찾고 있다.

3. The new restaurant in town is _____ for its delicious cuisine and impeccable service.
마을에 새로 생긴 식당은 맛있는 요리와 흠잡을 데 없는 서비스로 인해 적극 추천된다.

4. Among the _____ of the city, I found peace in a quiet bookstore away from all the noise.
도시의 분주함 속에서, 나는 모든 소음에서 벗어난 조용한 서점에서 평화를 찾았다.

5. The museum features a captivating collection of ancient artefacts on display, reflecting the _____ of the region.
그 박물관은 매혹적인 고대 유물 수집품 전시를 특징으로 하는데, 지역의 풍부한 역사를 반영하고 있다.

6. The local council tries hard to keep the town _____ .
지역 의회는 마을을 깨끗하고 정돈되게 유지하기 위해 열심히 노력한다.

7. While studying abroad, I often _____ for the familiar comforts of my hometown.
해외에서 공부를 하는 동안, 나는 종종 고향의 익숙한 안락함에 대한 향수를 느낀다.

아이엘츠가 좋아하는
형용사

☐ **ultimate**
ˈʌltɪmət
올티메트
궁극적인

☐ **municipal**
mjʊˈnɪsɪp(ə)l
뮤니쓰플
지방자치제의, 시의

☐ **materialistic**
məˌtɪərɪəˈlɪstɪk
머티리얼리스틱
물질만능주의의

☐ **insurmountable**
ˌɪnsəˈmaʊntəb(ə)l
인써마운터블
대처할 수 없는

☐ **cosmic**
ˈkɒzmɪk
코즈믹
우주의

☐ **exotic**
ɪɡˈzɒtɪk
이그조틱
이국적인

☐ **pessimistic**
ˌpɛsɪˈmɪstɪk
페씨미스틱
비관적인

☐ **odd**
ɒd
오드
이상한

☐ **democratic**
dɛməˈkratɪk
데머크라틱
민주주의의

☐ **neighbouring**
ˈneɪb(ə)rɪŋ
네이버링
근처의

☐ **prosperous**
ˈprɒsp(ə)rəs
프러스퍼러스
번영한

☐ **cognitive**
ˈkɒɡnɪtɪv
코그니티V으
인지의

☐ **bare**
bɛː
베-에
벌거벗은

☐ **obscure**
əbˈskjʊə
업스뀨어
이해하기 힘든, 모호한

☐ **invisible**
ɪnˈvɪzəb(ə)l
인V이져블
보이지 않는

☐ **proper**
ˈprɒpə
프로퍼
적절한

☐ **situational**
sɪtʃʊˈeɪʃ(ə)n(ə)l
싣츄에이셔널
상황에 따른

☐ **futuristic**
fjuːtʃəˈrɪstɪk
퓨-쳐리스틱
초현대적인

☐ **optimistic**
ɒptɪˈmɪstɪk
옵티미스틱
낙관적인

☐ **orthodox**
ˈɔːθədɒks
오-th오독스
정통의

DAY
08

Listening
Reading

Writing
Speaking

★★★

infection

ɪnˈfɛkʃ(ə)n
인**f엑**션

infect [동] 감염시키다
infectious [형] 전염성의

[명] 감염

When there's a shortage of seasonal flu vaccines, priority should go to those most vulnerable to **infection**.
계절 독감 백신이 부족할 경우, 감염에 가장 취약한 사람들에게 우선권이 주어져야 한다.

빅데이터가 알려주는 출제포인트

비슷한 의미의 단어로 contagion(전염, 감염)이 있다. infection은 일반적으로 모든 전염을 뜻하는 반면, contagion은 '접촉'을 통한 전염이나 간염을 말한다.

★★★

underlying

ʌndəˈlʌɪɪŋ
언더**라**잉

[형] 근본적인, 기초를 이루는

The increasing number of the highly educated is one of the **underlying** causes for the rising unemployment rate.
증가하는 고학력자의 수는 높아지고 있는 실업률의 근본적인 원인 중 하나이다.

기출 Collocations

underlying causes 근본적인 원인
underlying problems 근본적인 문제
underlying theories 기초를 이루는 이론

★★★

identify

ʌɪˈdɛntɪfʌɪ
아이**덴**티f아이

identifiable [형] 확인할 수 있는

[동] 확인하다, 알아보다 discover, recognise, notice

The team of astronomers was assigned to **identify** the origin of the cosmic radio frequency.
우주의 무선 주파수 근원지를 확인하기 위해 천문학팀이 배정되었다.

★★

prospective

prəˈspɛktɪv
프로스**펙**티V으

[형] 가망성 있는, 장래의

The chancellor will have a public meeting to attract **prospective** students to the university.
총장은 장래의 학생들을 대학에 끌어모으기 위해 공청회를 가질 것이다.

어원을 알면 더 쉽다!

pro(앞에) + spect(보다)에 형용사형 어미 –ive가 결합한 것으로, '앞에서 보는, 장래의'의 뜻이 되었다.

ancestor

★★

'ansɛstə
안쎄스터

ancestral ⓐ 조상의

ancestor of chicken?

Day
08

Listening & Reading

ⓝ 조상 — early tribe

Genetic scientists have concluded that dinosaurs such as the Velociraptor are actually the **ancestors** of chickens.
유전학자들은 벨로시랩터와 같은 공룡이 사실은 닭의 조상이라고 결론을 내렸다.

빅데이터가 알려주는 출제포인트

조상은 과거 시대에 살았던 사람 무리를 뜻할 수 있으므로 early tribes(초기 부족)이라고 패러프레이징되기도 한다.

아이엘츠에서 자주 쓰이는 '과거 시대'를 의미하는 단어들은 다음과 같다.
‣ ancient 고대의
‣ prehistoric 선사시대의
‣ medieval 중세시대의

영국식 vs. 미국식

/a/발음을 영국에서는 주로 /아/, 미국에서는 /애/라고 발음하여 영국은 /안쎄스터/, 미국은 /앤쎄스터/라고 발음한다.

---

inhospitable

★

ˌɪnhɒ'spɪtəb(ə)l
인하스피터블

ⓐ (사람이) 살기 힘든

The island is known not only for its dangerous wildlife, but also for its **inhospitable** weather.
그 섬은 위험한 야생 동물뿐만 아니라 사람이 살기 힘든 날씨로도 알려져 있다.

기출 Collocations

inhospitable environment 살기 힘든 환경

---

variation

★★

ˌvɛrɪ'eɪʃ(ə)n
V에리에이션

various ⓐ 다양한

ⓝ 변화, 변종 — diversity, range

There are so many **variations** of tulips that even botanists have difficulty recognising all of them.
심지어 식물학자들조차도 전부 알아보는 데 어려움을 겪을 정도로 아주 많은 변종 튤립들이 있다.

빅데이터가 알려주는 출제포인트

아이엘츠에는 '변종'이라는 의미로 자주 출제된다.

★★★
issue

ˈɪʃuː
이쓔우-

명 문제, 안건   matter, problem, concern

The council members met to discuss **issues** relating to property disputes.
의원들이 부동산 논쟁에 관련된 안건들을 논의하기 위해 모였다.

기출 Collocations
environmental issues 환경 문제
financial issues 재정 문제
health issues 건강 문제
address an issue 문제를 해결하다

동 지급하다, 발행하다

As the level of fine dust soared, local authorities **issued** face masks to senior citizens and children.
미세먼지 정도가 급격히 증가하자, 지역 당국은 노인과 어린이들에게 안면 마스크를 지급했다.

기출 Collocations
be issued with ~을 지급받다

동 공표하다, 발표하다

The committee **issued** a resolution to support mercy killing in the nation.
그 위원회는 국내에서의 안락사를 지지하는 결의안을 발표했다.

★★★
remote

rɪˈməʊt
리모우트

remotely 뷔 멀리서, 원격으로

형 외진, 멀리 떨어진

Every backpacker dreams of discovering a **remote** paradise, untouched by the modern tourism industry.
모든 배낭 여행객들이 현대의 관광 산업에 의해 훼손되지 않은 멀리 떨어진 낙원을 발견하는 일을 꿈꾼다.

★★★
independently

ˌɪndɪˈpɛnd(ə)ntli
인디펜던틀리

뷔 독립적으로   separately

When it becomes too difficult for the elderly to live **independently**, assisted living centers can provide both security and community.
노인들이 독립적으로 생활하는 것이 너무 어려워질 경우, 생활지원센터가 안전과 공동체 의식 모두 제공해 줄 수 있다.

기출 Collocations
work independently (감독이나 가르침 없이) 독립적으로 일하다

scrutiny

'skru:tɪni
스크**루**-티니

명 정밀한 조사 examination

After the report was published, the governor's use of campaign funds came under close **scrutiny**.
그 보고서가 발표된 후, 주지사의 선거 운동 자금 활용 문제가 면밀한 조사를 받았다.

기출 Collocations
close scrutiny 철저한 조사
under scrutiny 감시 받는, 조사를 받는 중인

빅데이터가 알려주는 출제포인트
정치 관련 내용에서 campaign은 주로 '선거 운동'이라는 뜻으로 사용된다.

---

stimulate

'stɪmjʊleɪt
스**띠**뮬레이트

stimulation 명 자극

동 자극하다 encourage, trigger

Learning a new musical instrument strongly **stimulates** brain activity.
새로운 악기를 배우는 것은 강하게 두뇌 활동을 자극시킨다.

빅데이터가 알려주는 출제포인트
아이엘츠에서 자주 쓰이는 '자극하다'를 의미하는 단어들은 다음과 같다.
▸ provoke 유발하다
▸ arouse 불러일으키다

---

own

əʊn
오운

owner 명 주인, 소유주
ownership 명 소유(권)

형 자신의, ~의

New teaching styles grant students more independence in their studies and encourage them to develop their **own** learning strategies.
새로운 교육 방식은 학생들에게 학업에 대한 더 많은 자립심을 부여하고, 자신만의 학습 전략을 개발하도록 장려한다.

기출 Collocations
on one's own (남의 도움 없이) 혼자서

동 소유하다 possess

A few wealthy families in the area **owned** most of the land rights.
그 지역 내의 몇몇 부유한 가정이 대부분의 토지에 대한 권리를 소유하고 있었다.

기출 Collocations
family-owned 가족 사업의
privately-owned 개인 소유의

Day
08

Listening & Reading

★★★

implement

ˈɪmplɪm(ə)nt
임플리먼트

implementation [명] 시행

[동] 시행하다 introduce

New policies were **implemented** in an effort to reduce scheduling errors.
일정 관리 오류를 감소시키기 위한 노력의 일환으로 새로운 정책이 시행되었다.

기출 Collocations
be implemented effectively 효과적으로 시행되다
implement a scheme 제도를 시행하다

빅데이터가 알려주는 출제포인트
명사로도 사용되는 단어로, '도구, 기구'라는 의미이다. 아이엘츠에서는 동사로 더 많이 출제되고 있다.

★★★

regard

rɪˈgɑːd
뤼**가**-드

[동] ~으로 여기다, 평가하다 consider, view

Astrology, the practice of making predictions based on the position of planets and stars, is not **regarded** as a real science.
행성과 별들의 위치를 바탕으로 예견하는 것인 점성학은 진정한 과학으로 여겨지지 않는다.

기출 Collocations
be regarded as ~로 여겨지다
be highly regarded 높이 평가되다, 존경받다

★★★

enormous

ɪˈnɔːməs
이**노**-머스

enormously [부] 막대하게

[형] 막대한, 엄청난 huge

The success of the advertisement had an **enormous** impact on the company's sales.
그 광고의 성공이 회사의 매출에 엄청난 영향을 미쳤다.

기출 Collocations
enormous benefits 막대한 혜택
enormous changes 거대한 변화
enormous problems 엄청난 문제

어원을 알면 더 쉽다!
e(벗어나, 동떨어진) + norm(표준) + ous(형용사 어미)가 결합된 '표준에서 벗어나 아주 큰'이라는 의미가 있는 단어이다.

★

manifest

ˈmanɪfɛst
매니f에스트

[동] 드러나다, 분명해지다 show

Painful childhood memories may **manifest** in disturbing dreams in adulthood.
고통스러운 어린 시절 기억은 성년기의 불안한 꿈에서 드러날 수 있다.

earn

ə:n
어-언

동 벌다, 얻다   gain

College students are taking on part-time jobs to **earn** enough money to afford their rent.
대학생들은 집세를 감당할 만큼 충분한 돈을 벌기 위해 시간제 근무를 하고 있다.

빅데이터가 알려주는 출제포인트

명사형인 earnings는 아이엘츠에 '급여, 수입'의 뜻으로 자주 등장하는 단어로, income(소득)과 패러프레이징된다.

한편, earnest(열심인, 성실한)를 earn과 연결시키지 않도록 유의한다.
▸in earnest 본격적으로, 진지하게

pioneer

pʌɪəˈnɪə
파이오니아

명 선구자

Rather than having a single creator, the internet was developed by several **pioneers**.
단 한 명의 창조자가 아니라, 인터넷은 여러 명의 선구자들에 의해 개발되었다.

동 개척하다   develop

Sir Harold Gillies **pioneered** modern plastic surgery while treating soldiers injured in World War I.
해럴드 길리스 경은 1차 세계 대전에서 부상을 입은 병사들을 치료하면서 현대 성형 수술을 개척했다.

entitle

ɪnˈtʌɪt(ə)l
인타이털

entitlement 몡 자격, 권리

동 자격을 주다, 권리를 주다   allow

For every ten purchases, customers are **entitled** to receive one free coffee.
매 10회의 구매마다, 고객들은 무료 커피 한 잔을 받을 자격이 있다.

기출 Collocations

be entitled to do ~할 자격이 있다
be entitled to A A를 받을 자격이 있다

★ arguably

'ɑːgjʊəbli
아-규어블리

🔀 거의 틀림없이, 주장하건대

New York City is **arguably** the best city in the world for stage performances.
뉴욕 시는 무대 공연에 있어 거의 틀림없이 세계 최고의 도시이다.

> **빅데이터가 알려주는 출제포인트**
>
> 자신이 사실이라고 믿는 상태에서 주장할 때 사용하는 부사이다. 따라서 객관적인 사실이라고 보기 어려운, 주관적인 의견에 해당하는 내용으로 이해해야 한다.

★★ adequate

'adɪkwət
아디쿼트

adequately ⑨ 충분히, 적절히
inadequate ⑨ 불충분한, 부적절한

🔀 충분한, 적절한   appropriate

Most new drivers find the final licensing exam to be passable with **adequate** preparation.
대부분의 초보 운전자들은 최종 면허 시험이 충분한 준비로 통과될 수 있다는 것을 알게 된다.

★★ apparently

ə'parəntli
어페-런틀리

🔀 겉보기에는

Curling, an **apparently** mundane winter sport, has become popular all over the world after its inclusion in the Olympic Games.
겉보기에 평범해 보이는 겨울 스포츠인 컬링은 올림픽 대회 종목 채택 후 전 세계적으로 인기를 얻었다.

★★★ rule

ruːl
루우-울

🔀 통치하다

Civilisations in the Middle Ages were **ruled** by a king or queen.
중세 시대의 문명 사회는 한 명의 왕 또는 여왕에 의해 통치되었다.

> **기출 Collocations**
> rule out ~을 배제하다

🔀 규칙, 원칙   law, standard

Contest participants must follow the **rules** put forward by the judges.
대회 참가자들은 반드시 심사 위원단이 제시한 규칙을 따라야 한다.

> **기출 Collocations**
> general rules 총칙

grant
★★★

grɑːnt
그란-트

동 부여하다, 허가하다   offer

The national government decided to **grant** funding to the city for reconstructing the medieval castle.
정부는 그 중세의 성을 재건하도록 그 도시에 추가적인 자금을 주기로 결정했다.

기출 Collocations
grant credit 신용을 인정하다, 신용대출을 허가하다
take A for granted A를 당연시 여기다

빅데이터가 알려주는 출제포인트
take A for granted는 고마움이나 소중함을 못 느끼고 당연시하고 있는 것을 말할 때 쓰는 표현이다.
▸The amazing science behind technology in daily life is often taken for granted.
일상 생활에서 기술 이면의 놀라운 과학은 종종 당연하게 여겨진다.

명 (특정 목적으로 지급된) 보조금, 지원금

The research team to receive a government **grant** for the next year's new study has been decided.
내년의 새로운 연구를 위한 정부 보조금을 받는 연구팀이 정해졌다.

기출 Collocations
research grants 연구지원금, 연구비
a maintenance grant 유지 보수 보조금
grant-aided 정부 보조금을 받는

gauge
★

geɪdʒ
게이쥐

동 측정하다   measure

Survey results allow business owners to **gauge** the overall satisfaction level of their clientele.
설문 조사 결과물은 사업주들이 모든 고객들의 전반적인 만족도를 가늠할 수 있게 한다.

occasional
★★★

əˈkeɪʒ(ə)n(ə)l
오케-이셔널

occasionally 분 때때로, 가끔

형 가끔의, 때때로의

Apart from the **occasional** tremor, the country has not experienced a significant earthquake in more than 100 years.
가끔씩 발생되는 약한 지진을 제외하면, 그 나라는 100년도 넘게 커다란 지진을 겪은 적은 없다.

★★

interrupt

ɪntəˈrʌpt
인터**럽**트

interruption [명] 중단(시키는 것)

[동] 방해하다, 가로막다 disrupt

A handful of outspoken critics attempted to **interrupt** the gallery exhibit's opening night.
소수의 노골적인 비평가들은 그 갤러리의 야간 개장을 방해하려고 했다.

★

circuit

ˈsəːkɪt
써어-킷

circuitous [형] 빙 돌아가는

[명] 회로

Scents trigger memories because smells are processed along a neural **circuit** located near the memory-storage region of the brain.
냄새는 기억을 촉발시키는데 이는 냄새 정보가 뇌의 기억 저장 구역 근처에 위치한 신경 회로를 따라 처리되기 때문이다.

기출 Collocations

closed-circuit television 폐쇄회로 텔레비전, CCTV
brain circuit 두뇌 회로

★★★

flat

flat
f을랕

flatten [동] 평평하게 하다

[형] 평평한, 고른

The **flat** terrain and mild climate are ideal for growing corn, soybeans and other profitable crops.
평평한 지대와 온화한 기후가 옥수수와 콩을 비롯한 기타 수익성 높은 작물을 재배하는 데 이상적이다.

기출 Collocations

flat landscape 평평한 지대, 평탄한 풍경

[명] 아파트, 아파트식 거주지

Social workers were shocked to find more than thirty people living in a single **flat**.
사회 복지사들은 한 아파트에 30명이 넘는 사람들이 생활하는 것을 알고 충격을 받았다.

영국식 vs. 미국식

북미에서는 아파트를 apartment라고 하지만, 영국에서는 보통 flat이라고 한다. 이는 건물 위가 경사진 지붕이 없이 평평하기 때문이다.

Quick Review

단어와 그에 알맞은 뜻을 연결해 보세요.

1. enormous	① 시행하다
2. inhospitable	② 조상
3. entitle	③ 선구자, 개척하다
4. circuit	④ 감염
5. ancestor	⑤ (사람이) 살기 힘든
6. occasional	⑥ 자극하다
7. pioneer	⑦ 자격을 주다, 권리를 주다
8. stimulate	⑧ 막대한, 엄청난
9. implement	⑨ 가끔의, 때때로의
10. infection	⑩ 회로

단어와 그에 알맞은 유의어를 연결해 보세요.

11. gauge	⑪ possess
12. rule	⑫ show
13. issue	⑬ appropriate
14. regard	⑭ law
15. scrutiny	⑮ measure
16. own	⑯ diversity
17. variation	⑰ matter
18. adequate	⑱ consider
19. grant	⑲ examination
20. manifest	⑳ offer

정답

1. ⑧ 2. ⑤ 3. ⑦ 4. ⑩ 5. ② 6. ⑨ 7. ③ 8. ⑥ 9. ① 10. ④
11. ⑮ 12. ⑭ 13. ⑰ 14. ⑱ 15. ⑲ 16. ⑪ 17. ⑯ 18. ⑬ 19. ⑳ 20. ⑫

Collocations for Writing & Speaking

 Travel/Transport

bitterly cold
매섭게 추운

Despite the breathtaking scenery, the top of the mountain was **bitterly cold.**
숨이 막힐 듯한 경치에도 불구하고 산 정상은 매섭게 추웠다.

> 빈칸 very 보다 더 높은 어휘력 점수의 표현

breathtaking scenery
숨이 막힐 듯한 경치

The area is famous for its **breathtaking scenery,** including waterfalls, lakes and mountains.
이 지역은 폭포, 호수, 산 등 숨이 막힐 듯한 경치로 유명하다.

by boat
배로

Exploring remote islands **by boat** offers a unique and tranquil travel experience.
배로 외딴 섬을 탐험하는 것은 독특하고 고요한 여행 경험을 선사한다.

> 빈칸 by sea 바다로

by car
차로

Commuting **by car** provides the convenience of personalised travel, especially in areas with limited public transport.
자가용 출퇴근은 특히 대중교통이 제한적인 지역에서 개인 맞춤형 이동의 편리함을 제공한다.

비교 on land 육상으로

by plane
비행기로

Many international journeys are completed **by plane**, allowing passengers to cover long distances in a relatively short time.
많은 해외 여행이 비행기로 이루어지는데, 승객들은 비교적 짧은 시간에 장거리를 이동할 수 있다.

비교 by air 항공으로

daily commute
출퇴근길

Choosing the right transport mode can save time during your **daily commute**.
올바른 교통수단 선택은 당신의 출퇴근길 동안 시간을 절약할 수 있다.

have no sense of direction

길치이다, 방향 감각이 없다

Since I **have no sense of direction**, I often get lost in a new city.
나는 방향 감각이 없어서, 새로운 도시에서 길을 잃는 경우가 많다.

비교 have a good sense of direction 방향 감각이 좋다

heavy traffic

극심한 교통(량)

The city centre experiences **heavy traffic** due to the high influx of tourists visiting popular attractions.
도심은 인기 명소를 찾는 관광객의 유입으로 인해 극심한 교통량을 경험하게 된다.

비교 bumper to bumper 정체된

public transport

대중교통

Using **public transport** contributes to environmental sustainability by reducing individual car usage.
대중교통 이용은 개인 차량 사용을 줄임으로써 환경 지속 가능성에 기여한다.

미국식 public transportation

sandy beach　　　　　　　　　　　　　　　모래사장

The hotel I visited with my friends last year has its own **sandy beach**.
작년에 친구들과 함께 방문했던 호텔에는 전용 모래사장이 있다.

take all day　　　　　　　　　　　　　하루 종일 걸리다

It could **take all day** to explore the key landmarks and attractions of the city.
도시의 주요 랜드마크와 명소를 둘러보는 것은 하루 종일 걸릴 수 있다.

활용법 Speaking 또는 General Training Writing의 Informal letter에서 사용

tourist attraction　　　　　　　　　　관광 명소

Seoul is a hub for modern entertainment and shopping, making it one of the top **tourist attractions** in Korea.
서울은 현대적인 엔터테인먼트와 쇼핑의 중심지로 한국 최고의 관광 명소 중 하나입니다.

traffic jam
교통 체증

Cities experience severe **traffic jams** during rush hour.
도시는 출퇴근 시간대에 심각한 교통 체증을 겪는다.

ㅂㅍ 동의어 traffic congestion은 보통 traffic 없이 congestion만 사용

travel plan
여행 계획

We had to make a slight alteration to our **travel plans** because of the weather.
날씨 때문에 우리는 여행 계획을 약간 변경해야 했다.

unforgettable experience
잊을 수 없는 경험

The trip to the mountains was an **unforgettable experience** filled with breathtaking scenery.
그 산으로의 여행은 숨이 막힐 듯한 경치로 가득 찬, 잊을 수 없는 경험이었다.

빈칸에 알맞은 콜로케이션을 선택해 보세요.

> ① unforgettable experience ⑤ have no sense of direction
> ② heavy traffic ⑥ traffic jams
> ③ daily commute ⑦ travel plans
> ④ by plane

1. Many international journeys are completed _____,
   allowing passengers to cover long distances in a relatively short time.
   많은 해외 여행이 비행기로 이루어지는데, 승객들은 비교적 짧은 시간에 장거리를 이동할 수 있다.

2. The city centre experiences _____ due to the high
   influx of tourists visiting popular attractions.
   도심은 인기 명소를 찾는 관광객의 유입으로 인해 극심한 교통량을 경험하게 된다.

3. We had to make a slight alteration to our _____
   because of the weather.
   날씨 때문에 우리는 여행 계획을 약간 변경해야 했다.

4. Cities experience severe _____ during rush hour.
   도시는 출퇴근 시간대에 심각한 교통 체증을 겪는다.

5. The trip to the mountains was an _____ filled with
   breathtaking scenery.
   그 산으로의 여행은 숨이 막힐 듯한 경치로 가득 찬, 잊을 수 없는 경험이었다.

6. Since I _____, I often get lost in a new city.
   나는 방향 감각이 없어서, 새로운 도시에서 길을 잃는 경우가 많다.

7. Choosing the right transport mode can save time during your
   _____ .
   올바른 교통수단 선택은 당신의 출퇴근길 동안 시간을 절약할 수 있다.

정답

1. ④ 2. ② 3. ⑦ 4. ⑥ 5. ① 6. ⑤ 7. ③

아이엘츠가 좋아하는
명사

☐ **invader**   침략군
ɪnˈveɪdə
인V에이더

☐ **grain**   곡물, 낟알
ɡreɪn
그레인

☐ **friction**   마찰
ˈfrɪkʃ(ə)n
f으릭션

☐ **tariff**   관세, 요금표
ˈtærɪf
태리f으

☐ **suspicion**   의혹
səˈspɪʃ(ə)n
써스피션

☐ **locomotive**   기관차
ləʊkəˈməʊtɪv
러코모티V으

☐ **patron**   후원자, 단골
ˈpeɪtr(ə)n
페이트런

☐ **saga**   대하소설
ˈsɑːɡə
싸-가

☐ **reticence**   (성격적인) 과묵
ˈrɛtɪs(ə)ns
레티쓴스

☐ **remuneration**   보수
rɪˌmjuːnəˈreɪʃ(ə)n
리뮤-너레이션

☐ **counterpart**   상대방, 대응물
ˈkaʊntəpɑːt
카운트파-ㅌ

☐ **summit**   산꼭대기
ˈsʌmɪt
써밑

☐ **surveillance**   감시
səˈveɪl(ə)ns
써V에일런스

☐ **detergent**   세제
dɪˈtəːdʒ(ə)nt
디터-젼트

☐ **ambiguity**   애매성, 애매함
ambɪˈgjuːɪti
앰비규-이티

☐ **whereabouts**   소재
wɛːrəˈbaʊts
웨-어러바웃츠

☐ **recession**   불경기
rɪˈsɛʃ(ə)n
리쎄션

☐ **vehicle**   차량
ˈviːɪk(ə)l
V이-이클

☐ **ploy**   계책
plɔɪ
플로이

☐ **fleet**   함대
fliːt
f을리-ㅌ

DAY
09

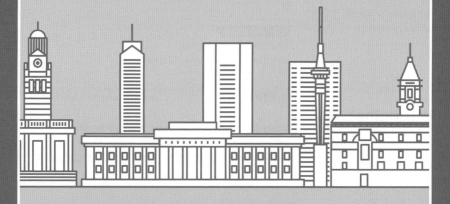

Listening
Reading

Writing
Speaking

★

periodical

pɪərɪˈɒdɪk(ə)l
피리**오**디컬

period [명] 기간, 시대

[명] 정기 간행물

The **periodicals** in the library's archives date back to the late 19th century.
그 도서관의 보관실에 있는 정기 간행물들은 그 시기가 19세기 후반까지 거슬러 올라간다.

기출 Collocations
books and periodicals 서적과 정기 간행물

★★★

intricate

ˈɪntrɪkət
인츠리커ㅌ

intricately [부] 복잡하게
intricacy [명] 복잡성

[형] (정교하게) 복잡한 complicated, complex

A balanced and healthy ecosystem largely depends on the **intricate** relationship between plants and insects.
균형있고 건강한 생태계는 대체로 식물과 곤충 간의 복잡한 관계에 달려있다.

기출 Collocations
intricate patterns 복잡한 패턴
intricate restoration work 복잡한 복원 작업

★★

altogether

ɔːltəˈɡɛðə
얼-투**게**더어

[부] 완전히, 전부 completely, entirely, in total

Many diet plans are dropped **altogether** when individuals do not see immediate results.
사람들이 즉각적인 결과를 확인하지 못할 때 많은 다이어트 계획들이 완전히 중단된다.

★★

flatten

ˈflat(ə)n
fㅇ을렛뜬

flattened [형] 납작해진
flat [형] 납작한, 평평한

[동] 납작하게 만들다

Hamsters can **flatten** their bodies to pass through a tiny hole.
햄스터는 작은 구멍을 지나가기 위해 몸을 납작하게 만들 수 있다.

기출 Collocations
flatten out 차츰 평평해지다

★★

trap

trap
트뤱ㅍ

trapping [명] 덫놓기

[동] 가두다, 몰아넣다

The boys who were **trapped** inside the tunnel were finally freed after a 15-hour rescue operation.
터널 안에 갇혀 있던 소년들은 15시간에 걸친 구조 작업 끝에 마침내 구출되었다.

[명] 덫, 함정

Some species of spider are able to construct intricate **traps** in order to make their prey immobile.
일부 거미 종은 먹이를 움직이지 못하는 상태로 만들기 위해 복잡한 덫을 지을 수 있다.

기출 Collocations
cognitive traps 인지 함정

★★

occupational

ɒkjʊˈpeɪʃ(ə)n(ə)l
오큐**페**-이셔널

occupation [명] 직업
occupationally [부] 직업적으로

[형] 직업의, 직업과 관련된

Falling from great heights is an **occupational** hazard that many construction workers face on a daily basis.
아주 높은 곳에서 추락하는 것은 많은 공사 현장 근로자들이 매일같이 직면하는 직업적 위험 요소이다.

기출 Collocations
occupational health 근로자 건강, 노동 위생
occupational psychology 직업 심리학

영국식 vs. 미국식
/o/발음을 주로 영국에서는 /오/, 미국에서는 /아/라고 발음하기에 영국은 /오큐페이셔널/, 미국은 /아큐페이셔널/라고 발음한다.

★

coin

kɔɪn
코인

[동] (새로운) 말을 만들다 invent

Social media users **coined** hundreds of new words last year.
소셜 미디어 사용자들이 작년에 수백 개의 신조어를 만들어냈다.

빅데이터가 알려주는 출제포인트
새로운 말을 만든 것을 의미하므로 다음 어휘로 패러프레이징되어 출제되기도 한다.
▸first use 처음으로 사용하다

어원을 알면 더 쉽다!
coin은 기본적으로 '동전'이라는 뜻에서 출발하여, '(화폐를) 주조하다', '(새로운 말을) 만들어 내다'의 뜻으로 확장되었다.

★★
demanding

dɪˈmɑːndɪŋ
디**마-안**딩

demand [명] 요구, 부담 [동] 요구하다

[형] 요구가 많은, 힘든 — difficult

Social work is a mentally and emotionally **demanding** field, but it is highly rewarding.
사회 복지 업무는 정신적으로 그리고 감정적으로 힘든 분야이긴 하지만 매우 보람이 있다.

영국식 vs. 미국식

a발음을 주로 영국에서는 /아/, 미국에서는 /애/라고 발음하기에 영국은 /디만딩/, 미국은 /디맨딩/이라고 발음한다.

★
seize

siːz
씨이-즈

[동] 붙잡다, 장악하다

In 1936, Francisco Franco began the civil war in an effort to **seize** control of the Spanish government.
1936년에, 프란시스코 프랑코는 스페인 정부의 통치권을 장악하기 위한 노력의 일환으로 내전을 일으켰다.

기출 Collocations

seize an opportunity 기회를 잡다

★★★
remarkable

rɪˈmɑːkəb(ə)l
뤼**마**-커블

remarkably [부] 두드러지게

[형] 놀랄 만한, 주목할 만한 — significant, surprising

The canal's construction may have been abandoned if the engineers had not come up with the **remarkable** solution.
엔지니어들이 놀랄 만한 해결책을 제시하지 않았다면 그 운하 건설은 유기되었을 수도 있었다.

기출 Collocations

remarkable solutions 주목할 만한 해결책
remarkable achievements 놀랄 만한 업적
remarkable discoveries 놀랄 만한 발견

★★★
initiative

ɪˈnɪʃətɪv
이**니**셔티V으

initiate [동] 시작하다, 착수하다

[명] 계획, 사업

The new waste disposal regulations are the first part of the city's environmental **initiative**.
새로운 쓰레기 처리 규정은 도시 환경 사업의 첫번째 단계이다.

빅데이터가 알려주는 출제포인트

정부나 기관에서 문제 해결이나 특정 목적 달성을 위해 시행하는 '새로운 계획이나 사업'을 말한다.

★★
exploit

ɪk'splɔɪt
익스플**로**이트

exploitation [명] 착취

[동] 착취하다, (부당하게) 이용하다, 개발하다

Areas rich in coal and other natural resources used to be **exploited** by powerful corporations.
석탄과 그 외 천연자원이 풍부한 지역은 힘 있는 기업들에 의해 개발당하곤 했다.

기출 Collocations
exploiting trends 추세를 활용하다
exploit an opportunity 기회를 이용하다

★★
appraisal

ə'preɪz(ə)l
어프**레**이절

[명] 평가

It is beneficial to both a company and its staff that performance **appraisals** are routinely carried out.
인사 평가를 정기적으로 진행하는 것은 회사와 직원 모두에게 유익하다.

기출 Collocations
formal appraisals 공식적인 평가
performance appraisals 인사 평가, 업무수행 평가(제)

빅데이터가 알려주는 출제포인트
performance appraisals는 주로 영국에서 '업무수행 평가제'로서 흔하게 사용되는 표현으로, 상사와 갖는 업무 평가 및 개선 방안을 논의하는 미팅의 일종이다.

★
afflict

ə'flɪkt
어f을**릭**ㅌ

[동] 괴롭히다, 시달리다 bother

Migraines are a chronic illness that **afflict** approximately one in eight people in the US.
편두통은 미국에서 대략 8명 중 1명 꼴로 시달리고 있는 만성 질병이다.

★★
extract

ɪk'strakt
익스트**렉**트

extraction [명] 추출

[동] 추출하다 remove

To protect the marine environment, safer methods of **extracting** oil from the ocean floor will need to be developed.
해양 환경을 보호하기 위해, 해저에서 석유를 추출하는 더 안전한 방법들이 개발되어야 할 것이다.

빅데이터가 알려주는 출제포인트
명사로도 사용되는 단어로, '발췌, 초록, 추출물'이라는 의미를 가지고 있다.
▸ read the extract from the book 책의 발췌문을 읽다
▸ natural extract 천연 추출물

발음이 명사일 때와 다르다는 것에 유의하자. 명사로 쓰일 때에는 첫번째 음절에 강세가 있다.
▸ 'ɛkstrakt **엑**스트렉트

Day 09 Listening & Reading

★★
damp

damp
뎀프

Wasabia japonica, or Japanese horseradish, grows best in **damp** soil protected by shade.
와사비아 자포니카, 즉 일본 고추냉이는 그늘에 의해 유지되는 축축한 토양에서 가장 잘 자란다.

기출 Collocations
damp regions 습한 지역
damp environment 습기가 많은 환경, 습윤환경

빅데이터가 알려주는 출제포인트
'습한 지역'을 뜻하는 것으로 아이엘츠에 등장하는 단어는 다음이다.
▸ swamp 습지, 늪
▸ marshland 습지대

★★★
figure

ˈfɪɡə
f이-거

disfigure 통 흉하게 만들다

형 수치　　　　　　　　　statistics, characteristics

The annual sales **figures** show that the electric truck is a considerable success.
연간 매출 수치는 전기 트럭이 엄청난 성공이라는 것을 보여준다.

기출 Collocations
current figures 현재 수치
the largest figure 최고 수치

빅데이터가 알려주는 출제포인트
명사로서의 또 다른 뜻은 '인물, (인물의) 모습'이 있다.
▸ historical figures 역사적 인물

동 (~일 것이라고) 생각하다

Government officials **figured** that the recession would come to an end within the next six months.
정부 관계자들은 향후 6개월 이내에 경기 불황이 종료될 것이라고 생각했다.

기출 Collocations
figure out 이해하다, 알아내다

★★
colonise

ˈkɒlənʌɪz
콜로나이즈

colonisation 몡 식민지화
coloniser 몡 식민지 개척자

동 식민지로 만들다

The British Empire **colonised** approximately a quarter of the territories in the world.
대영제국은 전세계 영토의 4분의 1 가량을 식민지로 만들었다.

영국식 vs. 미국식
주로 영국에서는 colonise, 미국에서는 colonize로 쓴다.

★★★

provision

prə'vɪʒ(ə)n
프러**V이**젼

provide [동] 제공하다

[명] **제공, 공급품**

The level of special education **provision** is increasing as national initiatives have been aggressively undertaken.
국가 사업이 공격적으로 시행됨에 따라 특수 교육 제공 수준이 높아지고 있다.

기출 Collocations
healthcare provision 건강 관리 제공, 의료서비스 제공
basic provisions 기본적인 공급품(물, 세면용품 등)
the provision of basic rights 기본권 제공, 기본권 조항

빅데이터가 알려주는 출제포인트
복수로 사용되면 주로 '식량, 저장품'을 뜻하며, supplies(보급품)나 food(음식, 식량)로 패러프레이징된다.

★★★

hazard

'hazəd
하져드

[명] **위험**

Most people opt for safe, low-earning investment plans to avoid the financial **hazards** of more rewarding ones.
많은 사람들은 더 이득이 많은 투자 계획의 재정적인 위험을 피하기 위해 안전하고 수익이 적은 투자 계획을 선택한다.

기출 Collocations
physical hazards 신체적인 위험
safety hazards 안전성 위험
identify hazards 위험성을 확인하다

★★

entail

ɪn'teɪl
인**테**일

[동] **(필수로) 수반하다** involve

In today's complex and global market, consumers are generally unaware that their purchases **entail** ethical dilemmas such as labor exploitation.
오늘날의 복잡한 글로벌 시장에서 소비자들은 그들의 소비가 노동력 착취와 같은 도덕적 딜레마를 수반한다는 것을 보통 인지하지 못한다.

★★

transmit

tranz'mɪt
트렌즈**밋**ㅌ

transmitter [명] 전송기, 전달자

[동] **전송하다, 전염시키다**

Wireless technologies allow us to **transmit** images and documents to each other no matter where we are.
무선 기술은 우리가 어디에 있는지 상관없이 서로에게 이미지와 문서를 전송할 수 있게 해준다.

기출 Collocations
transmit flu 독감을 전염시키다
transmit data reliably 데이터를 확실하게 전송하다

★★★
locate

lə(ʊ)'keɪt
로**케**이트

location [명] 위치

[동] (위치에) 두다 situate, position, place

Fresh spring water sources are **located** along the trail.
맑은 샘물 제공 구역은 산길을 따라 위치해 있다.

기출 Collocations
be located in ~에 위치하다
be located near ~ 근처에 위치하다

[동] (정확한 위치를) 찾아내다 find, discover

The divers failed to **locate** the crashed airplane's data recording device.
잠수부들은 추락한 비행기의 데이터 기록 장치를 찾아내는 것을 실패했다.

기출 Collocations
locate food 먹이를 찾아내다

★
endorse

ɪn'dɔːs
인**도**오-쓰

[동] 지지하다, 승인하다 support

The president's plan to fully convert the country to clean energy was **endorsed** by the ten largest corporations in the nation.
청정 에너지 국가로 완전히 탈바꿈시키기 위한 대통령의 계획이 국내에서 가장 큰 열 곳의 기업으로부터 지지를 받았다.

어원을 알면 더 쉽다!
en(~에 넣다) + dorse(등)가 결합되어 서류나 수표 등의 뒷면에 '서명을 하다'란 의미가 되었다. 이 기본적인 의미에서 다음의 뜻으로 확장되었다.
- (어음, 수표 등에) 배서하다
- (공개적으로) 지지하다
- (광고 등에서) 홍보하다, 추천하다

★★★
agriculture

'agrɪkʌltʃə
아그리컬쳐

agricultural [형] 농업의

[명] 농업 farming

Agriculture in the past was completely reliant on weather.
과거의 농업은 날씨에 완전히 의존했다.

빅데이터가 알려주는 출제포인트
아이엘츠에서 자주 등장하는 1차 산업은 다음과 같다.
- agriculture 농업
- coal mining 탄광업
- commercial fishing 어업

★★★

evidence

ˈɛvɪd(ə)ns
에비던쓰

명 증거	clue, proof

The prosecutor could not provide the court with solid **evidence** of arson.
검사는 방화에 대한 확실한 증거를 법원에 제공할 수 없었다.

기출 Collocations

evidence for ~에 유리한 증거
genetic evidence 유전적 증거
factual evidence 사실에 입각한 증거
definitive evidence 명확한 증거
documented evidence 서류로 되어 있는 증거

빅데이터가 알려주는 출제포인트

아이엘츠에서 자주 쓰이는 '증거'를 의미하는 단어들은 다음과 같다.
- information 정보
- indication 조짐
- sign 증상
- instance 사례
- discovery 발견된 것
- findings 결과

★★★

appropriate

əˈprəʊprɪət
어프러프리에트

appropriately (부) 적절하게
inappropriate (형) 부적절한

형 적절한	suitable, adequate

The format for a résumé and a cover letter should be **appropriate** for each job position.
이력서와 자기소개서의 양식은 각각의 직책에 적절해야 한다.

기출 Collocations

appropriate for ~에 적절한
in an appropriate way 적절한 방법으로, 적절하게
appropriate treatments 적절한 치료
appropriate responses 적절한 반응

★★

confidential

kɒnfɪˈdɛnʃ(ə)l
컨f이덴셜

confidentiality (명) 기밀
confidentially (부) 은밀히

형 기밀의	secret, private

All medical records are required to be kept as **confidential** information.
모든 의료 기록은 기밀 정보로 보관되어야 한다.

기출 Collocations

confidential information 기밀 정보
confidential counselling 비밀 상담

conclusively

kənˈkluːsɪvli
컨클루-씨V울리

conclusive ⓐ 결정적인, 확실한

☆

⊜ 결정적으로, 확실하게 clearly

The specimen was sent to the National Science Centre after the local research group was unable to **conclusively** identify the strange fish.

현지 연구팀이 그 희귀 어류가 무엇인지 확실히 확인하지 못한 이후 그 견본은 국립과학센터로 보내졌다.

> **빅데이터가 알려주는 출제포인트**
>
> 논란을 종식하고 결론을 지은 내용을 말할 때 사용하는 단어로, 논쟁 여지가 없이 모두가 인정하는 내용이라고 이해하면 된다.
>
> 이런 맥락에서 아이엘츠에서 자주 쓰이는 단어들은 다음과 같다.
> ‣ clear 분명한
> ‣ definitive 최종적인
> ‣ having clarity 명확성을 가지는
> ‣ intelligible 이해할 수 있는
> ‣ exact 정확한

---

rather

ˈrɑːðə
라-더

★★★

⊜ 대신에, 오히려

Travelers affected by the flight cancellation may choose to stay in a hotel near the airport **rather** than return.

항공편 취소에 영향을 받는 여행객들은 되돌아가는 대신 공항 근처의 호텔에서 머무르도록 선택할 수 있다.

> **기출 Collocations**
>
> it is rather like 오히려 ~와 같다
> rather than ~대신에

⊜ 꽤

It is believed that meat from a stressed animal can be **rather** tough when cooked.

스트레스를 받은 동물의 고기는 요리했을 때 꽤 질기다고 알려져 있다.

> **영국식 vs. 미국식**
>
> /a/발음을 주로 영국에서는 /아/, 미국에서는 /애/라고 발음하기에 영국은 /라-더어/, 미국은 /래-더어/라고 발음한다.

Quick Review

단어와 그에 알맞은 뜻을 연결해 보세요.

1.	occupational	① 납작하게 만들다
2.	colonise	② (정교하게) 복잡한
3.	intricate	③ 붙잡다, 장악하다
4.	initiative	④ 정기 간행물
5.	rather	⑤ 대신에, 오히려, 꽤
6.	seize	⑥ 직업의, 직업과 관련된
7.	provision	⑦ 식민지로 만들다
8.	periodical	⑧ 제공, 공급품
9.	exploit	⑨ 계획, 사업
10.	flatten	⑩ 착취하다, (부당하게) 이용하다, 개발하다

단어와 그에 알맞은 유의어를 연결해 보세요.

11.	locate	⑪ moist
12.	altogether	⑫ involve
13.	evidence	⑬ find
14.	damp	⑭ support
15.	endorse	⑮ clue
16.	confidential	⑯ secret
17.	entail	⑰ clearly
18.	conclusively	⑱ completely
19.	demanding	⑲ difficult
20.	afflict	⑳ bother

[정답]

1. ⑥ 2. ⑦ 3. ② 4. ⑨ 5. ⑤ 6. ③ 7. ⑧ 8. ④ 9. ⑩ 10. ①
11. ⑬ 12. ⑱ 13. ⑮ 14. ⑪ 15. ⑭ 16. ⑯ 17. ⑫ 18. ⑰ 19. ⑲ 20. ⑳

Collocations for Writing & Speaking

 **Food/Cooking**

comfort food
위안을 주는 음식, 고향의 맛

During stressful times, people often turn to **comfort food** for solace and familiarity.
스트레스를 받을 때, 사람들은 종종 위로와 친숙함을 얻기 위해 위안을 주는 음식을 찾는다.

culinary skills
요리 솜씨

My mother used to demonstrate her advanced **culinary skills** by making a gourmet meal.
어머니는 맛있는 음식을 만들어서 수준급 요리 실력을 뽐내곤 하셨다.

food additives
식품 첨가물

The packaging on all food products should include clear labels that provide information about the presence of any **food additives**.
모든 식품의 포장에는 식품 첨가물의 존재 여부에 대한 정보를 제공하는, 명확한 라벨을 포함해야 한다.

gain weight

살찌다, 체중이 증가하다

= put on weight

Consuming fast food leads to unhealthy eating habits and causes individuals to **gain weight**.
패스트푸드 섭취는 건강에 해로운 식습관으로 이어지고, 체중 증가를 야기한다.

generous portion

넉넉한 양

= hearty portion

The restaurant is famous for serving good quality food in **generous portions**.
그 식당은 좋은 품질의 음식을 넉넉한 양으로 제공하는 것으로 유명하다.

give it a shot

한 번 해보다

Although baking a wedding cake seemed intimidating, I eventually decided to **give it a shot**.
웨딩 케이크를 만드는 것이 부담스러웠지만, 나는 결국 한 번 해보기로 결정했다.

활용법 Speaking 또는 General Training Writing의 Informal letter에서 사용

GM foods

유전자 변형 식품

= genetically modified foods

There is continuous public debate regarding the safety and regulation of **GM foods** on the market.
시중에 유통되는 유전자 변형 식품의 안전과 규제에 관한 공개 토론이 계속되고 있다.

🔁 GM crops 유전자 변형 작물

good pairing

좋은 궁합, 잘 어울리는 음식

I think coffee and doughnuts make a **good pairing**.
나는 커피와 도넛이 좋은 궁합이라고 생각한다.

🔁 go well with 잘 어울리다

healthy eating

건강한 식사

Nowadays, many people are aware of the benefits of **healthy eating**, opting for nutritious meals.
오늘날 많은 사람이 건강한 식습관의 이점을 인식하고, 영양가 있는 식사를 선택하고 있다.

home-cooked meal

집에서 만든 요리, 집밥

= home-cooked food

Every evening, all family members gather to share laughter and love over a **home-cooked meal**.

매일 저녁에는 가족 구성원 모두가 모여 집밥을 먹으며 웃음과 사랑을 나눈다.

Korean cuisine

한국 음식

= Korean food

Kimchi, known for its bold and tangy taste, is a staple in **Korean cuisine**.

알싸하고 톡 쏘는 맛으로 유명한 김치는 한국 요리에서 주요 음식이다.

local food

현지 음식

= local cuisine

Exploring Korean culture involves indulging in delicious **local food**, such as kimchi, bulgogi and bibimbap.

한국 문화 탐험에는 김치, 불고기, 비빔밥과 같이 맛있는 현지 음식을 즐기는 것이 포함된다.

processed foods

가공 식품

Consumers are increasingly concerned about the potential impacts of **processed foods** on their health.

소비자들은 가공 식품이 건강에 미칠 수 있는 잠재적 영향에 대해 점점 더 우려하고 있다.

side dish

반찬, 곁들임 요리

Kimchi is commonly served as a **side dish** in Korean meals.

김치는 보통 한식에서 반찬으로 제공된다.

substantial meal

풍성한 식사

The customers enjoyed a **substantial meal** along with their drinks, creating a pleasant dining experience at the pub.

고객들은 음료와 함께 풍성한 식사를 즐기며, 펍에서 즐거운 식사 경험을 만들었다.

빈칸에 알맞은 콜로케이션을 선택해 보세요.

① home-cooked meal
② culinary skills
③ food additives
④ good pairing
⑤ GM foods
⑥ generous portions
⑦ comfort food

1. The restaurant is famous for serving good quality food in
   _____ .

   그 식당은 좋은 품질의 음식을 넉넉한 양으로 제공하는 것으로 유명하다.

2. There is continuous public debate regarding the safety and regulation of
   _____ on the market.

   시중에 유통되는 유전자 변형 식품의 안전과 규제에 관한 공개 토론이 계속되고 있다.

3. During stressful times, people often turn to _____ for
   solace and familiarity.

   스트레스를 받을 때, 사람들은 종종 위로와 친숙함을 얻기 위해 위안을 주는 음식을 찾는다.

4. I think coffee and doughnuts make a _____ .

   나는 커피와 도넛이 좋은 궁합이라고 생각한다.

5. Every evening, all family members gather to share laughter and love over
   a _____ .

   매일 저녁에는 가족 구성원 모두가 모여 집밥을 먹으며 웃음과 사랑을 나눈다.

6. My mother used to demonstrate her advanced _____
   by making a gourmet meal.

   어머니는 맛있는 음식을 만들어서 수준급 요리 실력을 뽐내곤 하셨다.

7. The packaging on all food products should include clear labels, providing
   information about the presence of any _____ .

   모든 식품의 포장에는 식품 첨가물의 존재 여부에 대한 정보를 제공하는, 명확한 라벨을 포함해야 한다.

정답

1. ⑥ 2. ⑤ 3. ⑦ 4. ④ 5. ① 6. ② 7. ③

아이엘츠가 좋아하는
다의어

☐ **iron**
ˈʌɪən
아이언
① 철
② 철분
③ 다리미질하다

☐ **resolution**
rɛzəˈluːʃ(ə)n
레절루-션
① 해결
② 결의안
③ 해상도

☐ **account**
əˈkaʊnt
어카운트
① 계좌
② 간주하다

☐ **credit**
ˈkrɛdɪt
크뤠딭
① 신용
② 학점

☐ **submarine**
ˈsʌbməriːn
썹마리-인
① 해양의
② 잠수함

☐ **level**
ˈlɛv(ə)l
레V에을
① 수준
② 평평하게 하다

☐ **relative**
ˈrɛlətɪv
렐러티V으
① 상대적인
② 친척

☐ **plain**
pleɪn
플레인
① 분명한
② 솔직한
③ 평지

☐ **prescription**
prɪˈskrɪpʃ(ə)n
프뤼스끄립션
① 처방전
② 처방된 약
③ 처방

☐ **declare**
dɪˈklɛː
디클레어-
① 선언하다
② (세무서나 세관 등에) 신고하다

☐ **conform**
kənˈfɔːm
컨f오-옴
① (규칙에) 따르다
② 일치하다

☐ **mature**
məˈtʃʊə
머츄어
① 성숙한
② 분별있는

☐ **conception**
kənˈsɛpʃ(ə)n
컨쎕션
① 구상
② 이해

☐ **vessel**
ˈvɛs(ə)l
V에쓸
① 선박
② (액체를 담는) 그릇

☐ **marshal**
ˈmɑːʃ(ə)l
마-셜
① 진행 요원
② 통제하다

☐ **contract**
ˈkɒntrakt
컨트렉트
① 수축하다
② 계약하다

☐ **bark**
bɑːk
바-크
① 나무껍질
② 짖는 소리

☐ **faculty**
ˈfak(ə)lti
f에컬티
① 학부, 교수진
② 능력

☐ **refreshment**
rɪˈfrɛʃm(ə)nt
리f으레쉬먼트
① 다과, 음료
② 원기 회복

☐ **representative**
rɛprɪˈzɛntətɪv
레프리젠테티V으
① 대표
② 영업사원

DAY
10

Listening
Reading

Writing
Speaking

★

reconcile

ˈrɛk(ə)nsʌɪl
뤠컨싸일

⑧ **조화시키다**

It has become crucial to **reconcile** one's work life with one's family life.
직장 생활과 가정 생활을 조화시키는 것이 중요해지고 있다.

★★★

belong

bɪˈlɒŋ
빌롱

belongings ⑨ 개인 소지품

⑧ **속해 있다**   be owned

The recreational vehicles that **belong** to the resort are available only to VIP guests.
리조트에 속해 있는 레저 차량은 VIP 고객만 이용 가능하다.

기출 Collocations
belong to ~에 속하다

★★

parasite

ˈparəsʌɪt
파라싸이트

⑨ **기생물**

If you live in a rural, wooded area, frequently check your outdoor pets for **parasites**.
나무가 많은 시골 지역에 거주하고 계실 경우, 밖에서 생활하는 애완 동물들에게 기생충이 있는지 자주 확인하십시오.

어원을 알면 더 쉽다!
para(옆에) + site(밀 혹은 음식: 그리스어 sitos에서 변형)가 결합하여 '남의 음식을 먹는 자'에서 의미가 확장되어 '기생물'이라는 뜻이 되었다.

★★★

blame

bleɪm
블레임

⑧ **책임을 지우다, 비난하다**

The fungal parasite is to **blame** for the destruction of last season's crops.
그 기생 곰팡이는 지난 수확철 곡물 파괴의 원인이다.

기출 Collocations
be to blame for ~의 원인이다

빅데이터가 알려주는 출제포인트
명사로도 사용되는 단어로, '책임, 탓'을 뜻하며 responsibility(책임)와 패러프레이징될 수 있다.
▸take the blame for ~에 대한 책임을 지다

★★

migration

mʌɪˈgreɪʃ(ə)n
마이그**레**이션

migrate [동] 이주하다

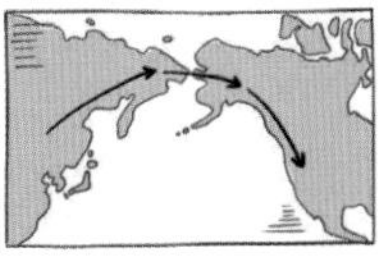

[명] 이주, 이민

The **migration** of our ancestors across the Bering Strait brought the first humans to North America over 20,000 years ago.
2만 년도 더 이전에 베링 해협을 가로지른 우리 조상들의 이주로 인해 북미 지역에 최초의 사람들이 발을 들이게 되었다.

기출 Collocations

migration patterns 이주 패턴
seasonal migration 계절에 따른 이동
prehistoric migration 선사시대의 이주
one's migration route ~의 이동 경로

빅데이터가 알려주는 출제포인트

동사형인 migrate와 철자가 비슷한 단어가 있는데, '이동하다'라는 기본적인 의미를 공유한다. 하지만 구체적인 의미를 비교하면 다음과 같다.
- migrate 이동하다
- emigrate 원래 있는 곳에서 나가서 다른 곳으로 이동하다, 이주하다
- immigrate 다른 곳에서 이동해오다, 이주해오다

참고로 migrate만 사람과 동물에 모두 사용하는 단어이고, emigrate와 immigrate는 '사람'의 이동을 말할 때 사용한다.

★

thwart

θwɔːt
th오워-트

[동] 좌절시키다

Anne Frank's father's attempts to run away from Germany were **thwarted** by strict US immigration policies.
안네 프랑크의 아버지가 독일에서 탈출하려 했던 시도는 엄격한 미국의 이민 정책에 의해 좌절되었다.

기출 Collocations

be thwarted by ~에 의해 좌절되다

★★

coincide

ˌkəʊɪnˈsʌɪd
코인**싸**이드

coincidental [형] 우연의 일치인
coincidence [명] 우연의 일치, (의견 등의) 일치

[동] 동시에 일어나다, 일치하다

The tsunami that hit the coastal region **coincided** with a volcanic eruption that took place 23 kilometres from shore.
해안 지역을 강타한 쓰나미는 해안에서 23킬로미터 떨어진 곳에서 발생한 화산 분출과 동시에 일어났다.

기출 Collocations

coincide with ~와 동시에 일어나다, 일치하다

Day 10 Listening & Reading

exposure
★★

ɪkˈspəʊʒə
익스**포**오져

명 노출

The teenagers who grew up in the remote village had no **exposure** to pop music, social media or reality television.

그 외진 마을에서 자란 십대들은 대중 음악이나 소셜 미디어, 또는 리얼리티 텔레비전 프로그램에 아무런 노출도 갖고 있지 않았다.

기출 Collocations
exposure to ~에의 노출

---

thereby
★★★

ðɛːˈbʌɪ
데어-**바**이

부 그렇게 함으로써, 그로 인해

The British and Prussians defeated Napoleon at Waterloo, **thereby** ending the Napoleonic Wars.

영국군과 프러시아군은 워털루에서 나폴레옹을 패배시켰으며, 그로 인해 나폴레옹 전쟁을 끝냈다.

빅데이터가 알려주는 출제포인트

아이엘츠에 자주 나오는 접속부사로, thereby 뒤에 나온 내용을 '결과'로 이해하고 독해하면 된다.

참고로 아이엘츠에 자주 등장하는 인과관계를 나타내는 단어들은 다음과 같다.
▸ as a result of that 그 결과로
▸ thus 그러므로
▸ therefore 그러므로
▸ hence 그러므로

---

creature
★★★

ˈkriːtʃə
크**리**-쳐어

명 생물   species

The amount of plastics found in the stomachs of large marine **creatures** was shocking.

여러 대형 해양 동물의 위장에서 발견된 플라스틱의 양은 충격적이었다.

기출 Collocations
harmless creatures 무해한 생물체
dangerous creatures 위험한 동물
ancient creatures 고대 생물체
marine creatures 해양 생물체, 해양 동물

race

reɪs
뤠이쓰

명 종, 인종, 민족

The human **race** has greatly affected the Earth's climate and atmosphere.
인류는 지구 기후와 대기에 엄청난 영향을 미쳤다.

기출 Collocations
human race 인류

명 경주

The top horses arrived at the track for the international horse **race**.
국제 경마 대회를 위해 일류 말들이 경기장에 도착했다.

inevitable

ɪnˈevɪtəb(ə)l
인에V이터블

inevitably ⓟ 불가피하게

형 불가피한

The company's bankruptcy was **inevitable** after the huge failure of its latest product.
최신 제품의 엄청난 실패를 겪은 그 회사의 파산은 불가피한 것이었다.

영국식 vs. 미국식
모음과 모음 사이의 /t/와 /d/발음이 미국식에서는 연음처리되어 부드럽게, /ㄷ/ 또는 /ㄹ/로 발음한다. 영국식 /인에V이터블/이 미국식으로 /인에V이더블/ 또는 /인에V이러블/로 들린다.

designed

dɪˈzʌɪnd
디자-인드

형 고안된, 디자인된   tailored

The device is **designed** for individuals who only have partial use of their hands.
그 기기는 손을 부분적으로 밖에 사용할 수 없는 사람들을 위해 고안되었다.

legitimate

lɪˈdʒɪtɪmət
리지티메트

legitimacy ⓝ 합법성

형 합법적인, 정당한   legal, authorised

Most cases of addiction to painkillers start with a **legitimate** prescription from a doctor.
대부분의 진통제 중독은 의사로부터 합법적으로 처방된 약에서 시작된다.

★★
reliable

rɪˈlʌɪəb(ə)l
릴**라**이어블

reliability [명] 신뢰도, 신뢰성

[형] 신뢰할 수 있는, 확실한 trustworthy

Universal Studios, a huge amusement park, has been a **reliable** source of income for residents in the county.
거대한 놀이 공원인 유니버셜 스튜디오는 그 지역구의 주민들에게 확실한 수입원이 되고 있다.

기출 Collocations
highly reliable 매우 신뢰할 수 있는

빅데이터가 알려주는 출제포인트
지속적으로 좋은 결과를 내거나 일관되게 같은 값이 나오는 것을 reliable이라고 표현한다. 따라서 의미적으로 다음 어휘들과 연결시킬 수 있어야 한다.
- dependable 의존할 수 있는
- safe 안전한
- sure 확실한

참고로 반의어는 unreliable(신뢰할 수 없는)인데 이 단어는 다음으로 패러프레이징될 수 있다.
- debatable 논란의 여지가 있는

★★
conscious

ˈkɒnʃəs
컨-셔스

consciously [부] 의식적으로
consciousness [명] 의식, 자각
unconscious [형] 의식을 잃은

[형] 의도적인, 자각하고 있는 aware

The lawyer needed to prove that the defendant did not make a **conscious** decision to commit the crime.
변호사는 피고가 범죄를 저지르기 위해 의도적인 결정을 내린 것이 아니라는 것을 증명해야 했다.

기출 Collocations
eco-conscious 환경 문제에 관심이 큰

빅데이터가 알려주는 출제포인트
conscious가 들어간, 아이엘츠에 등장하는 심리학 용어는 다음과 같다.
- subconscious 잠재의식의
- paraconscious 초의식의

concern

kənˈsɜːn

컨**써**-언

unconcern ⑬ 무관심, 무심

---

⑧ **우려하다**   worry

Parents were **concerned** about the difficult themes the children's programme explored.
부모들은 그 아동 프로그램이 탐구했던 어려운 주제에 대해 우려했다.

기출 Collocations

be concerned about ~을 우려하다

빅데이터가 알려주는 출제포인트

예를 들어, be concerned about은 의미적으로 다음 어휘들로 패러프레이징될 수 있다.
▸ be anxious 걱정하다
▸ complain 불평하다
▸ disappoint 실망시키다

---

⑧ **관련되다, 관련되어 있다**

The mayor plans to hold a town forum to outline the agricultural proposal as it **concerns** the entire community.
시장은 그 농업 제안을 개괄적으로 설명하기 위해 지역 공개 토론회를 개최할 계획인데, 그것이 지역 사회 전체와 관련되어 있기 때문이다.

기출 Collocations

to whom it may concern 관계자 분께

---

⑧ **관심있다, 중시하다**

When preparing for a job interview, **concern** yourself with your appearance as well.
면접 준비를 할 때, 스스로의 겉모습에도 관심을 두십시오.

빅데이터가 알려주는 출제포인트

명사로도 사용되는 단어이며, 위의 세 가지 뜻이 모두 명사 뜻으로도 사용된다.
▸ express concern 우려를 표하다
▸ address concern 우려를 해결하다
▸ growing health concerns 건강에 대한 점점 커져가는 우려
▸ family concern 집안일, 가족회사

Day
10

Listening & Reading

★

irreversible

ɪrɪˈvəːsɪb(ə)l
이리**V어**-씨블

reversible [형] 되돌릴 수 있는

[형] **되돌릴 수 없는**

The changes made to the dress were **irreversible**.
드레스에 가해진 변경은 되돌릴 수 없는 것이었다.

어원을 알면 더 쉽다!

ir(부정, 반대 의미의 접두사) + reverse(뒤집다) + ible(할 수 있는)이 결합되어, '되돌릴 수 없는'의 의미가 되었다.

★★

artefact

ˈɑːtɪfakt
아-티f엑트

[명] **유물**

Many of the **artefacts** recovered from the pharaoh's tomb were thought to be priceless.
파라오의 무덤에서 발견된 많은 유물들은 값을 매길 수 없는 수준으로 여겨졌다.

빅데이터가 알려주는 출제포인트

과거에 사용되었던 물건을 의미하므로 다음 어휘로 패러프레이징되어 출제되기도 한다.
▸historical object 역사적인 물건
▸ancient object 고대의 물건

영국식 vs. 미국식

주로 영국에서는 artefact로, 미국에서는 artifact로 사용한다.

★

confinement

kənˈfʌɪnmənt
컨**f아**인먼트

confine [동] 가두다

[명] **감금** imprisonment

People in northern regions have different ways of dealing with the feelings of isolation and **confinement** that accompany the long winters.
북쪽 지역에 사는 사람들은 긴 겨울 기간에 동반되는 고립되고 감금된 듯한 느낌에 대처하는 다양한 방법을 갖고 있다.

기출 Collocations

solitary confinement 독방 감금

★★★
attempt

əˈtɛm(p)t
어**템**트

명 시도 effort

Employees attend the lectures but make no **attempt** to apply what they've learned to their daily tasks.
직원들이 강연에 참석하기는 하지만, 배운 것을 각자의 일상 업무에 적용하려는 시도는 하지 않는다.

기출 Collocations
in an attempt to do ~하려는 시도로, ~하기 위해

빅데이터가 알려주는 출제포인트
in an attempt to do는 다음으로 패러프레이징되기도 한다.
- make an effort 노력하다
- aim to do ~하는 것을 목표로 하다
- want 원하다
- hope 바라다

동 시도하다 try

Some people in the Middle Ages **attempted** to change different materials into gold.
중세 시대의 몇몇 사람들은 다양한 물질들을 금으로 바꾸려고 시도했다.

★★★
encourage

ɪnˈkʌrɪdʒ
인**커**리지

encouragement 명 장려
discourage 동 낙담시키다

동 장려하다, 촉진하다 motivate, promote

Reduced bus fares on the weekends should **encourage** more people to use public transport in the city.
주말의 할인된 버스 요금은 더 많은 사람들이 도시 내에서 대중 교통을 이용하도록 장려할 것이다.

기출 Collocations
encourage A to do A가 ~하도록 장려하다

빅데이터가 알려주는 출제포인트
정답근거 문장에 자주 등장하는 어휘로, 의미적으로 다음 어휘들과 연결시킬 수 있어야 한다.
- induce 설득하다
- increase 증가시키다
- stimulate 자극시키다
- support 지지하다
- recommend 권고하다

Day
10

Listening & Reading

★★
cell

sɛl
쎌

cellular [형] 세포의

[명] 세포

The human body is made up of more than 10 trillion **cells**.
사람의 신체는 10조 개가 넘는 세포로 구성되어 있다.

기출 Collocations
white blood cell 백혈구
nerve cell 신경세포
solar cell 태양광 전지

어원을 알면 더 쉽다!
중세 수도원의 작은 방을 부르던 말에서 시작한 단어로, 이후 '작은 공간'이라는 기본 의미가 되었고, '감방, 세포'라는 의미로 확장되었다.

★★★
lower

ˈləʊə
로우어

[동] 낮추다 reduce

When sleeping, blood pressure is **lowered** and body temperature is dropped slightly.
수면 중에는 혈압이 낮아지고 체온이 약간 떨어진다.

[형] 더 낮은

Every candidate running for election pledges to **lower** taxes, but few of them ever do.
선거에 출마한 모든 후보자들은 더 낮은 세금을 약속하지만 소수만이 그렇게 할 뿐이다.

★★
challenging

ˈtʃalɪn(d)ʒɪŋ
첼린징

[형] 도전적인, 힘든 difficult

A triathlon is one of the most **challenging** competitions an athlete can enter.
철인 3종 경기는 운동 선수가 참가할 수 있는 가장 힘든 시합들 중 하나이다.

기출 Collocations
challenging goals 도전적인 목표
challenging situation 힘든 상황

빅데이터가 알려주는 출제포인트
어렵긴 하지만 그래도 많이 노력하면 달성 가능한 정도의 어려움이 있는 것을 말할 때 사용하는 단어이다.

conviction

kənˈvɪkʃ(ə)n
컨**V**익션

명 확신, 신념　　　　　　　　　　　　belief

Martin Luther King Jr. spoke with utter **conviction** of the troubles facing African Americans.
마틴 루터 킹 주니어는 아프리카계 미국인들이 직면하고 있는 문제에 관해 완전한 확신을 갖고 연설했다.

기출 Collocations
intellectual conviction 지적 신념

---

educated

ˈɛdjʊkeɪtɪd
에쥬케이티드

uneducated 형 무지한

형 교육을 받은

He was especially successful in winning the votes of low-income, poorly **educated** citizens.
그는 특히 저소득층의 좋지 못한 교육을 받은 시민들의 표를 얻는 데 성공했다.

기출 Collocations
highly educated 고등 교육을 받은

---

accurate

ˈakjʊrət
아큐러트

accuracy 명 정확도
accurately 부 정확하게
inaccurate 형 부정확한

형 정확한　　　　　　　　　　　correct, precise

Eating or drinking before a medical check-up may prevent the tests from obtaining **accurate** results.
건강검진 전에 먹거나 마시는 것은 정확한 결과를 얻는 것을 방해할 수도 있다.

---

corridor

ˈkɒrɪdɔː
커리도오-

명 복도, 통로　　　　　　　　passage, aisle, exit

The best room with a stunning ocean view is the one at the end of the **corridor**.
눈부시게 멋진 바다 전경을 가진 최고의 객실은 이 복도 끝에 있는 방입니다.

기출 Collocations
migration corridors 이주 통로

★★

mass

mas
매쓰

[명] **덩어리, 질량**

The gravitational force of an object is directly related to its **mass**.
한 물체에 대한 중력은 그 물체의 질량과 직접적으로 관련되어 있다.

기출 Collocations
a mass of 한 떼의, 많은, ~ 투성이의

빅데이터가 알려주는 출제포인트

뉴턴의 운동 법칙(Newton's laws of motion)인 F=MA에서 F는 force(힘), M은 mass(질량), A는 acceleration(가속도)이다.

[명] **대중**

Some engineers imagine a future where free, clean energy is available to the **masses**.
일부 엔지니어들은 대중들이 이용 가능한 무료 청정 에너지가 존재하는 미래를 상상한다.

빅데이터가 알려주는 출제포인트

'대중'을 말할 때 사용할 수 있는 표현은 다양하다. 다음을 모두 알아두도록 하고 서로 패러프레이징될 수 있다는 것을 기억한다.

▹the mass
▹the public
▹ordinary people

[형] **대량의, 대중의**

The inaccurate schedule of the **mass** transit system is the most frequent complaint from city residents.
대중 교통 시스템의 부정확한 운행 시간이 시민들로부터 가장 흔히 제기되는 불만 사항이다.

기출 Collocations
mass restoration 대규모의 수리

Quick Review

단어와 그에 알맞은 뜻을 연결해 보세요.

1. reconcile   ① 이주, 이민
2. thwart   ② 좌절시키다
3. migration   ③ 동시에 일어나다, 일치하다
4. confinement   ④ 고안된, 디자인된
5. designed   ⑤ 유물
6. parasite   ⑥ 불가피한
7. artefact   ⑦ 도전적인, 힘든
8. challenging   ⑧ 감금
9. coincide   ⑨ 조화시키다
10. inevitable   ⑩ 기생물

단어와 그에 알맞은 유의어를 연결해 보세요.

11. conviction   ⑪ worry
12. concern   ⑫ effort
13. corridor   ⑬ reduce
14. attempt   ⑭ belief
15. reliable   ⑮ correct
16. encourage   ⑯ passage
17. lower   ⑰ aware
18. accurate   ⑱ legal
19. conscious   ⑲ motivate
20. legitimate   ⑳ trustworthy

Day 10

Listening & Reading

정답

1. ⑨ 2. ② 3. ① 4. ⑧ 5. ④ 6. ⑩ 7. ⑤ 8. ⑦ 9. ③ 10. ⑥
11. ⑭ 12. ⑪ 13. ⑯ 14. ⑫ 15. ⑳ 16. ⑲ 17. ⑬ 18. ⑮ 19. ⑰ 20. ⑱

Collocations for Writing & Speaking

 Culture/Entertainment

aesthetic taste
미적 취향

The main character's **aesthetic taste** in decor is modern and minimalist.
인테리어에 있어서 주인공의 미적 취향은 모던하고 미니멀하다.

be fully aware of
~을 충분히 인식하다

Today's leaders should **be fully aware of** the diversity of cultures among countries to navigate global challenges successfully.
오늘날의 리더는 글로벌 문제를 성공적으로 해결하기 위해 국가 간 문화의 다양성을 충분히 인식해야 한다.

> **비교** know well 보다 더 높은 어휘력 점수의 표현

binge-watch a series
하나의 시리즈를 몰아서 보다, 정주행하다

After a hectic week, I like to **binge-watch a series** on my favourite streaming service.
나는 바쁜 한 주를 보낸 후, 즐겨 찾는 스트리밍 서비스에서 하나의 시리즈를 몰아보는 것을 즐긴다.

> **활용법** Speaking 또는 General Training Writing의 Informal letter에서 사용

common courtesy 기본 예의

Across various cultures, good manners and respectful communication are valued as fundamental aspects of **common courtesy**.

다양한 문화권에 걸쳐, 좋은 매너와 존중하는 의사소통은 기본 예의의 근본적인 요소로 중요하게 여겨진다.

cultural differences 문화적 차이

Understanding **cultural differences** fosters harmony in diverse communities.

문화적 차이를 이해하는 것은 다양한 주민 사회의 화합을 촉진할 수 있다.

cultural exchange 문화 교류

Cultural exchange programmes provide an opportunity for individuals to immerse themselves in a foreign culture.

문화 교류 프로그램은 개인이 외국 문화에 몰입할 수 있는 기회를 제공한다.

go viral

입소문이 나다

The video of the heartwarming rescue quickly **went viral**, capturing the attention of millions around the world.

가슴 따뜻한 구조 영상은 빠르게 입소문이 나면서, 전 세계 수백만 명의 관심을 끌었다.

K-pop sensation

케이팝 열풍

The **K-pop sensation** BTS captivated fans worldwide with their catchy tunes and energetic performances.

케이팝 열풍인 방탄소년단은 귀에 쏙쏙 들어오는 음악과 에너지 넘치는 퍼포먼스로 전 세계 팬들을 사로잡았다.

비교 K-drama addict 한국 드라마 중독

online review

온라인 후기

In today's digital age, consumers can read **online reviews** before deciding to watch a film.

오늘날의 디지털 시대에는 소비자들이 영화 관람을 결정하기 전에 온라인 후기를 읽을 수 있다.

personal preference

개인의 취향, 개인적 선호도

Personal preferences heavily depend on an individual's cultural background.

개인적 선호도는 개인의 문화적 배경에 따라 크게 달라진다.

popular culture

대중문화

= pop culture

The impact of **popular culture** extends beyond entertainment, shaping attitudes, language and even societal norms.

대중문화의 영향력은 오락을 넘어, 태도, 언어, 심지어 사회적 규범을 형성하는 데까지 미친다.

religious ceremony

종교 의식, 종교 축제

Many people participate in **religious ceremonies** during the holiday season to honour and celebrate their faith.

연말연시에 많은 사람이 자신의 신앙을 기리고 기념하기 위해 종교 의식에 참여한다.

Day
10

Writing & Speaking

streaming service

스트리밍 서비스, OTT

= streaming platform, OTT(Over-The-Top) media service

Streaming services such as Netflix, AppleTV+ and Disney+ gained popularity during the pandemic amid lockdown measures.
넷플릭스, 애플TV+, 디즈니+와 같은 스트리밍 서비스는 봉쇄 조치 중의 팬데믹 기간 동안 인기를 얻었다.

비교 영어로 OTT보다 streaming service를 보편적으로 사용

take place

일어나다, 발생하다, 열리다

= happen, occur

The religious ceremony **took place** in the historic temple, attracting numerous devotees.
유서 깊은 사원에서 종교 의식이 열려, 수많은 신도들을 끌어모았다.

well-rounded

다재다능한, 균형 잡힌

The exchange programmes aim at making students **well-rounded** by exposing them to different cultural practices and traditions from various countries.
교환 학생 프로그램은 학생들이 여러 나라의 다양한 문화적 관습과 전통을 접함으로써 균형 잡힌 인재로 성장하는 것을 목표로 한다.

Quick Review

빈칸에 알맞은 콜로케이션을 선택해 보세요.

① online reviews	⑤ common courtesy
② popular culture	⑥ cultural differences
③ went viral	⑦ religious ceremonies
④ aesthetic taste	

1. The main character's _____ in decor is modern and minimalist.

   인테리어에 있어서 주인공의 미적 취향은 모던하고 미니멀하다.

2. Across various cultures, good manners and respectful communication are valued as fundamental aspects of _____ .

   다양한 문화권에 걸쳐, 좋은 매너와 존중하는 의사소통은 기본 예의의 근본적인 요소로 중요하게 여겨진다.

3. Understanding _____ fosters harmony in diverse communities.

   문화적 차이를 이해하는 것은 다양한 주민 사회의 화합을 촉진할 수 있다.

4. The video of the heartwarming rescue quickly _____ , capturing the attention of millions around the world.

   가슴 따뜻한 구조 영상은 빠르게 입소문이 나면서, 전 세계 수백만 명의 관심을 끌었다.

5. The impact of _____ extends beyond entertainment, shaping attitudes, language and even societal norms.

   대중문화의 영향력은 오락을 넘어, 태도, 언어, 심지어 사회적 규범을 형성하는 데까지 미친다.

6. Many people participate in _____ during the holiday season to honour and celebrate their faith.

   연말연시에 많은 사람이 자신의 신앙을 기리고 기념하기 위해 종교 의식에 참여한다.

7. In today's digital age, consumers can read _____ before deciding to watch a film.

   오늘날의 디지털 시대에는 소비자들이 영화 관람을 결정하기 전에 온라인 후기를 읽을 수 있다.

정답

1. ④ 2. ⑤ 3. ⑥ 4. ③ 5. ② 6. ⑦ 7. ①

아이엘츠가 좋아하는
복합명사

- ☐ **maternity leave** 출산 휴가
  məˈtɜːnɪti liːv
  머터-니티 리-V으

- ☐ **greenhouse** 온실 효과
  effect
  ˈɡriːnhaʊs ɪˈfɛkt
  그리-인하우스 이f엘트

- ☐ **market share** 시장 점유율
  ˈmɑːkɪt ʃeə
  마-켙 쉐어

- ☐ **space station** 우주 정거장
  speɪs ˈsteɪʃ(ə)n
  스페이 쓰테이션

- ☐ **aluminium foil** 은박지
  ˌæljəˌmɪniəm ˈfɔɪl
  알류미니엄 f오일

- ☐ **bank statement** 입출금 내역서
  bæŋk ˈsteɪtmənt
  뱅크 스테잍트먼트

- ☐ **nature reserve** 자연보호구역
  ˈneɪtʃə rɪˈzɜːv
  네이쳐 리저-V으

- ☐ **child mortality** 유아 사망률
  tʃaɪld mɔːˈtæliti
  챠일드 모오-탈리티

- ☐ **power cut** 정전
  ˈpaʊə kʌt
  파워 컽트

- ☐ **interest rates** 금리, 이자
  ˈɪntrɪst reɪts
  인터레쓋 레이츠

- ☐ **climate change** 기후 변화
  ˈklʌɪmət tʃeɪn(d)ʒ
  클라이멭 췌인쥐

- ☐ **sea level** 해수면
  siː ˈlɛvl
  씨- 레V엘

- ☐ **blood clot** 혈전(혈관 속에
  blʌd klɒt 피가 굳어서 된
  블러드 클랕트 핏덩이)

- ☐ **fossil fuel** 화석 연료
  ˈfɒsl fjʊəl
  f오씰 f유엘

- ☐ **radio waves** 무선 전파
  ˈreɪdɪəʊ weɪvz
  레디오 웨이V으즈

- ☐ **curriculum** 이력서
  vitae(CV)
  kʌˈrɪkjʊləm ˈviːtʌɪ
  커리큘럼 V이-타이

- ☐ **courtship ritual** 구애 의식
  ˈkɔːtʃɪp ˈrɪtʃʊəl
  코오-트쉽 맅츄얼

- ☐ **grace period** 유예 기간
  ɡreɪs ˈpɪərɪəd
  그레이쓰 피어리어드

- ☐ **power tool** 전동 공구
  ˈpaʊə tuːl
  파우어 툴-

- ☐ **financial metrics** 재무지표
  faɪˈnænʃəl ˈmetrɪks
  f아이낸셜 메트릭스

DAY
11

Listening
Reading

Writing
Speaking

★★★
extinct

ɪkˈstɪŋkt
익스**띵**ㅋ트

extinction [명] 멸종, 소멸

[형] 멸종된, 사라진 dying out

With the water temperatures rising, many species of coral are going **extinct** at alarming rates.
수온이 상승함에 따라, 많은 산호 종이 놀라운 속도로 멸종되어 가고 있다.

★★★
particular

pəˈtɪkjʊlə
파**티**큘러

[형] 특정한, 특별한 specific

The swimmer followed a **particular** diet in order to have enough energy to train for eight hours a day.
그 수영 선수는 하루에 여덟 시간 훈련하기에 충분한 에너지를 얻기 위해 특별 식단을 따랐다.

기출 Collocations
in particular 특히

[명] 상세, 자세한 사실

Before our tour starts, I would like to go over some of the **particulars** with all of you.
우리의 투어가 시작되기에 앞서, 저는 여러분 모두와 함께 몇몇 세부 사항들을 살펴 보고자 합니다.

★★★
occur

əˈkəː
어**커**-

occurrence [명] 발생, 존재, 나타남

[동] 일어나다, 발생하다 take place, happen, arise

The flooding of the Nile **occurs** every year between June and September because of melting snow in the Ethiopian Highlands.
나일 강의 범람은 에티오피아 산악 지대에서 녹아 내리는 눈으로 인해 매년 6월과 9월 사이에 발생한다.

★★★
extent

ɪkˈstɛnt
익스**텐**트

[명] 정도, 규모

The plant's leaves, when boiled, had an effect similar to that of a painkiller, but only to a limited **extent**.
그 식물의 잎은 물로 끓였을 때 진통제와 유사한 효과를 내기는 했지만, 그 정도는 그저 제한적이다.

기출 Collocations
to a limited extent 다소
to a large extent 대단히
to a lesser extent 보다 적게
realise the extent ~의 정도를 깨닫다

★★
govern
ˈgʌv(ə)n
가-V으은

governance [명] 통치, 관리

[동] **좌우하다, 운영하다**

The amount of traffic in the downtown area is **governed** to a large extent by whether or not a game is being held at Oliver Stadium.
시내 지역의 교통량은 대체적으로 올리버 경기장에서 경기가 개최되는지에 따라 좌우된다.

기출 Collocations
be governed by ~에 따라 좌우된다

★
reasoning
ˈriːz(ə)nɪŋ
리-즈으닝

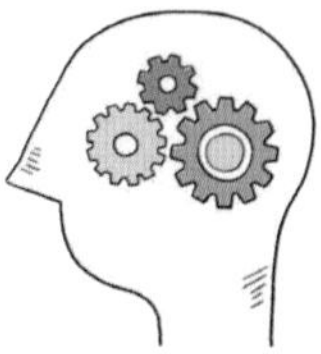

[명] **추론, 논리, 이유** intelligence

The workforce demanded to know the CEO's **reasoning** for increasing his own salary while cutting employees'.
직원들은 대표이사가 자신의 연봉은 인상하면서 직원들의 연봉은 줄인 것에 대한 이유를 알려 달라고 요구했다.

기출 Collocations
deductive reasoning 연역적 추리
inductive reasoning 귀납적 추리

★★★
recognition
rɛkəgˈnɪʃ(ə)n
레코그**니**션

recognise [동] 인정하다, 인식하다

[명] **인정** acknowledgement

At the awards ceremony, the director received **recognition** for her outstanding contributions to cinema.
시상식에서, 그 감독은 영화 산업에 대한 뛰어난 공로를 인정 받았다.

기출 Collocations
receive recognition 인정 받다, 표창을 받다
in recognition of ~을 인정하여

[명] **인식, 알아 봄** understanding

By clearing forests, draining lakes and removing mountaintops, the mining operation had changed the landscape beyond any **recognition**.
삼림을 개간하고, 호수에서 물을 빼내며, 산봉우리를 없애는 방법으로, 그 채광 작업은 풍경을 전혀 인식할 수 없을 정도로 바꿔 놓았다.

기출 Collocations
beyond all recognition 전혀 알아볼 수 없게
visual recognition 시각적 인식

★★★
resemble

rɪ'zɛmb(ə)l
리**젬**블

[동] **유사하다**

The conditions for the experiment closely **resembled** those of the natural environment.
그 실험에 필요한 조건은 자연 환경과 매우 유사했다.

빅데이터가 알려주는 출제포인트

다음 어휘와 의미적으로 연결시킬 수 있도록 한다.
- similar 비슷한
- look like ~인 것처럼 보이다

★★★
enhance

ɪn'hɑːns
인**한**-쓰

enhanced [형] 높인, 강화한

[동] **높이다, 향상시키다** improve, increase

Adding fresh basil will **enhance** the flavour of your sauce.
신선한 바질을 추가하는 것이 소스의 풍미를 향상시킬 것입니다.

기출 Collocations

enhance effects 효과를 강화시키다

영국식 vs. 미국식

/a/발음을 주로 영국에서는 /아/, 미국에서는 /애/라고 발음하기에 영국은 /인한-쓰/, 미국은 /인핸쓰/라고 발음한다.

★★★
famine

'famɪn
F아민

[명] **기근, 굶주림**

Conditions in the bankrupt nation were worsened by the **famine**, which resulted from the poor crop harvest.
국가 부도의 상황은 기근에 의해 악화되었고, 이 기근은 형편없는 곡물 수확의 결과이다.

기출 Collocations

against famine 기근에 맞서

★
storey

'stɔːri
스**토**오-리

[명] **(건물의) 층** floor

The Burj Khalifa in Dubai has more than 160 **storeys** and is almost 830 metres tall.
두바이의 버즈 칼리파는 160층 이상으로 되어 있으며, 높이가 거의 830미터이다.

기출 Collocations

single-storey 단층
understorey 하층 식물(지면에 있긴 하지만, 나뭇잎 아래에서 자라는 식물군)

영국식 vs. 미국식

주로 영국에서는 storey, 미국에서는 story로 쓴다.

aim

★★★

eɪm
에임

aimed ⑧ 겨냥한, 목표로 한
aimless ⑧ 목적이 없는, 방향을 잃은

⑨ **목표**   goal, purpose

While the original **aim** was to renovate the old theatre, the owners later decided to demolish it.
애초의 목표는 오래된 극장을 개조하는 것이었지만, 소유주들은 나중에 그것을 철거하기로 결정했다.

⑧ **목표로 하다, 대상으로 하다**   intend

The majority of sportswear advertisements are **aimed** at men and women between the ages of 18 to 35.
대부분의 스포츠 의류 광고는 18세에서 35세 사이의 남성과 여성을 목표로 한다.

venue

★★

ˈvenjuː
V에뉴우-

⑨ **장소**   place, field

Tourists in New Orleans frequently visit the bar because it is one of the best **venues** for live jazz music in the world.
뉴올리언즈를 찾는 관광객들은 그 바에 자주 방문하는데, 세계 최고의 라이브 재즈 음악을 위한 장소 중 하나이기 때문이다.

embark

★★

ɪmˈbɑːk
임바-크

⑧ **시작하다, 착수하다**   start

Captain Robert Falcon Scott **embarked** on a dangerous expedition to the Antarctic Plateau.
로버트 팔콘 스캇 선장은 남극 고원으로 향하는 위험한 탐험을 시작했다.

기출 Collocations
embark on ~에 착수하다, ~에 나서다

★★★

achieve

ə'tʃiːv
어**취**-v으

achievement [명] 업적, 성취한 것
overachiever [명] 크게 성취한 사람, 성취도를 보이는 사람

[동] **해내다, 이루다** attain

Due to the widespread use of social media, it is easier than ever for individuals to **achieve** instant fame.
소셜 미디어의 광범위한 사용으로 한 개인이 즉각적인 명성을 얻는 것은 그 어느 때보다도 쉽다.

빅데이터가 알려주는 출제포인트

명사형인 achievement는 아이엘츠에서 다음 어휘로 패러프레이징된다.
▸goal 목표
▸success 성공
▸completion 완성

한편, 리스닝 시험에서 철자가 자주 틀리는 단어이다. 특히 다음처럼 쓰지 않도록 유의한다.
▸acheive (X)
▸achiev (X)

★★

plot

plɒt
플랏

[동] **표시하다**

Geographical landmarks were used to **plot** the dimensions of the new road.
새로운 도로의 면적을 표시하기 위해 지리적 주요 지형지물들이 활용되었다.

기출 Collocations
plot measurement 치수를 표시하다

[동] **줄거리를 구상하다**

It took the author more than ten years to **plot** and then write the final two novels in his fantasy saga.
그 작가가 자신의 장편 판타지 소설에서 마지막 두 권의 줄거리를 구상하고 집필하는 데 10년이 넘는 시간이 걸렸다.

[명] **(작은 구획의) 땅, 토지**

Every summer, my grandmother would plant a **plot** of green beans in her backyard.
매년 여름, 할머니께서는 뒤뜰에 있는 밭 한 곳에 완두콩을 심곤 하셨다.

core

★★

kɔː
코어-

Within cities, traffic-related issues are at the **core** of most complaints.

도시에서는, 교통과 관련된 문제들이 대부분 불만 사항의 핵심이다.

빅데이터가 알려주는 출제포인트

형용사로도 많이 사용되는 단어로 central이나 key로 자주 패러프레이징된다. 그리고 다음 collocation이 아이엘츠에 자주 등장한다.

▸a core function 핵심 기능
▸a core market 주요 시장

retrenchment

★

rɪˈtrɛn(t)ʃm(ə)nt
리트렌취먼트

명 긴축, 경비 절감

With the cost of the construction project increasing rapidly, the project manager accepted the need for **retrenchment**.

급격히 증가하고 있는 건축 프로젝트 비용으로 인해, 그 프로젝트의 책임자는 경비 절감의 필요성을 인정했다.

dominant

★★

ˈdɒmɪnənt
도미넌트

명 우세한, 지배적인   predominant

Our company achieved a **dominant** position in the market by being the first to focus on online sales.

우리 회사는 온라인 매출에 초점을 맞춘 첫 번째 회사가 되면서 시장에서 우세한 위치를 얻었다.

빅데이터가 알려주는 출제포인트

양적으로나 중요도 면에서 우세하여 다른 대상에게 상대적으로 큰 영향력을 갖고 있는 것을 표현할 때 dominant를 사용한다. 그래서 다음 단어로 패러프레이징되어 출제된다.

▸influential 영향력이 있는

또한 양적으로 많다는 것은 그 범위 내에서 가장 흔하다는 뜻이 되므로 의미적으로 다음 어휘와 연결시킬 수 있어야 한다.

▸the most common 가장 일반적인

obligation

★

ɒblɪˈɡeɪʃ(ə)n
오블리게이션

명 의무   duty, role, responsibility

The international community has a moral **obligation** to provide assistance to countries affected by natural disasters.

국제 사회에는 자연재해 피해를 입은 나라에게 도움을 제공할 도덕적 의무가 있다.

기출 Collocations

an moral obligation 도덕적 책무, 도덕적 의무

Day
11

Listening & Reading

★★★
ideal

ʌɪˈdiːəl
아이**디**-일

ideally ⓐ 이상적으로

ⓗ 가장 알맞은, 이상적인　　　　　　　　suitable, perfect

Travellers seeking the **ideal** conditions for a relaxing day at the beach should book their flights for December or January.

해변에서 느긋하게 보내는 하루의 이상적인 조건을 찾는 여행객들은 12월 또는 1월 중에 항공편을 예약해야 한다.

기출 Collocations
ideal for ~에 이상적인
ideal condition 이상적 조건
ideal material 이상적인 재료

★
oblivious

əˈblɪvɪəs
어블**리**v이어스

ⓗ 의식하지 못하는　　　　　　　　　　　　ignorant

Voters are largely **oblivious** to how their government actually works.

유권자들은 정부가 실제적으로 어떻게 운용되는지 대체로 인식하지 못하고 있다.

기출 Collocations
oblivious to ~을 의식하지 못하는
oblivious of ~을 의식하지 못하는

★★★
matter

ˈmatə
매터

ⓥ 중요하다

In some job fields, the academic qualifications of an employee do not **matter**.

일부 직무 분야에서, 직원의 학력은 중요하지 않다.

ⓝ (처리해야 할) 문제

A committee was set up to deal with any financial **matters** related to the construction project.

그 공사 프로젝트와 관련된 모든 재정 문제를 처리하기 위해 위원회가 하나 설립되었다.

기출 Collocations
subject matter 주제
no matter how 어떻게 하든, 아무리 ~해도
no matter what 비록 무엇이 ~일지라도
a matter of ~의 문제

빅데이터가 알려주는 출제포인트
명사로서의 또 다른 뜻으로 '물체, 물질'이라는 의미가 있다. 하지만 아이엘츠에서 이 의미를 표현할 때는 matter보다는 material을 사용하는 편이다.

context

'kɒntɛkst
컨텍스트

★★★

명 맥락, 정황, 배경   meaning, environment, relevance

Although it is not shocking by today's standards, the novel was extremely controversial within the cultural **context** of its time.

오늘날의 기준에 의하면 충격적인 것은 아니지만, 그 소설은 당시의 문화적 배경 내에서는 대단히 논란이 많았다.

기출 Collocations

social context 사회적 배경
environmental context 환경적 배경
in context 상황에 맞게

빅데이터가 알려주는 출제포인트

앞에서 언급한 내용이 일어났던 시기를 말할 때, 즉 '당시의, 그 시대의'라는 의미를 말할 때 of the time 혹은 of its time이 아이엘츠에서 자주 사용된다.

★

inextricably

ɪnɪk'strɪkəbli
인익스트릭커블리

부 불가분하게

The end of the First World War is **inextricably** linked with the start of the second.

1차 세계 대전의 종료는 2차 세계 대전의 시작과 불가분하게 연결되어 있다.

기출 Collocations

linked inextricably with ~와 불가분하게 연결되는

어원을 알면 더 쉽다!

기본형인 extricate을 살펴보자. ex(바깥) + tricate(어려움들)이 결합되어 '어려움을 바깥에 두다'는 기본 뜻에서 '해방시키다, 떼어내다'라는 의미가 되었다. 여기에 in(부정을 뜻하는 접두사), able(가능의 형용사), 그리고 -ly(부사형 접미사)가 결합되어, '뗄 수 없게, 불가분하게'의 의미가 된 것이다.

★★

reel

riːl
뤼이-일

명 (필름이나 실, 전선 등을 감는 원통형의) 릴, 실패

Recreational fishermen use advanced fishing **reels** to catch salmon, tuna and other large fish.

여가를 위해 낚시하는 사람들은 연어와 참치, 그리고 그 외의 큰 물고기를 잡기 위해 고급 릴 낚싯대를 사용한다.

기출 Collocations

film reels 필름 릴
paper reels 종이 두루마리

exceed

★★

ɪkˈsiːd
익**씨**-드

excessive ⓐ 과도한
excess ⓝ 과도, 지나침

ⓥ 초과하다

Whenever supply of oil begins to **exceed** global demand, oil prices tend to fluctuate wildly.

석유 공급량이 전 세계의 수요를 초과하기 시작할 때마다, 석유 가격이 크게 요동치는 경향이 있다.

---

breakthrough

★★

ˈbreɪkθruː
브**뤠**이크th으루-

ⓝ 돌파구, (획기적인) 발전

The band was relatively unknown until they released their rock and roll **breakthrough** that would define their career.

그 밴드는 그들의 이력을 규정할 획기적인 록앤롤 음악을 발표할 때까지 비교적 잘 알려져 있지 않았다.

기출 Collocations
make a breakthrough 획기적인 발전을 이루다

---

competitive

★★★

kəmˈpɛtɪtɪv
컴**페**티티V으

non-competitive ⓐ 경쟁이 없는, 경쟁력이 없는
competitor ⓝ 경쟁자, 경쟁 상대

ⓐ 경쟁을 하는

The job market for recent law graduates has become increasingly **competitive**, and law firms are offering fewer and fewer jobs.

최근 법대 졸업생들에 대한 취업 시장이 점점 더 경쟁적인 상태가 되었으며, 법률 회사들은 더욱 더 적은 일자리를 제공하고 있다.

ⓐ 경쟁력 있는, (가성비에서) 뒤지지 않는

To keep the new laptop's pricing **competitive**, some compromises had to be made to its processing power.

새로운 노트북 컴퓨터의 가격을 경쟁력 있는 상태로 유지하기 위해, 그 제품의 전원 처리 능력에 있어 일부 희생이 이뤄져야 했다.

기출 Collocations
competitive prices 경쟁력 있는 가격

---

whilst

★★

(h)waɪlst
와일스ㅌ

쩝 ~하는 동안   while

It is illegal for drivers to text or use their mobile phones **whilst** driving.

차량 운전자가 운전 중에 문자 메시지를 보내거나 휴대 전화기를 사용하는 것은 불법이다.

빅데이터가 알려주는 출제포인트
while과 동일한 의미인 접속사로, 주로 영국에서 쓰인다.

Quick Review

📖 단어와 그에 알맞은 뜻을 연결해 보세요.

1.	famine	① 의식하지 못하는
2.	achieve	② 중요하다, (처리해야 할) 문제
3.	inextricably	③ 좌우하다, 운영하다
4.	govern	④ 불가분하게
5.	matter	⑤ 유사하다
6.	resemble	⑥ 기근, 굶주림
7.	retrenchment	⑦ 우세한, 지배적인
8.	dominant	⑧ 추론, 논리, 이유
9.	oblivious	⑨ 해내다, 이루다
10.	reasoning	⑩ 긴축, 경비 절감

📖 단어와 그에 알맞은 유의어를 연결해 보세요.

11.	enhance	⑪ improve
12.	obligation	⑫ take place
13.	venue	⑬ place
14.	context	⑭ start
15.	storey	⑮ duty
16.	aim	⑯ while
17.	embark	⑰ goal
18.	whilst	⑱ meaning
19.	extinct	⑲ dying out
20.	occur	⑳ floor

정답

1. ⑥ 2. ⑨ 3. ④ 4. ③ 5. ② 6. ⑤ 7. ⑩ 8. ⑦ 9. ① 10. ⑧
11. ⑪ 12. ⑮ 13. ⑬ 14. ⑱ 15. ⑳ 16. ⑰ 17. ⑭ 18. ⑯ 19. ⑲ 20. ⑫

Collocations for Writing & Speaking

 Society/Community

alleviate poverty
빈곤을 완화(경감)시키다

= mitigate poverty

It is necessary for governments to launch programmes to **alleviate poverty.**
정부는 빈곤을 완화시키기 위한 프로그램을 시작해야 한다.

asylum seeker
망명 신청자

The **asylum seeker** fled persecution in his home country, seeking safety and protection in a new country.
그 망명 신청자는 고국의 박해를 피해, 새로운 나라에서 안전과 보호를 구했다.

유의어 refugee 난민

charity work
자선 활동

= charitable work

Many individuals engage in **charity work** to support various social and humanitarian causes.
많은 사람들이 다양한 사회적 그리고 인도주의적 대의를 지원하기 위해 자선 활동에 참여한다.

first impression

첫인상

You don't get a second chance to make a **first impression**.
첫인상을 남길 수 있는 두 번째 기회는 없다.

food shortage

식량 부족

Science holds the potential to address numerous challenges, such as **food shortages** and climate change.
과학은 식량 부족과 기후 변화와 같은 수많은 문제를 해결할 수 있는 잠재력을 가지고 있다.

> **활용법** 폭넓게 개념에 관해 언급할 때는 단수형, 구체적인 사례나 여러 경우에 대해 이야기할 때는 복수형으로 사용

immigration policy

이민 정책

Sound **immigration policies** can contribute to a nation's economic growth and social diversity.
건전한 이민 정책은 국가의 경제 성장과 사회 다양성에 기여할 수 있다.

judge people

사람을 판단하다

There is no doubt that **judging people** too quickly can have negative consequences.

너무 빨리 사람을 판단하면 부정적인 결과를 초래할 수 있다는 것에는 의심의 여지가 없다.

margins of society

사회의 변방

Social policies should aim to aid individuals living on the **margins of society**, ensuring equal opportunities and access to resources.

사회 정책은 사회의 변방에 있는 사람들을 지원하는 것을 목표로 하여, 동등한 기회와 자원에 대한 접근성을 보장해야 한다.

migrant worker

이주 노동자

Migrant workers play a crucial role in filling seasonal labour demands in the agricultural sector.

이주 노동자는 농업 부문의 계절적 노동 수요를 채우는 데 중요한 역할을 한다.

비교 foreign worker 보다 더 순화된 표현

public good

공익

When allocating resources, ensuring public safety must take precedence to serve the **public good**.

자원을 분배할 때, 공익을 위해 공공의 안전을 보장하는 것이 우선시되어야 한다.

🔲🔳 public goods 공공재

public opinion

여론

Social media platforms have become influential in shaping and amplifying **public opinion**.

소셜 미디어 플랫폼은 여론을 형성하고 증폭시키는 데 큰 영향력을 발휘하고 있다.

social distancing

사회적 거리두기

Adhering to **social distancing** measures is crucial in preventing the spread of infectious diseases.

사회적 거리두기 조치를 준수하는 것은 감염병 확산을 막는 데 매우 중요하다.

societal norms

사회적 규범

Education plays a crucial role in shaping individuals' understanding of **societal norms**.

교육은 사회적 규범에 대한 개인의 이해를 형성하는 데 중요한 역할을 한다.

top priority

최우선순위

There is a strong argument that solving climate change should be the **top priority** for scientists.

과학자들에게 기후 변화 해결이 최우선시되어야 한다는 주장이 강하게 제기되고 있다.

write A off

A를 배제하다, 단념하다

If we **write** people **off** too quickly, we could miss out on potential friendships, business opportunities and even romantic relationships.

만일 우리가 사람들을 너무 빨리 배제하면, 잠재적인 우정, 사업 기회, 심지어는 연인 관계까지 놓칠 수 있다.

📝 빈칸에 알맞은 콜로케이션을 선택해 보세요.

① food shortages	⑤ social distancing
② societal norms	⑥ public good
③ charity work	⑦ public opinion
④ margins of society	

1. Education plays a crucial role in shaping individuals' understanding of
_____.

   교육은 사회적 규범에 대한 개인의 이해를 형성하는 데 중요한 역할을 한다.

2. Adhering to _____ measures is crucial in preventing the spread of infectious diseases.

   사회적 거리두기 조치를 준수하는 것은 감염병 확산을 막는 데 매우 중요하다.

3. Many individuals engage in _____ to support various social and humanitarian causes.

   많은 사람들이 다양한 사회적 그리고 인도주의적 대의를 지원하기 위해 자선 활동에 참여한다.

4. Science holds the potential to address numerous challenges such as
_____ and climate change.

   과학은 식량 부족과 기후 변화와 같은 수많은 문제를 해결할 수 있는 잠재력을 가지고 있다.

5. When allocating resources, ensuring public safety must take precedence to serve the _____ .

   자원을 분배할 때, 공익을 위해 공공의 안전을 보장하는 것이 우선시되어야 한다.

6. Social media platforms have become influential in shaping and amplifying
_____ .

   소셜 미디어 플랫폼은 여론을 형성하고 증폭시키는 데 큰 영향력을 발휘하고 있다.

7. Social policies should aim to aid individuals living on the
_____ , ensuring equal opportunities and access to resources.

   사회 정책은 사회의 변방에 있는 사람들을 지원하는 것을 목표로 하여, 동등한 기회와 자원에 대한 접근성을 보장해야 한다.

정답

1. ② 2. ⑤ 3. ③ 4. ① 5. ⑥ 6. ⑦ 7. ④

아이엘츠가 좋아하는
건강&의학 관련 어휘

☐ **digestive**
dʌɪˈdʒɛstɪv
다이제스티V으
소화의

☐ **facial**
ˈfeɪʃ(ə)l
f에이셜
얼굴의

☐ **neuron**
ˈnjʊərɒn
뉴우런
뉴런, 신경세포

☐ **suicide**
ˈs(j)uːɪsʌɪd
쑤-이싸이드
자살

☐ **skeleton**
ˈskɛlɪt(ə)n
스켈리튼
골격

☐ **asthma**
ˈasmə
아스마
천식

☐ **cardiovascular**
ˌkɑːdɪəʊˈvaskjʊlə
카-디오V에스큘러
심혈관계의

☐ **yawning**
ˈjɔːnɪŋ
요오-닝
하품을 하는

☐ **vein**
veɪn
V에인
정맥

☐ **olfactory**
ɒlˈfakt(ə)ri
올f엑토리
후각의

☐ **heredity**
hɪˈrɛdɪti
히레디티
유전

☐ **anatomy**
əˈnatəmi
아나터미
해부학

☐ **heart attack**
hɑːt əˈtæk
하-트 어택
심장 마비, 심근
경색

☐ **migraine**
ˈmʌɪgreɪn
마이그뤠인
편두통

☐ **limb**
lɪm
림
팔다리, 사지

☐ **dementia**
dɪˈmɛnʃə
디멘셔
치매

☐ **autism**
ˈɔːtɪz(ə)m
오-티즈음
자폐증

☐ **innate**
ɪˈneɪt
이네이트
선천적인

☐ **organ**
ˈɔːg(ə)n
오-거언
(신체) 기관

☐ **immunity**
ɪˈmjuːnɪti
이뮤-니티
면역력

DAY
12

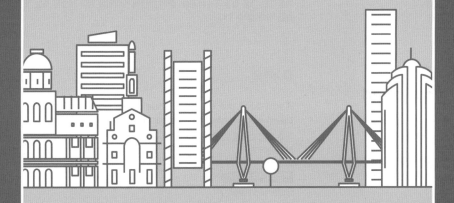

Listening
Reading

Writing
Speaking

★

envy

ˈɛnvi
엔v이

명 부러움   jealousy

Backpackers frequently express **envy** toward the apparent simplicity of the locals' lives, but this sentiment neglects the daily difficulties these men and women face.

배낭 여행객들은 현지인 삶의 명백한 단순함에 대해서 자주 부러움을 표하지만, 이러한 감정은 그 사람들이 직면하고 있는 일상적인 어려움을 등한시하고 있는 것이다.

> **빅데이터가 알려주는 출제포인트**
>
> 동사로도 쓰이는 단어로, '부러워하다'라는 의미를 가진다.
> ▸ envy the gifted 천재를 부러워하다
> ▸ envy the fame 명성을 부러워하다

★★

reptile

ˈrɛptʌɪl
렙타일

명 파충류

Since **reptiles** are cold-blooded, you can often find them in the wild sunning themselves on a rock.

파충류는 변온 동물이기 때문에, 종종 야생에서 바위에 앉아 햇볕을 쬐는 모습을 찾아 볼 수 있다.

★

distorted

dɪˈstɔːtɪd
디스또옷-티ㄷ

distort ⑤ 비틀다, 왜곡하다
distortion ⑨ 찌그러뜨림, 왜곡

형 왜곡된

If you don't use a special wide-angle lens, photographs taken underwater will appear **distorted**.

특수 광각 렌즈를 사용하지 않으면, 수중에서 촬영된 사진은 왜곡된 것처럼 보일 것이다.

> **기출 Collocations**
>
> distorted vision 난시
> distorted views 왜곡된 견해

★★★

widespread

ˈwʌɪdsprɛd
와이드스프레드

형 널리 퍼진

The unexpected change in the hurricane's direction led to **widespread** panic along the coast.

그 허리케인 방향의 예상치 못한 변화는 해안 지역의 널리 퍼진 공황 상태로 이어졌다.

★★★

succeed

sək'si:d
썩**씨**-드

동 성공하다, 해내다   win

The new attendance policy **succeeded** in reducing lateness and overuse of personal leave.
새로운 출근 정책이 지각과 개인 휴가의 남용을 줄이는 데 있어 성공을 거뒀다.

기출 Collocations
succeed in doing ~하는 것에 성공하다

동 (자리, 지위, 재산 등) 뒤를 잇다, 물려받다

Mr Taylor **succeeded** his father as CEO of Eastland Industries.
테일러 씨는 이스트랜드 인더스트리 사의 대표이사로서 아버지의 뒤를 이었다.

★★★

frighten

ˈfrʌɪt(ə)n
f으-**라**이튼

frightening 형 무서운

동 겁먹게 만들다, 겁을 주다   afraid, be scary

The harsh and horrible sound effects in the scene seemed to **frighten** even adults.
그 장면에서의 강하고 끔찍한 음향 효과는 심지어 어른에게도 겁을 주는 것 같았다.

빅데이터가 알려주는 출제포인트
파생어인 분사형형용사, frightening(무서운), frightened(겁 먹은)도 아이엘츠에 자주 나오므로 유연하게 해석할 줄 알아야 한다.
▸a frightening thought 무서운 생각
▸frightened audience 겁먹은 청중

Day 12
Listening & Reading

★★★

marked

mɑːkt
마-크트

형 뚜렷한, 표시되어 있는   noticeable

Slope difficulties at the ski resort are clearly **marked** by different colours and shapes.
스키 리조트의 경사 난이도는 서로 다른 색상과 형태로 분명하게 표시되어 있다.

기출 Collocations
marked differences 뚜렷한 차이
marked paths 표시된 길

빅데이터가 알려주는 출제포인트
marked trails는 다음으로 패러프레이징되기도 한다.
▸regular paths 일반적인 길

★★★
properly

ˈprɒp(ə)li
프로펄리

proper ⓐ 적절한

ⓑ 적절하게   correctly

A professional handyman was hired to ensure that
the new water purification system would be **properly**
installed and maintained.

새 정수 시스템이 적절하게 설치되고 유지보수되는 것을 확실히 하기 위해
전문 기사가 한 명 고용되었다.

기출 Collocations

properly informed 적절히 통지받은
properly recognise 제대로 알아보다, 적절히 인식하다
be properly trained 적합한 교육을 이수하다, 적절한 교육을 받다

★
revelation

rɛvəˈleɪʃ(ə)n
레V얼레이션

reveal ⓥ 밝히다, 드러내다

ⓝ 폭로, 드러냄

The **revelation** that the Earth orbits the sun was
disputed by many scholars and religious leaders of the
time.

지구가 태양 주위를 공전한다는 사실의 폭로는 그 시대의 많은 학자와 종교
지도자들의 반박을 받았다.

★★★
feature

ˈfiːtʃə
f이-쳐

ⓝ 특징, 특색

The central **feature** of the architect's most famous
house was the peaceful waterfall that ran underneath
it.

그 건축가의 가장 유명한 주택이 지닌 핵심적인 특징은 그 밑에서 흘러 내리
는 평화로운 폭포수였다.

ⓥ 특징으로 삼다

The film **featured** a wide cast of unique characters
who all contributed to the exciting plot.

그 영화는 흥미로운 줄거리에 기여하는 독특한 개성의 다양한 출연진들을 특
징으로 한다.

★
prevailing

prɪˈveɪlɪŋ
프리V에일링

prevail ⓥ 만연하다, 팽배하다

ⓐ (특정 시기에) 우세한, 지배적인

After the announcement that the company would be
downsizing, there was a sense of anxiety **prevailing**
across all offices.

회사가 규모를 축소할 것이라는 발표 후, 모든 사무실에는 지배적인 불안감이
맴돌았다.

★★

loan

ləʊn
로운

[명] 대출 debt, support

The Stevensons took out a large **loan** from the bank in order to start their bakery.
스티븐슨 가족은 개인 제과점을 시작하기 위해 은행에서 거액의 대출을 받았다.

기출 Collocations
an extended loan period 연장된 대출 기간
student loans 학생 융자, 학자금 대출
increase loan amounts 대출금액을 늘리다
a low-interest loan 저금리 대출금

★★★

avoid

ə'vɔɪd
어-**V오**이드

avoidance [명] 회피, 방지

[동] 피하다 prevent, avert, shun

Many university students take advantage of free Wi-Fi services at cafés and libraries to **avoid** the high monthly fees of home internet services.
많은 대학생들이 가정 인터넷의 높은 월 사용료를 피하기 위해 카페와 도서관에서 무료 와이파이 서비스를 이용한다.

★★

command

kə'mɑːnd
커**마-**안드

[동] 차지하다 dominate

The team **commanded** a lead as it entered the final stage of the race.
그 팀은 경주의 마지막 단계에 접어 들면서 선두 자리를 차지하였다.

빅데이터가 알려주는 출제포인트

'명령하다, 지휘하다'라는 뜻도 가지고 있는 단어로, 이 의미일 때는 명사로도 사용한다.
▸ on command 명령에 따라
▸ command-and-control 지휘 및 통제

영국식 vs. 미국식

/a/발음을 주로 영국에서는 /아/, 미국에서는 /애/라고 발음하기에 영국은 /커마-안드/, 미국은 /커매-앤드/라고 발음한다.

★★

originate

ə'rɪdʒɪneɪt
오**뤼**지네이트

original [형] 원래의, 독창적인

[동] 기인하다

The idea for the poem **originated** from the author's experiences during World War I.
그 시에 대한 아이디어는 1차 세계 대전 중에 겪은 작가의 경험에서 비롯되었다.

기출 Collocations
originate from ~에서 비롯되다

extremely

ɪkˈstriːmli
익스트**림**리

甼 대단히, 극도로   very, exceptionally

The new fibre is **extremely** flexible and could have multiple uses in construction.

그 새로운 섬유는 신축성이 대단히 좋아서 건설 분야에서 다양한 용도로 쓰일 수 있다.

기출 Collocations

extremely competitive 경쟁이 매우 치열한
extremely successful 매우 성공적인
extremely fragile 매우 부서지기 쉬운

---

concrete

ˈkɒŋkriːt
컨크리-트

휑 구체적인

The bank statements provided **concrete** evidence that Mr Turner had accepted bribes while he was president of the football league.

은행 거래 내역서는 터너 씨가 축구 협회장이었을 때 뇌물을 수수한 적이 있음을 보여주는 구체적인 증거를 제공했다.

기출 Collocations

concrete evidence 구체적인 증거

휑 콘크리트로 된

First, massive **concrete** columns were built across the river to provide support for the bridge.

먼저, 거대한 콘크리트 기둥들이 다리의 지지대가 되기 위해 강을 가로질러 세워졌다.

---

qualified

ˈkwɒlɪfʌɪd
퀄리f아이드

overqualified 휑 필요 이상의 자격을 갖춘

휑 자격이 있는

A **qualified** accountant will be assigned to your business to review any possible miscalculations in your taxes.

자격을 갖춘 회계사가 귀사의 세금 문제에서 발생 가능한 모든 계산 착오를 살펴보기 위해 귀하의 업체에 배정될 것입니다.

기출 Collocations

highly qualified 아주 뛰어난

빅데이터가 알려주는 출제포인트

전문적인 지식이나 기술을 갖춘 것을 qualified라고 표현한다. 따라서 qualified personnel은 한 분야의 '전문가'라고 이해하면 된다.

compromise

★★

'kɒmprəmʌɪz
컴프러마이즈

⑧ 타협하다

A key trait of a capable negotiator is his or her willingness to **compromise**.
능력 있는 협상가의 가장 중요한 특성은 타협하고자 하는 의향이다.

⑧ (원칙 등을) 양보하다, 위태롭게 하다

The students' poor behavior at the seminar **compromised** the good reputation of the university.
세미나에서 학생들의 형편없는 행동이 그 대학교의 좋은 평판을 손상시켰다.

기출 Collocations
compromise on safety 안전을 양보하다

빅데이터가 알려주는 출제포인트
아이엘츠에서 명사(타협, 절충안)로도 자주 등장하는 편이며, 양보해서 얻게 된 것을 나타낸다.
▸ a fantastic compromise 멋진 절충안
▸ agree to a compromise 타협안에 합의하다

어원을 알면 더 쉽다!
com(함께) + promise(약속하다)가 결합된 것으로, 함께 약속하는 '타협, 타협하다'가 기본 뜻이다. 여기에서, 타협 시 상호간의 양보가 요구되므로 '양보하다, 굽히다'의 뜻으로 확장되었다. 더 나아가서 너무 양보하게 되어 '위태롭게 하다'의 의미도 가지게 되었다.

considerable

★★★

kən'sɪd(ə)rəb(ə)l
컨씨드러블

considerably ⑨ 상당히, 많이

⑨ 상당한   significant

Antoni Guadi's love of nature had a **considerable** influence on his architecture.
자연에 대한 안토니 가우디의 애정이 그의 건축물에 상당한 영향을 미쳤다.

기출 Collocations
considerable damage 막대한 피해
considerable reduction 대할인
considerable disagreement 상당한 의견 차이
considerable debates 상당한 논쟁

★★★
lack

lak
라ㅋ

[명] 부족, 결핍

A **lack** of fiber in one's diet can lead to serious digestive issues.
식사의 섬유질 부족은 심각한 소화 문제로 이어질 수 있다.

기출 Collocations
a lack of 부족한, ~의 부족

[동] 부족하다

The education reform did not pass because it **lacked** support from conservative voters.
교육 개혁이 통과되지 않은 것은 보수적인 유권자들의 지지가 부족했기 때문이었다.

기출 Collocations
lack the knowledge 지식이 부족하다
lack the resource 자원이 부족하다

★★★
refer

rɪ'fəː
리f어어-

reference [명] 언급, 참고, 참조

[동] 언급하다, 연관되다 call, be known

Nuclear weapons are **referred** to as a threat to the entire human race.
핵무기는 전 인류에의 위협이라고도 언급된다.

기출 Collocations
be referred to ~로 언급되다, ~에 관련되다
be referred to as ~로 불리다, 여겨지다
referred pain 관련통, 연관통(실제 환부와 떨어진 부분에서 느껴지는 통증)

★★
obey

ə(ʊ)'beɪ
오베이

obedient [형] 말을 잘 듣는, 복종하는

[동] 복종하다, 따르다 follow

Sea captains need to **obey** international regulations during navigation.
선장은 항해 중에 국제 규정을 따라야 한다.

기출 Collocations
obey regulations 규칙을 따르다, 법규를 준수하다

★★★
possess

pə'zɛs
포제쓰

possession [명] 소유, 소지품

[동] 소유하다 own

Within a few years, robots will **possess** lifelike human characteristics and be employed in several hospitality industries.
몇 년 내로, 로봇이 실제 인간과 똑같은 특성을 갖게 될 것이고 여러 접객업계에서 고용될 것이다.

★★★
ordinary

ˈɔːdɪn(ə)ri
오-드너리

extraordinary ⓐ 기이한, 특별한

ordinary people

ⓐ 보통의, 일상적인   **standard, normal**

The amazing rescue at Dunkirk was done by **ordinary** people acting bravely in extraordinary times.
덩케르크에서 있었던 놀라운 구출 작전은 특별한 시기에 용감하게 행동했던 보통 사람들에 의해 이루어진 것이었다.

빅데이터가 알려주는 출제포인트

정답근거 문장에 자주 등장하는 어휘로, 의미적으로 다음 어휘들과 연결 시킬 수 있어야 한다.
▸ predictable 예측할 수 있는
▸ conventional 관습적인

★★★
prompt

prɒm(p)t
프롬프ㅌ

promptly ⓐ 지체 없이

ⓐ 즉각적인   **immediate**

Customers are offered incentives to encourage **prompt** payment of monthly utility bills.
월간 공과금의 즉각적인 납부를 장려하기 위해 고객들에게 우대 정책이 제공되고 있다.

기출 Collocations

prompt changes 빠른 변화
prompt attention 즉각적인 조치
prompt payment 즉시 지불

ⓥ (행동을) 촉발하다, 부추기다

The rising number of road accidents **prompted** the government to reduce the speed limit on highways.
증가하고 있는 교통사고 건수는 정부가 고속도로의 제한 속도를 낮추도록 부추겼다.

ⓝ (대사를 일러주는) 말

Some stage actors require a **prompt** from the director when they forget their lines.
일부 연극 배우들은 대사를 잊어버렸을 때 연출자가 일러주는 대사를 필요로 한다.

accuse

əˈkjuːz
어**큐**우-즈

ⓥ 비난하다

The electronics company was **accused** of exploiting its factory workers.

그 전자제품 회사는 공장 직원들을 착취한 것으로 고소당했다.

기출 Collocations
be accused of ~으로 비난받다, 고발되다

---

invasion

ɪnˈveɪʒ(ə)n
인**V에**이젼

invade ⓥ 침략하다
invasive ⓐ 침습성의, 외과적인

ⓝ 침략, 쇄도

The economic crash resulted in an **invasion** of young adults into the army.

경기 침체로 인해 군대로의 청년층 쇄도라는 결과가 발생했다.

---

refuse

rɪˈfjuːz
리**f유**-즈

refusal ⓝ 거부, 거절

ⓥ 거부하다, 거절하다   reject

With some exceptions, people have the right to **refuse** medical treatment.

몇몇 예외가 있기는 하지만, 사람들은 의료 치료를 거부할 권리가 있다.

기출 Collocations
refuse to do ~하기를 거부하다

---

so that

səʊ ðæt
쏘 데엘

ⓒ ~하도록

Activities will not commence until after lunch **so that** guests have time to get settled into their rooms.

손님들이 각자의 객실에 자리 잡을 시간을 가질 수 있도록 점심 식사 이후에나 활동을 시작할 것이다.

빅데이터가 알려주는 출제포인트

인과 관계를 뜻하는 접속사로, 해석할 때 앞 내용을 원인, 뒤에 나온 내용을 결과라고 이해하면 된다.

한편, 예문에 사용된 not ~ until after는 하나의 표현으로 알아두는 것이 독해 시간 절약에 유리하다.
▸ not ~ until after 이후에나 비로소 ~하다

Quick Review

단어와 그에 알맞은 뜻을 연결해 보세요.

1.	obey	①	파충류
2.	accuse	②	왜곡된
3.	reptile	③	타협하다, (원칙 등을) 양보하다, 위태롭게 하다
4.	distorted	④	복종하다, 따르다
5.	invasion	⑤	뚜렷한, 표시되어 있는
6.	marked	⑥	비난하다
7.	concrete	⑦	침략, 쇄도
8.	command	⑧	폭로, 드러냄
9.	compromise	⑨	차지하다
10.	revelation	⑩	구체적인, 콘크리트로 된

단어와 그에 알맞은 유의어를 연결해 보세요.

11.	properly	⑪	standard
12.	loan	⑫	significant
13.	envy	⑬	reject
14.	extremely	⑭	very
15.	possess	⑮	immediate
16.	ordinary	⑯	correctly
17.	avoid	⑰	jealousy
18.	prompt	⑱	debt
19.	refuse	⑲	prevent
20.	considerable	⑳	own

Day 12

Listening & Reading

정답

1. ④ 2. ⑥ 3. ① 4. ② 5. ⑦ 6. ⑤ 7. ⑩ 8. ⑨ 9. ③ 10. ⑧
11. ⑯ 12. ⑱ 13. ⑰ 14. ⑭ 15. ⑳ 16. ⑪ 17. ⑲ 18. ⑮ 19. ⑬ 20. ⑫

Collocations for Writing & Speaking

Job/Work

achieve one's goal
목표를 달성하다

I desperately want to succeed in my career and am willing to put in extra effort to **achieve my goals**.

나는 내 커리어에서 성공하길 간절히 원하기에 목표를 달성하기 위해 더 많은 노력을 기울일 것이다.

business owner
사업체 주인, 기업 소유주

Small **business owners** face challenges such as obtaining funding to grow their businesses.

작은 사업체 주인들은 비즈니스 성장을 위한 자금 확보와 같은 어려움에 직면해 있다.

for the best
(장래에) 가장 좋은 방향으로, 최선인

Despite many challenges, changing careers can be **for the best**, leading to professional fulfillment and satisfaction.

많은 어려움에도 불구하고, 진로를 바꾸는 것은 직업적 성취감과 만족감을 얻을 수 있는 최선이 될 수 있다.

full-time position

정규직

= full-time job

After completing her degree, she secured a **full-time position** with a reputable company in her field.
학위를 마친 후, 그녀는 자신의 분야에서 평판이 좋은 회사에 정규직 자리를 확보했다.

[반의어] part-time position 아르바이트

job satisfaction

직업 만족(도)

For many, finding a job that aligns with their passions is crucial for long-term **job satisfaction**.
많은 사람들에게 자신의 열정에 맞는 직업을 찾는 것은 장기적인 직업 만족도를 위해 매우 중요하다.

job seeker

구직자

= jobseeker

Job seekers often question whether it is better to work for a large or a small company.
구직자들은 큰 기업과 작은 기업 중 어느 쪽이 더 나은지 고민하는 경우가 많다.

labour market

노동 시장

Fluctuations in the **labour market** can impact job availability and wage levels.

노동 시장의 변동은 일자리 가용성과 임금 수준에 영향을 미칠 수 있다.

미국식 labor market

office worker

사무직 근로자

With the increase of companies that offer remote work, some Korean **office workers** are experiencing shifts in traditional work practices.

원격 근무를 제공하는 회사가 늘면서, 일부 한국 사무직 근로자들은 전통적인 업무 방식에서 변화를 경험하고 있다.

on a business trip

출장으로, 출장 중인

Five years ago, I visited London **on a business trip**.

5년 전, 런던에 출장으로 방문했다.

on the side

부업으로

Aside from his teaching career, my father also delivers food **on the side** to earn extra money for our family.

가르치는 일 외에도, 아버지는 부업으로 음식을 배달하시면서 우리 가족을 위해 가욋돈을 버신다.

physical work

육체 노동, 육체적 일

Some individuals prefer jobs that involve **physical work**, appreciating the opportunity for hands-on activities and tangible results.

어떤 사람들은 육체 노동이 수반되는 직업을 선호하는데, 실무 활동의 기회와 가시적인 결과를 높이 평가한다.

remote work

원격 근무

Some benefits of **remote work** include increased productivity and improved work-life balance for employees.

원격 근무의 몇 가지 이점은 생산성 향상과 직원들의 일과 삶의 개선된 균형을 포함한다.

비교 work from home 재택근무(하다)

wear different hats

여러 역할을 맡다

In small companies, you need to **wear different hats**, which helps you develop a range of skills that might not be possible in a larger company.

작은 회사에서, 당신은 여러 역할을 맡아야 하는데, 이는 큰 회사에서는 불가능할 수도 있는 다양한 기술들을 개발하는 데 도움이 된다.

work environment

근무 환경, 업무 환경

Companies often invest in creating a healthy **work environment** to boost productivity and employee satisfaction.

기업들은 생산성과 직원 만족도를 높이기 위해 건강한 근무 환경을 조성하는 데 종종 투자한다.

work-life balance

워라밸, 일과 삶의 균형

Many job seekers prioritise factors like **work-life balance** and career development.

많은 구직자가 워라밸과 경력 개발 같은 요소를 우선시한다.

빈칸에 알맞은 콜로케이션을 선택해 보세요.

① remote work	⑤ wear different hats
② physical work	⑥ labour market
③ on the side	⑦ full-time position
④ on a business trip	

1. Aside from his teaching career, my father also delivers food
   _____ to earn extra money for our family.
   가르치는 일 외에도, 아버지는 부업으로 음식을 배달하시면서 우리 가족을 위해 가욋돈을 버신다.

2. In small companies, you need to _____, which helps you
   develop a range of skills that might not be possible in a larger company.
   작은 회사에서, 당신은 여러 역할을 맡아야 하는데, 이는 큰 회사에서는 불가능할 수도 있는 다양한 기술들
   을 개발하는 데 도움이 된다.

3. Some benefits of _____ include increased productivity
   and improved work-life balance for employees.
   원격 근무의 몇 가지 이점은 생산성 향상과 직원들의 일과 삶의 개선된 균형을 포함한다.

4. Some individuals prefer jobs that involve _____,
   appreciating the opportunity for hands-on activities and the tangible
   results.
   어떤 사람들은 육체 노동이 수반되는 직업을 선호하는데, 실무 활동의 기회와 가시적인 결과를 높이 평가
   한다.

5. Five years ago, I visited London _____ .
   5년 전, 런던에 출장으로 방문했다.

6. Fluctuations in the _____ can impact job availability
   and wage levels.
   노동 시장의 변동은 일자리 가용성과 임금 수준에 영향을 미칠 수 있다.

7. After completing her degree, she secured a _____ with
   a reputable company in her field.
   학위를 마친 후, 그녀는 자신의 분야에서 평판이 좋은 회사에 정규직 자리를 확보했다.

정답

1. ③ 2. ⑤ 3. ① 4. ② 5. ④ 6. ⑥ 7. ⑦

Day
12

Writing & Speaking

아이엘츠가 좋아하는
다품사 어휘

☐ **profit** 이익(을 주다)
'prɒfɪt
프로 f잇트

☐ **compliment** 칭찬(하다)
'kɒmplɪm(ə)nt
컴플리먼트

☐ **abuse** 남용(하다)
ə'bju:z
어뷰-즈

☐ **decay** 부패(하다)
dɪ'keɪ
디케이

☐ **premiere** 개봉(하다), 초
'prɛmɪɛ: 연(하다)
프레미어-

☐ **rescue** 구조(하다)
'rɛskju:
레스큐-

☐ **leak** 누설(하다)
li:k
리-크

☐ **fume** 연기(를 내뿜다)
fju:m
f유우-움

☐ **trigger** 촉발(시키다)
'trɪgə
트리거

☐ **dispute** 논쟁(하다),
dɪ'spju:t 반박(하다)
디스퓨-트

☐ **retail** 소매(로 납품하
'ri:teɪl 다)
리-테일

☐ **peril** 위험(에 빠뜨리
'pɛrɪl 다)
페릴

☐ **trick** 속임수(를 쓰다)
trɪk
트릭

☐ **portrait** 묘사, 세로의
'pɔ:treɪt
포오-트레이트

☐ **spare** 여분(의)
spɛ:
스페-어

☐ **surplus** 과잉(의)
'sə:pləs
써-플러스

☐ **solitary** 혼자 하는, 혼자
'sɒlɪt(ə)ri 사는 사람
쏠리터리

☐ **illiterate** 문맹의, 문맹자
ɪ'lɪt(ə)rət
일리터러트

☐ **probe** 살피다, 무인 우
prəʊb 주 탐사선
프러우브

☐ **upset** 화가 난, 화나게
동형 ʌp'sɛt 하다
업셑트

DAY
13

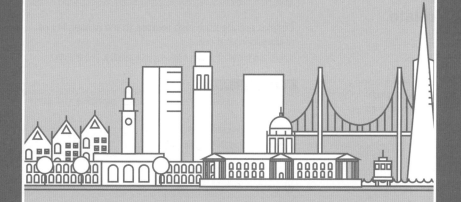

Listening
Reading

Writing
Speaking

★★
authentic
ɔːˈθɛntɪk
오-**th**엔틱
authenticity [명] 정통

[형] **정통의, 진품인**

Chef Ramirez cooks in the **authentic** style he learned from his grandmother.
요리사 라미레즈 씨는 할머니로부터 배운 정통의 방식으로 요리한다.

빅데이터가 알려주는 출제포인트
'진짜와 똑같이 만든'이라는 의미로도 아이엘츠에서 출제되고 있다.

★
carved
kɑːvd
카-V으드
carving [명] 조각품, 새긴 무늬, 조각술

[형] **조각된**

The north-facing wall features several **carved** images depicting characters from Greek mythology.
북쪽을 향해 있는 벽은 그리스 신화의 인물들을 묘사하기 위해 조각된 여러 가지 이미지들을 특징으로 한다.

★★★
relate
rəˈleɪt
릴**레**이트
relatively [부] 비교적으로
related [형] 관련된
unrelate [동] 관계를 끊다

[동] **관련되어 있다** reflect, concern, associate

Distinct architecture also **relates** to the availability of materials in that era.
독특한 건축양식은 그 시대에 이용 가능했던 자재와도 관련되어 있다.

빅데이터가 알려주는 출제포인트
분사형용사인 related는 다음 collocation으로 아이엘츠에 자주 등장한다.
▸age-related 나이와 관련된
▸work-related 일과 관련된

★
rodent
ˈrəʊd(ə)nt
로오던트

[명] **설치류**

The restaurant was forced to close after the health inspector discovered **rodents** in the food storage area.
그 레스토랑은 위생 점검관이 식품 보관 구역에서 설치류를 발견한 뒤로 문을 닫을 수 밖에 없었다.

빅데이터가 알려주는 출제포인트
설치류란 앞니가 위아래 한쌍인 쥐목으로 일생동안 자라는 앞니 때문에 물건을 갉는 행동을 가지는 포유류이며, 다람쥐(squirrel), 쥐(rat, mouse), 햄스터(hamster) 등이 해당된다.

★★★

alter

ˈɔːltə
올-터

alteration [명] 변화, 개조, 고침
altered [형] 바뀐

[동] **바꾸다** change

The president's advisors hoped that his speech would **alter** public opinion about the tax increases.
대통령의 보좌관들은 그의 연설이 세금 인상에 대한 여론을 바꾸기를 바랐다.

기출 Collocations
alter drastically 과감하게 바꾸다
alter fundamental procedures 근본적인 절차를 바꾸다
alter one's viewpoint ~의 관점을 바꾸다

★★★

individual

ɪndɪˈvɪdʒʊ(ə)l
인디V이쥬얼

individually [부] 개별적으로, 각각 따로

[형] **각각의** separate

Over ten years, the research team made more than 200 **individual** journeys to the summit.
10년 동안에 걸쳐, 그 조사팀은 산꼭대기까지 200회가 넘는 각각의 여행을 했다.

[형] **개인의** personal, private

Strength training exercises may be altered to suit **individual** preferences.
근력 강화 운동은 개인의 선호도에 맞춰 변경될 수 있다.

빅데이터가 알려주는 출제포인트
명사로도 사용되는 단어로, '개인'을 뜻한다.
▸ individuals and groups 개인과 집단

★

outrageous

aʊtˈreɪdʒəs
아웃뤠이지스

outrageously [부] 터무니 없이

[형] **너무나도 별난, 충격적인**

Jean-Paul Gaultier's **outrageous** designs shocked many of those who attended his fashion shows.
장 폴 고띠에의 너무나도 별난 디자인은 그의 패션 쇼에 참석한 많은 사람들을 깜짝 놀라게 했다.

★★★

intensive

ɪnˈtɛnsɪv
인텐씨V으

intensively [부] 집중적으로

[형] **집중적인**

New recruits to the military must go through six weeks of **intensive** training.
군대의 새로운 군인들은 6주 간의 집중적인 훈련을 거쳐야만 한다.

기출 Collocations
labour intensive tasks 노동 집약형 작업(인력이 많이 소요되는 작업)

★★
occupy

ˈɒkjʊpʌɪ
오큐파이

occupancy [명] 사용

[동] **차지하다**

The largest unit in the mall is **occupied** by Derringer Department Store, which was established in 2010.
그 쇼핑몰에서 가장 넓은 매장 공간은 2010년에 설립된 데린저 백화점이 차지하고 있다.

[동] **~를 바쁘게 하다**

Medical practices often provide a selection of magazines and toys so that patients and children are **occupied** while waiting to see a doctor.
병원은 보통 의사에게 진찰 받기를 기다리는 동안 환자와 아이들을 무료하지 않게 만들어 주는 다양한 잡지와 장난감을 제공한다.

영국식 vs. 미국식

/o/발음을 주로 영국에서는 /오/, 미국에서는 /아/라고 발음하기에 영국은 /오큐파이/, 미국은 /아큐파이/라고 발음한다.

★★
probable

ˈprɒbəb(ə)l
프**로**바블

improbable [형] 있을 것 같지 않은, 별난

[형] **가능한** likely

Although outbreaks of the Ebola virus disease are rarely seen outside of Africa, it is **probable** that some cases will occur due to an increase in global travel.
에볼라 바이러스 질병의 발생이 아프리카 외의 지역에서는 좀처럼 나타나지 않고 있지만, 해외 여행의 증가로 인해 일부 사례가 발생되는 것이 가능하다.

기출 Collocations
it is probable that ~하는 것은 가능하다, ~할 것 같다

★★★
fertile

ˈfəːtʌɪl
f어-타일

infertile [형] 불모의

[형] **비옥한**

The land in the river valley was **fertile**, so many farmers moved to the region.
강 계곡의 땅은 비옥하였고, 그래서 많은 농부들이 그 지역으로 이동했다.

기출 Collocations
a fertile land 비옥한 지역

영국식 vs. 미국식

형용사 접미어 /-ile/를 영국은 /–아일/, 미국은 /–을/로 발음하기에, 영국은 /f어어–타일/, 미국은 /f어어–를/이라고 한다.

★★
apprentice

ə'prɛntɪs
어프**렌**티스

apprenticeship [명] 수습 기간, 수습직

[명] **수습 사원** trainee, probationer

Students in the professional course will work as an **apprentice** for two years alongside the completion of their coursework.
전문 과정의 학생들은 학업 과정의 이수와 함께 2년 동안 수습 사원으로 근무할 것이다.

★★★
significant

sɪg'nɪfɪk(ə)nt
씨그**니**f이컨트

significance [명] 중요성, 의의
significantly [부] 중요하게

[형] **상당한, 중요한** important, major, profound

A consumer study found that the brand of motor oil had a **significant** effect on the lifespan of an engine.
소비자 연구는 엔진 오일 브랜드가 엔진 수명에 상당한 영향을 미친다고 밝혔다.

★★★
settle

'sɛt(ə)l
쎄틀

settlement [명] 합의, 해결
settler [명] 정착민

[동] **정착하다** populate

The pioneers decided to **settle** on the plains for their fertile soil.
그 개척자들은 비옥한 토양 때문에 평원 지역에 정착하기로 결정했다.

기출 Collocations
be settled in ~에 적응하다

[동] **해결하다** solve

Most office managers undergo training on how to **settle** disputes between staff members.
대부분의 사무실 관리자들은 직원들 사이에서 발생되는 논쟁을 해결하는 법에 대한 교육 과정을 거친다.

[동] **지불하다** pay

When checking out, hotel guests are asked to **settle** bills for room service and minibar items.
체크아웃할 때, 호텔 고객들은 룸 서비스와 미니바 물품에 대한 청구 비용을 지불하도록 요청 받는다.

★★★
mundane

mʌnˈdeɪn
먼**데**인

[형] **평범한, 일상적인**

Even the most **mundane** home repairs can save thousands of euros by preventing further problems.
심지어 가장 평범한 집 수리가 추후의 문제들을 예방함으로써 수천 유로를 절약시킬 수도 있다.

★★★
appointment

əˈpɔɪntm(ə)nt
어**포**인ㅌ먼트

appoint [동] 임명하다, 지정하다

[명] **예약, 약속** meeting, arrangement

We recommend scheduling an **appointment** at least six months in advance.
저희는 최소 6개월 전에 미리 예약 일정을 잡는 것을 권장합니다.

기출 Collocations
make an appointment 약속하다, 임명하다

빅데이터가 알려주는 출제포인트
반대를 뜻하는 접두어 dis가 있다고 해서 disappointment를 appointment의 반의어라고 추측하면 안된다. 이 단어는 전혀 다른 뜻인 '실망'이라는 의미를 가지고 있으며 concern(우려)과 서로 패러프레이징될 수 있다.

[명] **임명**

The new CEO will review the current management staff and make **appointments** for executive positions by next month.
새로운 대표이사는 현 관리직원들을 평가하여 다음달까지 임원진을 임명할 것이다.

★★
largely

ˈlɑːdʒli
라아-질리

[부] **주로, 크게** mostly, mainly

In the end, the Tech-7 Expo was a financial disaster, which was **largely** because the event organisers misled investors about the show's expected earnings.
결국 테크7 박람회는 재정적인 재앙이었는데 그 이유는 주로 행사 주최자가 투자자들에게 그 박람회의 예상 수익에 대해 잘못 알려주었기 때문이다.

기출 Collocations
largely due to 주로 ~때문에

빅데이터가 알려주는 출제포인트
기본형인 large는 형용사로도, 부사로도 사용된다. 부사일 때 의미는 '크게'로, largely와 구분해야 한다. 예를 들어, "꿈을 크게 꿔라."를 표현할 때는 large를 쓰는 것이 적합하다.
▸Dream large! (O)
▸Dream largely! (X)

★★

revise

rɪ'vʌɪz
리**V아**이즈

revision [명] 수정, 수정한 것

[동] **수정하다, 변경하다** amend

The publisher asked the writer to **revise** the ending of his novel.
출판사에서 그 작가에게 소설의 결말을 수정하도록 요청했다.

기출 Collocations
revise one's opinion 의견을 바꾸다

★

catastrophic

katə'strɒfɪk
카타스트**러**f이익

catastrophe [명] 참사, 재앙, 곤란

[형] **큰 재앙의, 최악의**

The new tariffs could have a **catastrophic** effect on Japan's fishing industry.
새로운 관세가 일본의 어업계에 재앙적인 수준의 영향을 미칠 수도 있다.

빅데이터가 알려주는 출제포인트

엄청나게 안 좋은 사건을 표현할 때 catastrophic을 사용하는데, 비슷한 의미로 아이엘츠에서 자주 쓰이는 단어들은 다음과 같다.
▹disastrous 처참한
▹calamitous 재앙을 초래하는

어원을 알면 더 쉽다!

cata(아래) + stroph(전환) + ic(형용사형 어미)가 결합되어 아래로 꺼지는 '갑작스러운 전환인, 재앙의'이라는 의미가 되었다.

★★★

afraid

ə'freɪd
어f으**뤠**이드

[형] **걱정하는, 두려워하는** frightened

The actor's unpredictable behaviour made his manager **afraid** to have him appear on live stages.
그 배우의 예측할 수 없는 행동은 그의 매니저가 그를 라이브 무대에 출연시키는 것을 걱정하게 만들었다.

기출 Collocations
be afraid of ~을 두려워하다
be afraid to do ~하는 것을 두려워하다

Day 13 Listening & Reading

★

plough

plaʊ

플라우

명 쟁기

The invention of the **plough** allowed European farmers to grow crops in areas that had fertile but thick clay soil.

쟁기의 발명은 유럽의 농부들이 비옥하지만 질퍽한 진흙 토양으로 된 지역에서 곡물을 기를 수 있게 해주었다.

동 (어려움이 있음에도) 계속하다

Tech companies **plough** ahead with releasing new models of their products, even if they aren't that much better than previous ones.

기존의 것들보다 훨씬 더 낫지 않더라도, 전자기술 회사들은 제품의 새로운 모델들을 출시하는 것을 계속 진행한다.

기출 Collocations
plough ahead with 계속 진행하다
ploughed areas 개간 지역

빅데이터가 알려주는 출제포인트

기본적인 동사의 뜻은 밭에 씨를 뿌리기 전에 쟁기로 땅을 '경작하다'이다. 이 의미가 확대되어, 힘들게 시간과 노력을 들여서 '진행하다', 어려움이 있음에도 '계속하다'라는 뜻으로 확대되었다. 아이엘츠에서는 두 가지 뜻이 모두 출제되고 있다.

참고로 '경작하다'라는 의미일 때 cultivate로 패러프레이징될 수 있다.

영국식 vs. 미국식

주로 영국에서는 plough, 미국에서는 plow로 쓴다.

★★

substance

ˈsʌbst(ə)ns

썹스턴스

명 물질

When attacked, an octopus squirts ink and releases a **substance** that dulls the attacker's sense of smell.

공격을 당했을 때, 문어는 먹물을 내뿜고 공격자의 후각을 둔하게 만드는 물질을 방출한다.

★★

drought

draʊt

드라우트

명 가뭄

Efficient irrigation systems have helped protect residents around the Mekong River from frequent flooding and **drought**.

효율적인 관개 시스템이 잦은 홍수와 가뭄으로부터 메콩강 주변의 주민들을 보호하는 데 도움이 되었다.

기출 Collocations
flooding and drought 홍수와 가뭄
harsh drought cycles 혹독한 가뭄 주기

★

insular

ˈɪnsjʊlə
인쓸라

insularity [명] 섬나라 근성, 편협

[형] 섬의, 섬과 관련된

The travel magazine selects the top five remote and **insular** destinations every year.
그 잡지는 외딴 곳에 있고 섬으로 된 상위 다섯 개의 여행지를 매년 선정한다.

기출 Collocations
insular areas 섬부분, 섬 영역

빅데이터가 알려주는 출제포인트
섬이 고립된 지역이므로, '배타적인, 편협한'이라는 확장된 의미도 갖는다. 그래서 insular views는 '편협한 관점', linguistic insularity는 '언어적 배타성'이라고 해석하면 된다.

★★

consistent

kənˈsɪst(ə)nt
컨**씨**스턴트

consistency [명] 일관성
consistently [부] 지속적으로
inconsistent [형] 모순되는

[형] 일관된 — steady, constant

A common feature among top tech companies is that they are **consistent** in releasing high-quality products.
상위 기술 회사들의 공통적인 특징은 고품질의 제품을 출시하는 것에 일관적이라는 것이다.

기출 Collocations
consistent quality 일관된 품질

[형] 일치하는 — fit

Many of Piaget's findings were **consistent** with Freud's theory of cognitive development.
피아제의 많은 연구 결과물들은 프로이드의 인지 발달 이론과 일치했다.

★★

profitable

ˈprɒfɪtəb(ə)l
프**로**f이잇터블

profit [명] 이익, 수익, 이윤
[동] 이득을 얻다, 이익을 주다

[형] 수익성이 좋은

The small sandwich shop was developed into a highly **profitable** restaurant franchise.
그 소규모의 샌드위치 매장은 매우 수익성이 좋은 레스토랑 가맹으로 발전되었다.

기출 Collocations
highly/less profitable 매우 수익성이 좋은/수익성이 떨어지는

★★★

depiction

dɪˈpɪkʃn
디**픽**션

depict [동] 그리다, 묘사하다

[명] (말이나 그림으로 된) 묘사 — portrait

Some Mayan sculptures and paintings are rumoured to be **depictions** of extraterrestrial beings.
마야 족의 일부 조각상과 그림들은 외계 생물체에 대한 묘사라는 소문이 있다.

incongruity

ˌɪnkɒŋˈgruːɪti
인컨그루-이티

incongruous ⓐ 어울리지 않는

ⓝ 부적합, 부조화　　　inappropriateness, incompatibility

Fans of the series posted on the Internet to share their displeasure over the adapted film's obvious **incongruities**.

그 시리즈의 팬들은 각색 영화의 명백한 부조화에 대한 불만을 공유하기 위해 인터넷에 글을 게시했다.

기출 Collocations
critical incongruities 결정적인 모순

어원을 알면 더 쉽다!
in(부정) + congruity(조화, 적합, 일치)가 결합되어 '부조화, 부적합, 불일치'의 의미가 되었다.

---

distressing

dɪˈstrɛsɪŋ
디스트뤠씽

ⓐ 괴로움을 주는, 비참한　　　unpleasant, painful

The current generation's disinterest in the performing arts is **distressing** to those trying to keep theatre relevant.

무대 공연에 대한 현 세대의 무관심은 연극을 의미있게 만드려는 이들에게 괴로움을 주고 있다.

---

strand

strand
스트렌드

ⓥ 오도 가지도 못하게 하다, 꼼짝 못하게 하다

On average, around 300 whales and dolphins are **stranded** on New Zealand's beaches every year.

평균적으로 300마리 정도의 고래와 돌고래가 매년 뉴질랜드의 해변으로 밀려와 오도 가지도 못하게 된다.

기출 Collocations
be stranded on the shore 해변가로 밀려와 오도 가지도 못하게 되다

빅데이터가 알려주는 출제포인트
돌고래와 고래가 해변가로 밀려와 다시 돌아가지 못하고 죽게 되는 일이 많은데 이는 아이엘츠 빈출 주제이기도 하다. 다음 용어를 알아두자.
▸mass strandings 해변가에서의 고래 집단 죽음

ⓝ 가닥, 분야

As humans age, most will begin to notice the appearance of grey **strands** of hair and facial wrinkles.

나이가 들어감에 따라, 대부분의 사람들은 흰 머리카락과 얼굴 주름이 나타남을 인식하기 시작한다.

기출 Collocations
politics as a major strand 하나의 분야로서의 정치학

Quick Review

단어와 그에 알맞은 뜻을 연결해 보세요.

1. authentic	① 각각의, 개인의
2. appointment	② 예약, 약속, 임명
3. fertile	③ 정착하다, 해결하다, 지불하다
4. rodent	④ 평범한, 일상적인
5. mundane	⑤ 관련되어 있다
6. settle	⑥ 정통의, 진품인
7. plough	⑦ 설치류
8. substance	⑧ 물질
9. relate	⑨ 쟁기, (어려움이 있음에도) 계속하다
10. individual	⑩ 비옥한

단어와 그에 알맞은 유의어를 연결해 보세요.

11. consistent	⑪ change
12. probable	⑫ unpleasant
13. apprentice	⑬ important
14. largely	⑭ portrait
15. distressing	⑮ amend
16. depiction	⑯ steady
17. revise	⑰ likely
18. alter	⑱ frightened
19. significant	⑲ trainee
20. afraid	⑳ mostly

[정답]

1. ⑥ 2. ② 3. ⑩ 4. ⑦ 5. ④ 6. ③ 7. ⑨ 8. ⑧ 9. ⑤ 10. ①
11. ⑯ 12. ⑰ 13. ⑲ 14. ⑳ 15. ⑫ 16. ⑭ 17. ⑮ 18. ⑪ 19. ⑬ 20. ⑱

Collocations for Writing & Speaking

 **Generation/Time**

ageing population
고령화 인구, 인구 고령화

It is true that an **ageing population** poses challenges for healthcare and social services.
인구 고령화가 의료 및 사회 복지에 도전 과제를 안겨주는 것은 사실이다.

birth rate
출산율

Low **birth rates** have both pros and cons for our society.
저출산율은 우리 사회에 장단점을 모두 가지고 있다.

elderly person
노인

The community centre provides several programmes for **elderly people** to enhance their well-being.
주민센터는 노인들의 복지 증진을 위한 여러 프로그램을 제공한다.

비교 old 보다 공손한 표현

hereditary influences
유전적 영향

Hereditary influences play a significant role in shaping various aspects of an individual's characteristics.
유전적 영향은 개인 특성의 다양한 측면을 형성하는 데 중요한 역할을 한다.

in time
늦지 않게

Despite the unexpected delays, we completed the project **in time** for the important deadline.
예상치 못한 지연에도 불구하고, 우리는 중요한 마감일에 늦지 않게 프로젝트를 끝마쳤다.

비교 on time 제시간에

make it to
~에 맞춰 도착하다, 제때 도착하다

Despite the heavy traffic, we managed to **make it to** the airport just in time for our flight.
교통 체증에도 불구하고, 우리는 비행 시간에 맞춰 공항에 도착할 수 있었다.

활용법 Speaking 또는 General Training Writing의 Informal letter에서 사용

Day
13

Writing & Speaking

meet a deadline

마감일을 맞추다

It is crucial to establish a realistic timeline and allocate resources effectively to **meet a deadline**.

마감일을 맞추기 위해서 현실적인 일정을 세우고 자원을 효과적으로 할당하는 것이 중요하다.

military service

군 복무

Every Korean man above the age of 20 is required to undergo a physical examination for **military service**.

20세 이상의 모든 한국인 남성은 군 복무를 위해 신체 검사를 받아야 한다.

minimum age

최소 연령

Many online platforms enforce a **minimum age** to comply with regulations regarding age-appropriate content.

많은 온라인 플랫폼이 연령에 적합한 콘텐츠에 관한 규정을 준수하기 위해 최소 연령을 설정하고 있다.

유의어 age limit 연령 제한

run out of time

시간이 없다

We were **running out of time** to make it to the concert, so we decided to take a taxi.

우리는 콘서트에 제때 도착할 시간이 없었기에, 택시를 타기로 결정했다.

활용법 Speaking 또는 General Training Writing의 Informal letter에서 사용

sufficient amount

충분한 양

Meeting a project deadline requires careful planning and allocating a **sufficient amount** of time to each phase of the project.

프로젝트 마감일을 맞추려면 신중한 계획을 세우고 프로젝트의 각 단계에 충분한 양의 시간을 할애해야 한다.

the communication gap

소통의 격차

The communication gap between generations may not solely be due to differences in values.

세대 간 소통의 격차는 단순히 가치관의 차이 때문만은 아닐 수 있다.

활용법 Speaking 또는 General Training Writing의 Informal letter에서 사용

Day
13

Writing & Speaking

the generation gap 세대 차이, 세대 간 격차

The generation gap is evident in differing attitudes towards technology, with younger generations being more open to innovation compared to elderly people.

기술에 대해 서로 다른 태도에서 세대 간 격차가 뚜렷한데, 젊은 세대들은 노인들에 비해 혁신에 대해 더 개방적이다.

waste of time 시간 낭비

Spending hours on social media is a **waste of time** that could be better spent on productive activities.

소셜 미디어에 시간을 보내는 것은 생산적인 활동에 더 잘 사용할 수도 있는 시간의 낭비다.

youth crime 미성년 범죄

Community programmes and mentorship initiatives aim to reduce **youth crime** and provide support for at-risk adolescents.

커뮤니티 프로그램과 멘토링 계획은 미성년 범죄를 줄이고 위험에 처한 청소년을 지원하는 것을 목표로 한다.

유의 juvenile delinquency (법적 용어로) 미성년 범죄

📵 빈칸에 알맞은 콜로케이션을 선택해 보세요.

① waste of time	⑤ meet a deadline
② elderly people	⑥ make it to
③ ageing population	⑦ in time
④ running out of time	

1. Despite the heavy traffic, we managed to _____ the airport just in time for our flight.

   교통 체증에도 불구하고, 우리는 비행 시간에 맞춰 공항에 도착할 수 있었다.

2. It is crucial to establish a realistic timeline and allocate resources effectively to _____ .

   마감일을 맞추기 위해서 현실적인 일정을 세우고 자원을 효과적으로 할당하는 것이 중요하다.

3. We were _____ to make it to the concert, so we decided to take a taxi.

   우리는 콘서트에 제때 도착할 시간이 없었기에, 택시를 타기로 결정했다.

4. Despite the unexpected delays, we completed the project _____ for the important deadline.

   예상치 못한 지연에도 불구하고, 우리는 중요한 마감일에 늦지 않게 프로젝트를 끝마쳤다.

5. Spending hours on social media is a _____ that could be better spent on productive activities.

   소셜 미디어에 시간을 보내는 것은 생산적인 활동에 더 잘 사용할 수도 있는 시간의 낭비다.

6. It is true that an _____ poses challenges for healthcare and social services.

   인구 고령화가 의료 및 사회 복지에 도전 과제를 안겨주는 것은 사실이다.

7. The community centre provides several programmes for _____ to enhance their well-being.

   주민센터는 노인들의 복지 증진을 위한 여러 프로그램을 제공한다.

정답

1. ⑥ 2. ⑤ 3. ④ 4. ⑦ 5. ① 6. ③ 7. ②

Day 13

Writing & Speaking

Vocabulary Expansion

아이엘츠가 좋아하는
부사

☐ **calmly**
'kɑ:mli
카-암리
침착하게

☐ **erratically**
ɪˈratɪkli
이레티클리
괴상하게

☐ **roughly**
'rʌfli
라f을리
대략

☐ **fairly**
'fɛ:li
f에얼-리
상당히, 꽤

☐ **seldom**
'sɛldəm
쎌덤
거의 ~않는

☐ **door-to-door**
dɔ:-tu:-dɔ:
도오-투-도오-
출발지에서 도착지까지

☐ **steeply**
'sti:pli
스티-플리
가파르게

☐ **approximately**
əˈprɒksɪmətli
어프럭씨멑뜰리
거의

☐ **meticulously**
məˈtɪkjʊləsli
머티큘러쓸리
꼼꼼하게

☐ **forward**
'fɔ:wəd
f오-워드
앞으로

☐ **afterwards**
'ɑ:ftəwədz
아-f으터워즈
나중에

☐ **superficially**
ˌsu:pəˈfɪʃ(ə)li
수-퍼f이셜리
표면적으로

☐ **overseas**
əʊvəˈsi:z
오v어-씨-즈
해외에

☐ **partially**
'pɑːʃ(ə)li
파-셜리
부분적으로

☐ **drastically**
'drastɪkli
드래스티클리
급격히

☐ **accidentally**
aksɪˈdɛnt(ə)li
엑씨덴틀리
우연히

☐ **beforehand**
bɪˈfɔ:hand
비f오핸ㄷ
사전에, 미리

☐ **unpredictably**
ˌʌnprɪˈdɪktəbli
언프레딕터블리
예상치 못하게

☐ **punctually**
'pʌŋ(k)tʃʊəli
펑크츄얼리
시간을 엄수하여

☐ **exceptionally**
ɪkˈsɛpʃ(ə)nəli
익쎕셔널리
유난히

DAY

14

Listening
Reading

Writing
Speaking

★★★

attitude

ˈatɪtjuːd
아티튜-드

ⓝ 태도, 사고방식　　　　　　　　　view

The latest opinion poll indicates a surprising difference between the older and younger generations in their **attitudes** toward gender equality.

최근 여론 조사는 성 평등에 대한 태도에 있어 나이 든 세대와 젊은 세대 간의 놀라운 차이를 시사한다.

기출 Collocations
attitudes to ~에 대한 태도
social attitude 사회적인 의식

★★★

strike

strʌɪk
스트라이크

striking ⓐ 눈에 띄는

ⓥ 감동시키다

The audience was **struck** by the play's realistic portrayal of daily life during the Great Famine in Ireland.

관객들은 아일랜드 대기근 기간 중의 일상 생활에 대한 그 공연의 실제적인 묘사에 감동을 받았다.

ⓝ 파업

The **strike** at the watch factory resulted in an 80 per cent decrease in productivity.

그 시계 공장의 파업은 80%의 생산성 감소라는 결과를 낳았다.

★★

disturb

dɪˈstəːb
디스터-브

disturbance ⓝ 방해, 소란
disturbing ⓐ 충격적인, 불안감을 주는

ⓥ 방해하다　　　　　　　　disrupt, bother

The plant species flourishes in sandy soil with no large rocks that would **disturb** the growth of roots.

그 식물 종은 뿌리의 성장을 방해할 수 있는 큰 돌들이 없는 모래 토양에서 잘 자란다.

★

pervasive

pəˈveɪsɪv
퍼V에이씨v으

pervade ⓥ 만연하다

ⓐ 만연한

The director's influence on modern film is so **pervasive** that viewers don't even notice it anymore.

현대 영화에 대한 그 감독의 영향력이 너무 만연해 있어서 심지어 관객들은 더 이상 그것을 인식하지도 못하고 있다.

---

insect
★★

ˈɪnsɛkt
인쎅트

insecticide 명 살충제

명 곤충

Customs carefully controls the entry of fruit and vegetables into the country because of the risk of introduced **insects**.

세관은 외래 곤충의 위험성으로 인해 과일과 채소의 국내 반입을 신중히 통제하고 있다.

기출 Collocations
insect larvae 곤충의 유충

---

sort
★★★

sɔːt
쏘오-트

명 종류   type, kind, class, category

The interior decorator recommended different **sorts** of materials for the kitchen counter.

실내 장식 전문가는 주방 조리대를 위한 다양한 종류의 자재를 추천했다.

기출 Collocations
a sort of 일종의, ~ 같은 것
all sorts of 모든 종류의, 많은

빅데이터가 알려주는 출제포인트

리스닝에서 특히 자주 등장하는 all sorts of는 '모든 종류'를 뜻하므로 every type과 서로 패러프레이징될 수 있다.

동 분류하다

At some recycling stations, plastics are **sorted** based on their SPI code.

일부 재활용 센터에서는, 플라스틱이 SPI 코드에 따라 분류된다.

기출 Collocations
sort out 정리하다, 분류하다, 해결하다

---

esteem
★★

ɛˈstiːm
이스띠-임

esteemed 형 존경받는, 호평받는
self-esteem 명 자부심

명 존경   respect

Alan Turing was held in high **esteem** by his peers at the National Physical Laboratory.

앨런 튜링은 국립 물리학 연구소의 동료들로부터 높이 존경 받았다.

기출 Collocations
be held in esteem 존경 받다

빅데이터가 알려주는 출제포인트

동사로도 사용되는 단어로 '존경하다'의 의미를 갖는다.

★★

opt

ɒpt

옵트

option ⑨ 선택(할 수 있는 것)

⑧ 선택하다

choose, select

Some of the more adventurous travelers chose not to fly and **opted** instead to make the 10-day train journey across the continent.

좀 더 모험을 즐기는 일부 여행객들은 비행기를 타지 않기로 결정하는 대신 대륙을 횡단하는 10일짜리 기차 여행을 하기로 선택했다.

기출 Collocations

opt instead 대신에 ~을 선택하다
opt for ~을 선택하다
opt out ~에서 빠져나오다, 자체 운영하기로 하다

빅데이터가 알려주는 출제포인트

'선택한다'는 것은 의미적으로 다음 어휘들과도 패러프레이징될 수 있다.
▸ like 좋아하다
▸ prefer 선호하다
▸ desire 원하다

★★

pasture

ˈpɑːstʃə

파-스쳐

⑨ 목초지

Settlers moving westward were eager to start farms on the wide **pastures** that spread across the plains.

서쪽으로 이동하는 정착민들은 평원을 가로질러 펼쳐진 넓은 목초지에서 농경을 시작하기를 간절히 바랐다.

★★★

facility

fəˈsɪlɪti

f어씰리티

⑨ 시설

The apartment complex has recreational **facilities**, including a swimming pool and a movie theatre.

그 아파트 단지에는 수영장과 영화관을 포함한 여가 시설들이 있다.

기출 Collocations

leisure facilities 여가 시설
nurture facilities 양육 시설
facility available 이용가능한 시설

★★★
undertake

ʌndəˈteɪk
언더**테**이크

[동] 시작하다, 착수하다

The initial construction work for the new stadium had been **undertaken** by a local company.
새 경기장에 대한 초기 공사 작업이 한 현지 회사에 의해 착수되었다.

★★★
criticise

ˈkrɪtɪsʌɪz
크**리**티싸이즈

criticism [명] 비판, 비평

[동] 비판하다, 비난하다 condemn, blast

The director's latest movie was **criticised** for lacking the powerful performances that characterised his earlier works.
그 감독의 최근 영화는 초기 작품들을 특징지었던 강력한 연기가 부족한 것에 대해 비난받았다.

기출 Collocations
be criticised for ~에 대해 비난받다

★★
criterion

krʌɪˈtɪərɪən
크라이**테**리온

[명] 기준

There is a strict set of **criteria** immigrants must meet in order to secure a valid work visa.
유효한 취업 비자를 얻기 위해 이민자들이 반드시 충족해야 하는 일련의 엄격한 기준이 있다.

기출 Collocations
meet criteria 기준을 충족시키다, 기준에 맞다
criterion for ~을 위한 기준

빅데이터가 알려주는 출제포인트
복수형은 뒤에 -s가 붙는 형태가 아닌 criteria이다. 단수형보다 복수형이 자주 쓰이는 편이므로 알아두어야 한다.

★★
devise

dɪˈvʌɪz
디**V아**이즈

[동] 고안하다 formulate, invent

Community volunteers **devised** a plan to reduce the amount of waste in the river.
지역 사회의 자원 봉사자들이 강의 쓰레기 양을 감소시킬 계획을 고안했다.

★★★
contain

kənˈteɪn
컨**테**인

container [명] 그릇, 용기
containment [명] (해로운 것에 대한) 방지, 견제

[동] 포함하다, 함유하다 house, share, consist of

Because of globalisation, most brand names around the world now **contain** an assortment of English words.
세계화로 인해, 전 세계의 대부분의 브랜드 이름은 영어 단어를 포함하고 있다.

★★
superior

suːˈpɪərɪə
수-**피**어리어

superiority [명] 우월성

[형] **우수한, 상급의** better

A report with visual aids is **superior** to one with only text.
시각 자료가 포함된 보고서는 오직 글만 포함된 것보다 더 우수하다.

기출 Collocations
superior to ~보다 뛰어난

[명] **상급자** manager

Inform your **superiors** of your career goals so that they consider you when it is time for promotions.
승진 시기가 되었을 때 상급자들이 여러분을 고려할 수 있도록 경력상의 목표를 그분들에게 알리세요.

★★
rigorous

ˈrɪg(ə)rəs
리거러스

rigorously [부] 엄격히

[형] **엄격한** strict

Aircraft are only given authorisation to take off after they have undergone a **rigorous** safety check.
항공기는 엄격한 안전 점검을 거친 후에야 이륙하도록 승인된다.

★
inhibit

ɪnˈhɪbɪt
인**히**비트

inhibition [명] 억제
disinhibition [명] 탈억제

[동] **억제하다** interfere with

Medications have been developed to **inhibit** the activity of hormones related to depression.
우울증과 관련된 호르몬의 활동을 억제하기 위한 약품들이 개발되고 있다.

★★
journey

ˈdʒəːni
져어-니

[명] **여행** tour, travel

The Arctic tern endures an incredible **journey** from the Arctic all the way to Antarctica.
북극 제비갈매기는 북극에서 남극까지 계속 이어지는 믿기 힘든 여정을 견뎌낸다.

기출 Collocations
a journey to ~로의 여행

빅데이터가 알려주는 출제포인트

아이엘츠에서 여행을 말하는 단어들은 travel, trip, journey가 대표적이다. 이들의 의미상 차이는 다음과 같다.
- travel 일반적인 의미의 여행
- trip 짧은 기간의 여행
- journey 여정이 긴 여행

★★★
appearance

ə'pɪər(ə)ns
어**피어**런스

disappearance [명] 사라짐, 소멸

[명] **겉모습, 외모**

Doctors can detect some health conditions, such as high blood pressure or thyroid disease, through the **appearance** of the patient's eyes.
의사들은 고혈압이나 갑상선 등과 같은 건강 상태를 환자의 눈 모습을 통해 발견할 수 있다.

기출 Collocations
personal appearance 외모

빅데이터가 알려주는 출제포인트
아이엘츠에서는 다른 품사 어휘를 사용하여 의미적으로 패러프레이징하는 경우가 많다. 따라서 '외모'라는 의미의 appearance는 다음 어휘로 패러프레이징되어 출제되고 있다.
- look like ~인 것처럼 보이다
- physiognomy 얼굴 모습, 얼굴 생김새

[명] **등장, 출연**

Lionel Messi made his first professional **appearance** with FC Barcelona in 2003.
리오넬 메시는 2003년에 FC 바르셀로나에서 첫 번째로 프로 경기에 출전했다.

기출 Collocations
make an appearance 출연하다, 등장하다

★★
replicate

'rɛplɪkeɪt
레플리케이트

replication [명] 응답, 사본
replica [명] 복제품, 모형

[동] **반복하다, 복제하다** reproduce, copy

Astronauts in training free-fall in a special airplane in order to **replicate** the zero-gravity environment of space.
훈련 중인 우주 비행사들은 우주의 무중력 환경을 재현하기 위해 특수 비행기에서 자유 낙하한다.

★★★
including

ɪn'klu:dɪŋ
인클**루**-딩

[전] **~을 포함하여**

Most private courier companies will complete a delivery on any day of the year, **including** public holidays and weekends.
대부분의 개별 택배 업체들은 공휴일과 주말을 포함해 연중 어느 날에도 배송을 완료한다.

★★
detect

dɪˈtɛkt
디**텍**트

detection [명] 발견, 간파, 탐지
detective [명] 탐정

[동] **탐지하다, 알아내다** discover, find

Airport security staff are testing new scent-analysing technology to **detect** drugs on passengers.
공항 보안 직원들은 승객들이 지닌 마약을 탐지할 새로운 냄새 분석 기술을 테스트하고 있다.

기출 Collocations
detect disease 병을 발견하다
detect possible problems 발생할 수 있는 문제를 탐지하다

★★
civilisation

ˌsɪvɪlʌɪˈzeɪʃ(ə)n
씨V이일라이**제**이션

[명] **문명**

South America was home to multiple advanced **civilisations**, including the Mayans and the Incans.
남미 지역은 마야 문명과 잉카 문명을 포함해 다수의 선진 문명 발원지였다.

영국식 vs. 미국식
주로 영국에서는 civilisation, 미국에서는 civilization으로 쓴다.

★★★
demand

dɪˈmɑːnd
디**마-안**드

[명] **요구** need

The popularisation of curling led to the growing **demand** for a professional sports organisation.
컬링의 인기가 전문 스포츠 기관 설립에 대한 요구 증가로 이어졌다.

기출 Collocations
meet demand 요구를 만족시키다, 수요를 충족시키다
in demand 수요가 있는
demand of ~의 수요

[동] **강력히 요구하다** order

Finding the novel too violent for children, the parent organisation **demanded** it be removed from the school library.
그 소설이 아이들에게 너무 폭력적이라고 생각한 학부모 단체는 학교 도서관에서 그 책을 없애도록 강력히 요구했다.

★★
resistance

rɪˈzɪst(ə)ns
리**지**스턴스
resist ⑤ 저항하다, 반대하다
resistant ⑧ 저항력 있는, ~에 강한

⑨ 저항, 반대

There continues to be intense **resistance** to gun control measures in the United States.
미국에서는 총기 규제 조치에 대한 극심한 반대가 지속되고 있다.

기출 Collocations

resistance to ~에 대한 저항

빅데이터가 알려주는 출제포인트

형용사형인 resistant(저항력 있는, ~에 강한)도 정답근거 문장에 자주 등장한다. 다음 collocation을 알아두자.
‣ water resistant 방수의
‣ chemical resistant 화학물질에 강한

★★★
engage

ɪnˈɡeɪdʒ
인**게**이쥐

engagement ⑨ 약혼, 약속, 업무

⑤ 관여하다, 종사하다   involve

Our organisation is **engaged** in improving communication between medical professionals and the public.
저희 단체는 의료 전문가와 일반 대중 사이의 의사 소통을 개선하는 데 관여하고 있습니다.

기출 Collocations

be engaged in ~에 관여하다
engage with ~와 맞물리게 하다, ~와 교전하다

어원을 알면 더 쉽다!

en(안에) + gage(서약)가 결합되어 '관계가 얽혀지다'란 기본적인 의미를 가진다. 여기에서 관계의 종류에 따라 다음 뜻으로 확장되었다.
‣ 직업 관련: 종사하다, 관여하다
‣ 사람과 사람 간: 약속하다
‣ 연인 간: 약혼시키다
‣ 적국 간: 교전하다

★
indicative

ɪnˈdɪkətɪv
인**디**커티v으

indicate ⑤ 보여주다, 시사하다

⑧ 나타내는, 보여주는

A child's delayed speech development can be **indicative** of dyslexia.
아이의 지연된 언어 능력 발달은 난독증을 나타내는 것일 수 있다.

기출 Collocations

indicative of ~을 나타내는

Day
14

Listening & Reading

★

contingent

kən'tɪndʒ(ə)nt
컨**틴**-젼트

contingency [명] 만일의 사태

[형] **부수적인, 우발적인**

New business owners are advised to allocate funds for **contingent** expenses such as emergency repairs and equipment failures.

새로운 사업주들은 긴급 수리나 기계 고장과 같은 부수적인 지출 비용에 필요한 자금을 할당해 두도록 권고된다.

기출 Collocations

contingent movement 우발적인 움직임

빅데이터가 알려주는 출제포인트

의미적으로 다음 단어가 반의어로 패러프레이징될 수 있다.
▹static 고정인, 고정적인

한편, 형용사로서의 또 다른 의미는 '~을 조건으로 하는'이다.
▹contingent on ~에 따라

★★★

either

'ʌɪðə
아이th어

neither [부] (둘 중) 어느 것도 ~아니다

[부] **(둘 중에서) ~든, ~이든**

Crops affected by drought **either** die or are damaged to such an extent that they are unfit for sale or consumption.

가뭄에 의해 영향을 받은 곡물은 죽거나 판매 또는 소비용으로 부적합할 정도로까지 손상된다.

영국식 vs. 미국식

영국은 주로 /아이th어/, 미국은 /이th어/로 발음한다.

Quick Review

단어와 그에 알맞은 뜻을 연결해 보세요.

1. detect	① 태도, 사고방식
2. pasture	② 반복하다, 복제하다
3. contingent	③ 탐지하다, 알아내다
4. sort	④ 종류, 분류하다
5. replicate	⑤ 부수적인, 우발적인
6. indicative	⑥ 목초지
7. undertake	⑦ 기준
8. criterion	⑧ 나타내는, 보여주는
9. attitude	⑨ 감동시키다, 파업
10. strike	⑩ 시작하다, 착수하다

단어와 그에 알맞은 유의어를 연결해 보세요.

11. inhibit	⑪ interfere with
12. engage	⑫ formulate
13. demand	⑬ house
14. disturb	⑭ need
15. esteem	⑮ manager
16. rigorous	⑯ choose
17. opt	⑰ involve
18. superior	⑱ strict
19. contain	⑲ disrupt
20. devise	⑳ respect

[정답]

1. ③ 2. ⑥ 3. ⑤ 4. ④ 5. ② 6. ⑧ 7. ⑩ 8. ⑦ 9. ① 10. ⑨
11. ⑪ 12. ⑰ 13. ⑭ 14. ⑲ 15. ⑳ 16. ⑱ 17. ⑯ 18. ⑮ 19. ⑬ 20. ⑫

Collocations for Writing & Speaking

cause havoc
큰 혼란을 야기하다, 큰 피해를 끼치다

Invasive species can **cause havoc** in ecosystems, disrupting the balance of native flora and fauna.

침입종은 생태계에 큰 혼란을 야기하여, 토종 동식물군의 균형을 무너뜨릴 수 있다.

do harm to
~에 해를 끼치다

= **do damage to**

Illegal dumping of hazardous waste can **do harm to** the environment, contaminating soil and water sources.

유해 폐기물의 불법 투기는 환경에 해를 끼쳐, 토양과 수원을 오염시킬 수 있다.

endangered species
멸종 위기종

Conservation efforts aim to protect **endangered species** and their natural habitats from extinction.

보존 노력은 멸종 위기종과 그들의 자연 서식지를 멸종으로부터 보호하는 것을 목표로 한다.

exhaust fumes

배기가스

= exhaust gases

The dense traffic in the city centre contributes to elevated levels of
exhaust fumes, impacting air quality.

도심의 밀집된 교통량이 배기가스 수치 상승에 원인을 제공하여, 대기 질에 영향을 미친다.

flora and fauna

(한 지역의 전체) 동식물군

Urban development often poses a threat to local **flora and fauna**
populations.

도시 개발은 종종 지역 동식물군에 위협이 된다.

fossil fuel

화석 연료

The excessive use of **fossil fuels** contributes to environmental
pollution and climate change.

화석 연료의 과도한 사용은 환경 오염과 기후 변화에 원인을 제공한다.

Day
14

Writing & Speaking

golden opportunity

절호의 기회

I believe we still have a **golden opportunity** to mitigate global warming for future generations.

나는 미래 세대를 위해 지구 온난화를 완화할 수 있는 절호의 기회를 우리가 아직 갖고 있다고 생각한다.

greenhouse gas

온실 가스

Human activities, such as burning fossil fuels and raising livestock, emit **greenhouse gases** that trap heat in the atmosphere.

화석 연료를 태우고 가축을 기르는 등의 인간 활동은 대기 중에 열을 가두는 온실 가스를 배출한다.

pose a significant threat

큰 위협을 가하다

Habitat destruction **poses a significant threat** to the local wildlife.

서식지 파괴는 지역 야생동물에게 큰 위협을 가한다.

renewable energy   재생 에너지

Investing in **renewable energy** technologies can significantly reduce carbon dioxide emissions and combat climate change.

재생 에너지 기술에 대한 투자는 이산화탄소 배출량을 크게 줄이고 기후 변화에 대항할 수 있다.

rising sea levels   해수면 상승

Scientists warn that **rising sea levels** will increase flooding in coastal communities around the world.

과학자들은 해수면 상승이 전 세계 해안 지역 사회에 홍수가 증가할 것이라고 경고한다.

sustainable development   지속 가능한 개발

The global shift towards renewable energy sources, such as wind and solar power, is crucial for **sustainable development**.

풍력 및 태양광 발전과 같은 재생 에너지원으로의 전 세계적 전환은 지속 가능한 개발을 위해 매우 중요하다.

Day
14

Writing & Speaking

tackle pollution

오염 문제를 해결하다

Governments worldwide are implementing policies to **tackle pollution** and mitigate its adverse effects on the environment.

전 세계 각국 정부는 오염 문제를 해결하고 환경에 미치는 악영향을 완화하기 위한 정책을 시행하고 있다.

the bottom line

가장 중요한 점, 결론

The bottom line is that climate change has occurred due to our ignorance and negligence.

결론은 기후 변화가 우리의 무지와 부주의로 인해 발생했다는 것이다.

turn A upside down

A를 거꾸로 뒤집다

Climate change has **turned** traditional weather patterns **upside down**, causing unpredictable extremes.

기후 변화는 전통적인 기상 패턴을 거꾸로 뒤집어서, 예측할 수 없는 극한 현상을 야기한다.

빈칸에 알맞은 콜로케이션을 선택해 보세요.

① exhaust fumes　　　　　⑤ poses a significant threat

② tackle pollution　　　　　⑥ endangered species

③ sustainable development　⑦ golden opportunity

④ cause havoc

1. Habitat destruction _____ to the local wildlife.

   서식지 파괴는 지역 야생동물에게 큰 위협을 가한다.

2. Invasive species can _____ in ecosystems, disrupting the balance of native flora and fauna.

   침입종은 생태계에 큰 혼란을 야기하여, 토종 동식물군의 균형을 무너뜨릴 수 있다.

3. Conservation efforts aim to protect _____ and their natural habitats from extinction.

   보존 노력은 멸종 위기종과 그들의 자연 서식지를 멸종으로부터 보호하는 것을 목표로 한다.

4. The dense traffic in the city centre contributes to elevated levels of _____ , impacting air quality.

   도심의 밀집된 교통량이 배기가스 수치 상승에 원인을 제공하여, 대기 질에 영향을 미친다.

5. I believe we still have a _____ to mitigate global warming for future generations.

   나는 미래 세대를 위해 지구 온난화를 완화할 수 있는 절호의 기회를 우리가 아직 갖고 있다고 생각한다.

6. Governments worldwide are implementing policies to _____ and mitigate its adverse effects on the environment.

   전 세계 각국 정부는 오염 문제를 해결하고 환경에 미치는 악영향을 완화하기 위한 정책을 시행하고 있다.

7. The global shift towards renewable energy sources, such as wind and solar power, is crucial for _____ .

   풍력 및 태양광 발전과 같은 재생 에너지원으로의 전 세계적 전환은 지속 가능한 개발을 위해 매우 중요하다.

정답

1. ⑤　2. ④　3. ⑥　4. ① 5. ⑦ 6. ② 7. ③

Day 14

Writing & Speaking

아이엘츠가 좋아하는
건강&의학 관련 어휘

☐ **protein**
ˈprəʊtiːn
프로티-인
단백질

☐ **antibiotic**
ˌæntɪbʌɪˈɒtɪk
얀티바이어틱
항생물질

☐ **carbohydrate**
kɑːbəˈhʌɪdreɪt
카-보하이드레이트
탄수화물

☐ **leukaemia**
luːˈkiːmɪə
루-키-미아
백혈병

☐ **appetite**
ˈapɪtʌɪt
아피타이트
식욕

☐ **muscle**
ˈmʌs(ə)l
머-쓸
근육

☐ **glucose**
ˈgluːkəʊs
글루-코쓰
포도당

☐ **cartilage**
ˈkɑːt(ɪ)lɪdʒ
카-틀리쥐
연골

☐ **longevity**
lɒnˈdʒɛvɪti
롱제V이티
장수

☐ **taste buds**
teɪst bʌdz
테이쓧 버-즈
(혀의) 미뢰

☐ **symptom**
ˈsɪm(p)təm
씸틈
증상

☐ **cancer**
ˈkansə
켄써
암

☐ **sore throat**
sɔː θrəʊt
쏘오- th으롤
인후염

☐ **blood pressure**
blʌd ˌprɛʃə
블러드 프레셔
혈압

☐ **cough**
kɒf
커f으
기침

☐ **pulse**
pʌls
펄쓰
맥박

☐ **lung**
lʌŋ
렁
폐

☐ **vaccination**
ˌvæksɪˈneɪʃən
V엑씨네이션
예방 접종

☐ **flu**
fluː
f을루-
독감

☐ **allergic**
əˈləːdʒɪk
알러-지익
알레르기가 있
는

DAY
15

Listening
Reading

Writing
Speaking

★★
distinctive

dɪ'stɪŋ(k)tɪv
디스**띵**티V으

distinctiveness [명] 특수성
distinction [명] 탁월함

[형] 독특한 characteristic, unique, special

The architecture of the cathedral was highly **distinctive** and helped bring countless tourists to the city.
그 대성당의 건축 양식은 대단히 독특했으며, 도시로 수많은 관광객들을 끌어들이는 데 도움이 되었다.

빅데이터가 알려주는 출제포인트
영국과 호주의 대학에서 최고 우수 학점은 distinction 혹은 high distinction이라고 표현하기도 한다.

★★
modify

'mɒdɪfʌɪ
모디f아이

modification [명] 수정, 변경

[동] 수정하다, 변경하다 change

The accounting programme can be **modified** to suit the needs of any small business.
그 회계 프로그램은 어떤 소기업의 요구에도 맞게 변경될 수 있다.

기출 Collocations
genetically-modified(GM) 유전자가 조작된

★★
notable

'nəʊtəb(ə)l
노터블

notably [부] 뚜렷이, 특히

[형] 주목할 만한, 유명한

The Queen Victoria Gardens are **notable** for their wide variety of sculptures.
퀸 빅토리아 가든은 그곳에 있는 다양한 조각상으로 유명하다.

★★
reflect

rɪ'flɛkt
리f을**렉**ㅌ

reflection [명] 반영, 반사
reflective [형] 반영하는, 사색적인

[동] 반영하다 relate

The writer tried to **reflect** the difficulties of adolescence, such as coping with puberty and surviving bullying at school.
그 작가는 사춘기에 대처하고 학교에서의 괴롭힘에서 살아남는 것과 같은 청소년기의 어려움을 반영하도록 노력했다.

기출 Collocations
reflect contemporary culture 현대 문화를 반영하다

[동] 깊이 생각하다

Before starting a thesis, you should **reflect** on what your ultimate goals are for the entire academic year.
논문을 시작하기 전에 전체 학기의 궁극적인 목표가 무엇인지 깊이 생각해봐야 한다.

★★★

definite

ˈdɛfɪnət
데f이너트

definitely [부] 분명히, 틀림없이
definitive [형] 최종적인
definition [명] 정의
indefinite [형] 분명히 규정되지 않은

[형] 분명한, 확실한

Each part of the plant has a **definite** purpose, ranging from nutritional sustenance to defence against predators.
식물의 각 부분에는 분명한 목적이 있는데, 그 범위가 영양분 유지에서부터 포식자로부터의 보호에까지 이른다.

★

optimism

ˈɒptɪmɪz(ə)m
옵티미즈음

optimistic [형] 낙관적인

[명] 낙관주의, 낙관론 positiveness

The **optimism** of the novel inspired its readers to make positive changes in their lives.
그 소설의 낙관주의는 독자들이 그들의 삶에 긍정적인 변화를 일으킬 수 있도록 영감을 주었다.

영국식 vs. 미국식

/o/발음을 주로 영국에서는 /오/, 미국에서는 /아/라고 발음하기에 영국은 /옵티미즈음/, 미국은 /압티미즈음/으로 발음한다.

★★★

arise

əˈrʌɪz
어롸이즈

[동] 발생하다 occur, happen, take place, emerge

Production of the television show came to a halt due to issues **arising** from the lead actor's personal life.
그 텔레비전 프로그램의 제작은 주연 배우의 사생활에 의해 발생한 문제들로 인해 중단되었다.

빅데이터가 알려주는 출제포인트

arise는 예문처럼 -ing의 분사 형태로 쓰이면서 앞에 나오는 명사를 수식하는 형태로 아이엘츠 지문에 자주 등장한다.

★★★
necessarily

ˌnɛsəˈsɛrɪli
네써**쎄**럴리

[부] 어쩔 수 없이

The introductory astronomy class covered advanced concepts, but **necessarily** had to leave out the mathematics and formulas behind them.
그 천문학 개론 강의는 고급 개념들을 다뤘지만, 어쩔 수 없이 그 이면에 존재하는 수학 및 공식들과 관련된 내용은 배제시켜야 했다.

[부] 반드시

Membership in the organisation does not **necessarily** require any annual fee.
그 단체의 회원 자격은 연간 회비를 반드시 필요로 하는 것은 아니다.

기출 Collocations
not necessarily 반드시 ~인 것은 아닌

★★★
attach

əˈtatʃ
어**탤**취

attachment [명] 애착, 믿음, 지지

[동] 붙이다, 소속시키다 fix

The new offices and laboratory will be **attached** to the hospital's main building.
새 사무실과 실험실이 병원 본관 건물에 속하게 될 것이다.

기출 Collocations
be attached to ~에 부착되다, ~에 소속되다

★★★
instance

ˈɪnst(ə)ns
인스턴쓰

[명] 사례, 경우

For over a year, neighbourhood residents recorded each **instance** of the factory's illegal dumping of waste materials in Howler's Pond.
1년 넘게, 인근 주민들이 하울러 연못에서 이뤄진 그 공장의 폐기물 불법 투기에 대한 각각의 사례를 녹화했다.

기출 Collocations
for instance 예를 들어

★★
constant

ˈkɒnst(ə)nt
컨스탄트

constantly [부] 지속적으로

[형] 지속적인, 거듭되는 continual, consistent

Online advertising allows for the **constant** exposure of a product to its target audience.
온라인 광고는 목표 고객에의 지속적인 상품 노출을 고려한 것이다.

incident ★★

'ɪnsɪd(ə)nt
인씨던트

incidence 몡 발생, 발생률
incidentally ⓟ 우연히

몡 사건　　　　　　　　　affair, event

Any **incident** involving the mistreatment of an employee due to gender, race or disability should be reported to the corporate HR office.

성별, 인종, 또는 신체 장애로 인한 직원 홀대와 관한 사건은 어떤 것이든 회사의 인사부로 보고되어야 한다.

---

victim ★★

'vɪktəm
V익텀

몡 피해자, 희생자

The bank is figuring out how many **victims** of identity theft there are annually.

그 은행은 연간 신분 도용 피해자가 몇 명인지 파악하고 있는 중이다.

---

consist ★★★

kən'sɪst
컨씨스트

통 이루어져 있다　　　be made up, comprise

Efficient train systems **consist** of multiple lines of operation and frequent transfer stations.

효율적인 열차 시스템은 다수의 노선 운행과 많은 환승역으로 구성된다.

> **기출 Collocations**
> consist of ~으로 구성되다

---

scatter ★

'skatə
스깨터

scattered 휑 드문드문있는, 산발적인

통 흩뿌리다　　　　　　　　　spread

When the glass jar fell, its contents were **scattered** across the kitchen floor.

그 유리잔이 떨어졌을 때, 내용물이 주방 바닥 전체에 흩어졌다.

> **빅데이터가 알려주는 출제포인트**
> 분사형용사인 scattered는 다음 collocation으로 아이엘츠에 자주 등장한다.
> ▸ scattered groups 흩어진 집단
> ▸ scattered population 분산된 인구

★★

amend

əˈmɛnd

어**멘**드

amendment [명] 개정, 수정

[동] (법, 의안 등을) 개정하다 revise, modify

Now that the law has been **amended**, drivers found to be texting while driving will face harsher punishment.

이제 법안이 개정되었으므로, 운전 중에 문자 메시지를 보내다가 발각되는 운전자들은 더욱 가혹한 처벌에 직면하게 될 것이다.

★★★

advantage

ədˈvɑːntɪdʒ

어드**V아**-안티지

advantageous [형] 이로운, 유리한

disadvantage [명] 약점, 불리

[명] 장점 benefit

One of the most overlooked **advantages** of solar energy is that it provides tax breaks for users in some countries.

가장 간과되고 있는 태양열 에너지의 장점들 중 하나는 일부 국가에서 이용자들에게 세금 우대 조치가 제공된다는 것이다.

기출 Collocations

take advantage of ~을 이용하다, ~을 기회로 활용하다

빅데이터가 알려주는 출제포인트

반의어인 disadvantage는 의미적으로 다음 단어로 패러프레이징될 수 있다.

▸negative 부정적인

▸drawback 결점, 단점

▸deprived 박탈당한

★★★

effort

ˈɛfət

에f오트

effortless [형] 힘이 들지 않는

effortlessly [부] 노력하지 않고, 쉽게

[명] 노력 endeavour, attempt

Contemporary films have been making an **effort** to include characters from all backgrounds of life.

현대의 영화들은 삶의 모든 배경을 지닌 인물들을 포함하려는 노력을 계속 기울이고 있다.

기출 Collocations

make an effort to do ~할 수 있도록 노력하다

★★★

give rise to

gɪv raɪz tuː

기v으 라이즈 투-

[동] ~을 초래하다 cause

Using contact lenses beyond their intended duration could **give rise to** damage to the eyes.

지정된 지속 기간이 지난 콘택트 렌즈를 사용하면 눈에 손상을 초래할 수도 있다.

prey

preɪ
프레이

⑧ 잡아먹다   feed

Over 10 million bats exit Bracken Cave every evening to **prey** on mosquitoes, moths and other small insects.
천만 마리가 넘는 박쥐들이 모기와 나방 그리고 다른 작은 곤충을 잡아먹기 위해 매일 저녁 브랙큰 동굴을 빠져나간다.

기출 Collocations
prey on ~를 잡아먹다, ~을 먹이로 하다

빅데이터가 알려주는 출제포인트
명사로도 사용되는 단어로 '먹이'라는 의미를 가진다.
▸ a hunt for prey 먹이 사냥

---

tremendous

trɪˈmɛndəs
츠레**멘**더스

⑱ 엄청난

The Arctic fox's white coat gives it a **tremendous** advantage when hunting prey in the snow-covered plains.
북극 여우의 흰 털은 눈으로 덮인 평원에서 먹이를 사냥할 때 엄청난 장점이 된다.

기출 Collocations
tremendous force 거대한 힘
tremendous growth 엄청난 성장

---

optical

ˈɒptɪk(ə)l
옵티컬

optic ⑱ 눈의, 시력의

⑱ 시각적인, 광학의

How a viewer interprets an **optical** illusion can reveal whether the person is right-brained or left-brained.
시각적 착각(착시)을 이해하는 방식은 그것을 보는 사람이 우뇌가 발달했는지 또는 좌뇌가 발달했는지를 나타낼 수 있다.

기출 Collocations
optical industry 광학 공업
optical lense 광학 렌즈

---

intact

ɪnˈtakt
인**텍**트

⑱ 온전한, 고스란히 그대로 있는

Collectors of literature pay huge amounts of money for **intact** rare manuscripts.
문헌 수집가들은 상태가 온전한 희귀 원고에 대해 엄청난 액수의 돈을 지불한다.

기출 Collocations
survive intact 온전히 살아남다

intake

'ıntɛɪk
인테이크

명 섭취

Several popular diets focus on increasing protein **intake** while limiting carbohydrates.

인기 있는 몇몇 다이어트는 탄수화물은 제한하면서 단백질 섭취를 늘리는 것에 초점을 맞추고 있다.

기출 Collocations
food intake 식품 섭취
calorie intake 칼로리 섭취

★★★
lay

leɪ
레이

동 놓다

The fitness centre had to dispose of the mats that **lay** near the back of the gym because of the water damage.

피트니스 센터는 물 피해로 인해 체육관 뒤쪽에 놓아둔 매트들을 처분해야 했다.

빅데이터가 알려주는 출제포인트
타동사 lay(~을 두다, 놓다)와 자동사 lie(눕다, 놓여 있다)는 과거-과거 분사형이 각각 lay-laid-laid, lie-lay-lain이기에 원어민들도 헷갈려 한다.

동 알을 낳다

The platypus and the echidna are the only two mammals left that **lay** eggs.

오리너구리와 바늘두더지는 알을 낳는 유이한 포유 동물이다.

빅데이터가 알려주는 출제포인트
아이엘츠에서 lay는 '(알을) 낳다'라는 의미로 가장 자주 출제된다.

형 전문 지식이 없는

Phillip, a veterinarian, became a sort of **lay** doctor to poor members of the rural community.

수의사 필립 씨는 그 시골 지역 사회의 가난한 사람들에게 있어 일종의 비전문 의사가 되었다.

apparent

★★

ə'par(ə)nt
어**페-r**런트

③ 명백한

With African lions in massive decline, it has become **apparent** that more must be done to prevent illegal poaching in South Africa.

아프리카 사자의 엄청난 감소로 남아프리카의 불법 밀렵을 막기 위해 더 많은 조치가 이루어져야 한다는 것이 명백해졌다.

기출 Collocations
become apparent 분명해지다, 명백해지다
apparent simplicity 명백한 단순성

---

interfere

★★

ɪntə'fɪə
인터**f이**어

interference ⑱ 방해, 간섭

③ 방해하다   inhibit, affect

Poor weather conditions are likely to **interfere** with construction projects during the rainy season.

좋지 못한 기상 조건이 장마 기간의 건설 프로젝트에 방해가 될 가능성이 있다.

기출 Collocations
interfere with ~을 방해하다

---

substitute

★★

ˈsʌbstɪtjuːt
썹스티튜-ㅌ

⑱ 대신하는 것, 대신하는 사람

There's no **substitute** for fresh ingredients when cooking gourmet meals.

고급 음식을 요리할 때 신선한 재료를 대신할 수 있는 것은 없다.

빅데이터가 알려주는 출제포인트
동사로도 사용되는 단어이다. '대신하다, 대체되다'라는 의미를 가지며, replace와 패러프레이징될 수 있다.

---

dull

★

dʌl
덜

③ 흐린, 단조로운   boring, banal

Sculptures in the park that appear to be **dull** actually provide necessary shade in the summer.

단조로운 것처럼 보이는 그 공원 조각품들은 사실 여름에 필요한 그늘을 제공한다.

Day
15

Listening & Reading

★★★
release

ri'li:s
릴리-스

몧 방출   emission

Since cows produce an incredible amount of
methane, dairy farms also contribute to the **release** of
greenhouse gases(GHG) into the atmosphere.
젖소가 믿을 수 없는 양의 메탄을 만들어내기 때문에, 낙농장들 또한 대기 중
의 온실 가스 방출에 대한 원인이다.

기출 Collocations

controlled release 방출조절(의약품, 살충제 등이 일정 시간을 두고 서서히 효과를 내는
것)

몧 발표, 출시

A series of press **releases** led up to the company's
unveiling of its latest phone.
일련의 언론 보도들이 그 회사의 최신 전화기 공개로 이어졌다.

기출 Collocations

press release 언론 보도

빅데이터가 알려주는 출제포인트

일반인에게 발표하거나 출시하는 것을 표현할 때 release를 사용한다.
따라서 다음 어휘로 패러프레이징되기도 한다.
▸ generally available 일반적으로 이용 가능한

release은 동사로도 사용되며 '방출하다, 출시하다'라는 의미를 가진다.

Quick Review

단어와 그에 알맞은 뜻을 연결해 보세요.

1.	distinctive	① 온전한, 고스란히 그대로 있는
2.	victim	② 분명한, 확실한
3.	lay	③ 피해자, 희생자
4.	reflect	④ 반영하다, 깊이 생각하다
5.	prey	⑤ 독특한
6.	instance	⑥ 놓다, 알을 낳다, 전문 지식이 없는
7.	intact	⑦ 사례, 경우
8.	tremendous	⑧ 엄청난
9.	amend	⑨ (법, 의안 등을) 개정하다
10.	definite	⑩ 잡아먹다

단어와 그에 알맞은 유의어를 연결해 보세요.

11.	give rise to	⑪ continual
12.	modify	⑫ occur
13.	consist	⑬ emission
14.	optimism	⑭ fix
15.	attach	⑮ spread
16.	scatter	⑯ endeavor
17.	effort	⑰ positiveness
18.	arise	⑱ cause
19.	release	⑲ be made up
20.	constant	⑳ change

Day 15 Listening & Reading

[정답]

1. ⑤ 2. ③ 3. ⑥ 4. ④ 5. ⑩ 6. ⑦ 7. ① 8. ⑧ 9. ⑨ 10. ②
11. ⑱ 12. ⑳ 13. ⑲ 14. ⑰ 15. ⑭ 16. ⑮ 17. ⑯ 18. ⑫ 19. ⑬ 20. ⑪

Health/Wellness

---

a vicious circle
악순환

= a vicious cycle

Excessive dieting results in food cravings, leading to **a vicious circle** of weight loss and gain.
과도한 다이어트는 음식에 대한 갈망을 유발하여, 체중 감소와 증가의 악순환으로 이어진다.

---

adverse effect
역효과, 악영향, 부작용

= negative effect

Some individuals may experience **adverse effects** from certain vaccines.
일부 개인은 특정 백신으로 인한 부작용을 경험할 수 있다.

> 비교 side effect는 부작용으로, 여러 부정적인 영향을 의미하는 adverse effect 보다 작은 범위

---

breaking point
극한, 한계점

Long periods of stress can drive students to their **breaking point**, affecting their overall health and academic performance.
장기간의 스트레스가 학생들을 극한으로 몰아넣어, 전반적인 건강과 학업 성과에 영향을 미칠 수 있다.

dietary habit

식습관

Understanding one's **dietary habits** is crucial for maintaining a healthy and balanced lifestyle.

건강하고 균형 잡힌 생활 방식을 유지하려면 자신의 식습관을 이해하는 것이 중요하다.

dietary supplements

건강 보조 식품

Nowadays, many people take **dietary supplements** to meet their nutritional needs each day.

오늘날, 많은 사람들이 매일 필요한 영양소를 보충하기 위해 건강 보조 식품을 복용한다.

health crisis

보건 위기

The COVID-19 pandemic underscored the importance of addressing **health crises** as a worldwide problem.

코로나19 팬데믹은 전 세계적인 문제인 보건 위기 해결의 중요성을 강조했다.

Day
15

Writing & Speaking

health insurance 건강 보험

Access to affordable **health insurance** is essential to receive necessary medical care.

저렴한 건강보험에 대한 접근은 필요한 의료를 받기 위해 필수적이다.

immune system 면역 체계

Stress management and sufficient sleep play crucial roles in maintaining a healthy **immune system**.

스트레스 관리와 충분한 수면은 건강한 면역 체계를 유지하는 데 중요한 역할을 한다.

keep fit 건강을 유지하다

= stay fit

Regular exercise and a balanced diet are essential to **keep fit**.

규칙적인 운동과 균형 잡힌 식단은 건강을 유지하는 데 필수적이다.

mental health

정신 건강

Regular exercise plays a significant role in promoting positive **mental health** and well-being.

규칙적인 운동은 긍정적인 정신 건강과 웰빙을 증진하는 데 중요한 역할을 한다.

natural remedy

자연 요법, 자연적 치료법

A consistent bedtime routine can be a helpful **natural remedy** for those struggling with sleep difficulties.

일관된 취침 루틴은 수면 장애로 고생하는 사람들에게 도움이 되는 자연 요법이 될 수 있다.

relax and unwind

휴식을 취하고 긴장을 풀다

The park provides a serene environment where visitors can **relax and unwind**.

그 공원은 방문객들이 휴식을 취하고 긴장을 풀 수 있는 고요한 환경을 제공한다.

Day
15

Writing & Speaking

strenuous exercise

과격한 운동

It is important to avoid **strenuous exercise** after surgery.
수술 후에는 과격한 운동을 피하는 것이 중요하다.

stressed out

스트레스가 쌓인

It is important to take short breaks when you feel **stressed out**.
스트레스가 쌓였다고 느낄 때는 짧은 휴식을 취하는 것이 중요하다.

활용법 Speaking 또는 General Training Writing의 Informal letter에서 사용

under pressure

부담감 속에

Balancing work and family responsibilities can leave you **under pressure**.
일과 가정의 양립이 당신을 부담감 속에 둘 수 있다.

빈칸에 알맞은 콜로케이션을 선택해 보세요.

① adverse effects	⑤ dietary habits
② dietary supplements	⑥ mental health
③ vicious circle	⑦ breaking point
④ natural remedy	

1. Some individuals may experience _____ from certain vaccines.
   일부 개인은 특정 백신으로 인한 부작용을 경험할 수 있다.

2. Excessive dieting results in food cravings, leading to a _____ of weight loss and gain.
   과도한 다이어트는 음식에 대한 갈망을 유발하여, 체중 감소와 증가의 악순환으로 이어진다.

3. Long periods of stress can drive students to their _____, affecting their overall health and academic performance.
   장기간의 스트레스가 학생들을 극한으로 몰아넣어, 전반적인 건강과 학업 성과에 영향을 미칠 수 있다.

4. Understanding one's _____ is crucial for maintaining a healthy and balanced lifestyle.
   건강하고 균형 잡힌 생활 방식을 유지하려면 자신의 식습관을 이해하는 것이 중요하다.

5. Nowadays, many people take _____ to meet their nutritional needs each day.
   오늘날, 많은 사람들이 매일 필요한 영양소를 보충하기 위해 건강 보조 식품을 복용한다.

6. Regular exercise plays a significant role in promoting positive _____ and well-being.
   규칙적인 운동은 긍정적인 정신 건강과 웰빙을 증진하는 데 중요한 역할을 한다.

7. A consistent bedtime routine can be a helpful _____ for those struggling with sleep difficulties.
   일관된 취침 루틴은 수면 장애로 고생하는 사람들에게 도움이 되는 자연 요법이 될 수 있다.

Day 15

Writing & Speaking

정답

1. ① 2. ③ 3. ⑦ 4. ⑤ 5. ② 6. ⑥ 7. ④

아이엘츠가 좋아하는
동사

☐ **protest**
prə'tɛst
프로테스트

시위하다

☐ **render**
'rɛndə
렌더

(어떤 상태가 되게) 만들다

☐ **rectify**
'rɛktɪfʌɪ
렉티f아이

(잘못된 것을) 바로잡다

☐ **dwindle**
'dwɪnd(ə)l
드윈들

(점점) 줄어들다

☐ **micromanage**
'mʌɪkrəʊmanɪdʒ
마이크로매니쥐

(직원이 하는 일의) 소소한 것까지 챙기다

☐ **refrain**
rɪ'freɪn
리f으레인

삼가다

☐ **magnify**
'magnɪfʌɪ
매그니f아이

확대하다

☐ **splutter**
'splʌtə
스플러터

식식거리며 말하다

☐ **preserve**
prɪ'zəːv
프리저-V으

유지하다, 보호하다

☐ **smear**
smɪə
스미어

문지르다

☐ **outweigh**
aʊt'weɪ
아웉웨이

능가하다

☐ **dispose**
dɪ'spəʊz
디스포우즈

버리다

☐ **vary**
'vɛːri
V에-리

다르다, 변화를 주다

☐ **overtake**
əʊvə'teɪk
오V어테이크

추월하다

☐ **curtail**
kəː'teɪl
커어테일

축소시키다

☐ **withdraw**
wɪð'drɔː
윗드로-

물러나다, 인출하다

☐ **punish**
'pʌnɪʃ
퍼니쉬

벌주다

☐ **stumble**
'stʌmb(ə)l
스텀블

발이 걸리다

☐ **fade**
feɪd
f에이드

서서히 사라지다

☐ **heighten**
'hʌɪt(ə)n
하이튼

(효과 등을) 강화하다

DAY

16

Listening
Reading

Writing
Speaking

★★★
activate

'aktɪveɪt
엑티베이트

activation ⑩ 활성화
inactivate ⑧ 비활성화하다

ⓥ 활성화시키다, 작동시키다   turn on, trigger

Your new credit card can be **activated** by calling the number printed below.
하단에 인쇄된 번호로 전화하시면 귀하의 신규 신용카드를 활성화시킬 수 있습니다.

기출 Collocations
activate brain 뇌를 활성화시키다

★
litter

'lɪtə
리-터

ⓝ 쓰레기, 어질러져 있는 것들   rubbish

The leaf **litter** that lines the forest floor is actually a rich ecosystem for fungi and insects.
숲의 바닥을 따라 늘어선 낙엽은 사실 균류와 곤충들에게 있어 하나의 풍부한 생태계이다.

기출 Collocations
leaf litter 낙엽

ⓥ (쓰레기를) 버리다, 흐트러져 어지럽히다

At the end of the Second World War, thousands of abandoned military vehicles **littered** the Sahara Desert.
2차 세계 대전 종전 시에, 수천 대의 버려진 군용 차량들이 사하라 사막에 여기저기 흩어져 있었다.

★★
forage

'fɒrɪdʒ
f오리지

forager ⑩ 약탈자

ⓥ 먹이를 찾다, 약탈하다

Campers will learn how to safely **forage** for herbs and mushrooms in the wilderness.
캠핑객들은 야생 지역에서 허브와 버섯을 안전하게 찾아 다니는 방법을 배울 것이다.

기출 Collocations
forage for ~을 찾다

★★★
depending on

dɪ'pɛndɪŋ ɒn
디펜딩 온

쩐 ~에 따라   according to

Traditional clothing varies in style, **depending on** the region and family history.
전통 의상은 지역 및 가문 내력에 따라 스타일이 다양하다.

★★
ecological

ɛkəˈlɒdʒɪk(ə)l
에코**러**지컬

ecologically [부] 생태학적으로
ecology [명] 생태(계), 생태학
ecologist [명] 생태학자, 생태 운동가

[형] **생태계의, 환경의**

Imposing a carbon tax on industries that produce the most greenhouse gases is an **ecological** necessity.
가장 많은 온실 가스를 만들어내는 산업에 탄소 배출 세금을 부과하는 것은 생태계를 위해 필수적인 일이다.

기출 Collocations
ecological disaster 생태학적 재앙

어원을 알면 더 쉽다!
eco(환경, 생태) + logy(학문) + ical(형용사 접미어)가 결합하여 '생태계의, 환경의'의 의미가 되었다.

★★
divide

dɪˈvʌɪd
디**V아**-이ㄷ

division [명] 분할, 분배, 나누기
subdivide [동] 다시 나누다, 세분하다

[동] **분리하다, 분류하다** separate, split, break

Forests are generally **divided** into three different types: broad-leaf forests, needle-leaf forests and swamp forests.
숲은 일반적으로 세 가지 다른 유형으로 분류되는데, 활엽수림과 침엽수림, 습지림이다.

기출 Collocations
be divided into ~로 나누어지다, 분류되다
divide up 분배하다, 분담하다

★★★
estimate

ˈɛstɪmeɪt
에스티메이트

[동] **추정하다** roughly calculate

It is **estimated** that roughly one third of plastic packaging is not recycled at all and littered into the ocean.
비닐 포장지 약 3분의 1은 전혀 재활용되지 않고 바다 속에 버려지는 것으로 추정된다.

기출 Collocations
it is estimated that ~라는 것으로 추정되다

빅데이터가 알려주는 출제포인트
명사로도 쓰이는 단어로 '추정, 추정치, 견적서'라는 의미를 가진다. conservative estimate(보수적인 견적)라고 하면 예상할 수 있는 수치 중에서 가장 낮게 잡아서 추정한 견적서를 말한다.

★★
thoroughly

ˈθʌrəli
th오럴리

[부] **철저히, 꼼꼼하게**

The budget proposal for next year will be **thoroughly** revised before the board receives it.
내년 예산안은 이사진이 받기 전에 꼼꼼하게 수정될 것이다.

★★

magnificent

mag'nɪfɪs(ə)nt
매그**니**f이쎈트

More tourists are holidaying in Norway and Sweden to see the **magnificent** Northern Lights.
더 많은 관광객들이 장대한 북극광을 보기 위해 노르웨이와 스웨덴에서 휴가를 보내고 있다.

기출 Collocations

magnificent technology 훌륭한 기술

★★

exceptional

ɪk'sɛpʃ(ə)n(ə)l
익**쎕**셔널

exceptionally ⑨ 특별히, 예외적인 경우에만

📱 탁월한, 이례적인   unique

The **exceptional** architecture of the city incorporates a wide variety of styles.
그 도시의 탁월한 건축 양식은 아주 다양한 스타일을 포함하고 있다.

★★

valid

'valɪd
V알리드

invalid ⑨ 효력 없는

📱 유효한

Passports are **valid** for ten years after their issue date.
여권은 발급일로부터 10년 동안 유효하다.

기출 Collocations

valid for ~에 적용되는
a valid ticket 유효표
a valid reason 근거가 확실한 이유, 정당한 이유

★

disastrous

dɪ'zɑːstrəs
디**자**-스트러스

disaster ⑨ 참사, 재난

📱 형편없는, 처참한   catastrophic, terrible, devastating

The city's attempt to build a low-cost walking bridge across the freeway proved **disastrous**.
고속도로를 가로지르는 저가의 도보용 다리를 지으려는 도시의 시도는 형편없는 것으로 밝혀졌다.

기출 Collocations

prove disastrous 형편없는 것으로 밝혀지다

★★★
absence

'abs(ə)ns
앱쎈스

absent ⓐ 부재한, 결석한
absenteeism ⓝ 잦은 결근

ⓝ 부재, 없음

Some pets develop bad behaviours in the **absence** of early proper training, and these habits can be difficult to correct.
어떤 애완동물은 조기 적절한 훈련의 부재로 나쁜 행동을 하게 되고, 이러한 습관들은 고치기 어려울 수 있다.

기출 Collocations
the absence of ~의 부재, ~의 부족
absence from work 결근
absence rates 결근율

★★★
pollution

pə'lu:ʃ(ə)n
폴루-션

pollute ⓥ 오염시키다

ⓝ 오염, 오염 물질, 공해   contamination

Air **pollution** from one continent can travel to another via jet streams and lower the air quality.
한 대륙의 공기 오염 물질이 제트 기류를 타고 다른 대륙으로 이동해 공기 질을 떨어뜨릴 수 있다.

기출 Collocations
pollution control 오염 방지, 공해 방지
anti-pollution law 공해방지법

빅데이터가 알려주는 출제포인트
리스닝 시험에서 철자가 틀리기 쉬운 단어로, 'l'이 두 개 있다는 것에 유의하자.

★★
reproduce

ri:prə'dju:s
리프러듀-쓰

reproduction ⓝ 복제, 번식

ⓥ 복제하다, 재현하다   copy, replicate

The author struggled to **reproduce** the themes of his novel in the first draft of his adapted screenplay.
그 작가는 각색된 시나리오 초안에서 자신의 소설에 담긴 주제를 재현해 내는데 애를 먹었다.

ⓥ 번식하다

Corals are able to **reproduce** by two different methods: broadcast spawning and brooding.
산호는 두 가지 다른 방법으로 번식할 수 있는데, 광범위한 산란과 포란이 그것이다.

Day
16

Listening & Reading

★★★

nearly

ˈnɪəli
니얼리

almost, mostly

Fresh mango smoothies are available at **nearly** every vendor, and a stunning beach view is never more than a few minutes' walk away.
신선한 망고 스무디가 거의 모든 판매점에서 구입 가능하며, 굉장히 아름다운 해변 경치는 걸어서 몇 분 이상 걸리는 법이 절대로 없다.

기출 Collocations
nearly everyone 거의 누구나

빅데이터가 알려주는 출제포인트
'모두' 혹은 '100%'를 뜻하는 always나 all과는 서로 패러프레이징될 수 없다는 것에 유의하자.

★★

discard

dɪˈskɑːd
디스**까**-드

동 버리다

drop

Tons of modern electronic devices are simply **discarded** as waste.
수많은 현대의 전자 기기들이 그저 쓰레기로 폐기되고 있다.

★

verification

ˌvɛrɪfɪˈkeɪʃ(ə)n/
V에리f이**케**이션

verify ⑤ 입증하다

명 인증

Before the bank transfer can be processed, further **verification** is required.
은행 계좌 이체가 처리되기 전에, 추가 인증이 필요합니다.

★★★

aware

əˈwɛː
어**웨**-어

awareness ⑧ 의식, 관심
unaware ⑧ 알지 못하는, 눈치 채지 못하는

형 알고 있는

Lew students should be **aware** of the developments in important ongoing court cases.
법대생들은 계속 진행 중인 중요 법정 사건들의 전개 상황을 알고 있어야 한다.

기출 Collocations
aware of ~을 알고 있는
become aware ~를 알아채다

빅데이터가 알려주는 출제포인트
정답근거 문장에 자주 등장하는 어휘로, 의미적으로 다음 어휘들과 연결시킬 수 있어야 한다.
▸ conscious of ~을 의식하고 있는
▸ informed of ~을 알고 있는
▸ sensitive to ~에 민감한

★★★

measure

ˈmɛʒə
메-져

measurement [명] 측정, 치수
measurable [형] 측정할 수 있는, (크기, 효과 등이) 주목할 만한

[명] **조치, 정책**

Emergency responders must sometimes take drastic **measures** in order to save a life.
응급 구조원들은 생명을 구하기 위해 때로는 반드시 극단적인 조치를 취해야 한다.

기출 Collocations

take measures 조치를 취하다, 대책을 강구하다

빅데이터가 알려주는 출제포인트

measurement는 명사 measure와 의미가 다르므로 해석할 때 유의해야 한다.
▸take measurements 치수를 재다

[동] **평가하다, 측정하다** gauge, calculate

The new exam will supposedly **measure** an educator's teaching ability.
새로운 시험은 교육관의 교수 능력을 측정할 것으로 짐작된다.

★★

component

kəmˈpəʊnənt
컴**포우**넌트

[명] **구성 요소** part, element

One key **component** of a successful marketing campaign is clearly defining the target audience.
성공적인 마케팅 캠페인의 한 가지 핵심 요소는 목표 대상자들을 명확히 규정하는 것이다.

★★

sediment

ˈsɛdɪm(ə)nt
쎄디먼트

sedimentation [명] 퇴적 (작용)

[명] **침전물** deposit, silt

Amityville residents complained about the large amount of **sediment** found in their drinking water.
아미티빌 주민들은 식수에서 발견되는 많은 양의 침전물에 대해 불평했다.

기출 Collocations

sediment-free 침전물이 없는

★ acoustic

əˈkuːstɪk
어**쿠**우스틱

🔞 방음용의, 방음의

The walls of the studio are lined with **acoustic** material that improves the quality of the recordings.
그 스튜디오의 벽은 녹음의 품질을 향상시키는 방음 자재로 덧대어져 있다.

기출 Collocations
acoustic seals 음향 밀폐

🔞 음향의, 청각의   auditory

Whales have a wider **acoustic** range than humans.
고래는 인간보다 넓은 청각 범위를 지니고 있다.

기출 Collocations
acoustic sense 청각
acoustic modification 음향 조정

빅데이터가 알려주는 출제포인트

형용사로서 또 다른 뜻은 '악기나 공연이 앰프를 쓰지 않는, 어쿠스틱의' 이다.
▸ play a short acoustic set 짧은 어쿠스틱 곡 하나를 연주하다

★★★ beyond

bɪˈjɒnd
비**욘**드

🔞 능가하는, 넘어서는

Studying the humanities will result in advantages that go far **beyond** improvements to communication and writing skills.
인문학을 공부하는 것은 의사 소통 능력과 글쓰기 능력을 향상시키는 것을 훨씬 넘어서는 장점을 낳을 것이다.

기출 Collocations
far beyond 훨씬 너머, ~를 훨씬 넘어서
go beyond ~을 넘어서다, ~을 초과하다
extend beyond ~너머까지 미치다

★★ emit

ɪˈmɪt
이**밑**

emission 🔞 배출, 배출물, 배기가스

🔞 내뿜다   release

The burning of fossil fuels **emit** greenhouse gases, the main cause of global warming.
화석 연료의 연소는 지구 온난화의 주범인 온실 가스를 내뿜는다.

afford

★★★

əˈfɔːd
어**f오**-드

affordable ⓐ (가격 등이) 알맞은

ⓥ (금전적, 시간적) 여유가 되다

If the organisation cannot **afford** train tickets for all participants, then a charter bus may also be rented.
그 단체가 모든 참가자들을 위한 기차표를 구입할 여유가 없다면, 전세 버스가 대여될 수도 있다.

기출 Collocations

afford to do ~할 여유가 되다

빅데이터가 알려주는 출제포인트

동사로서의 또 다른 뜻으로 기회 등을 '주다, 제공하다'라는 의미를 가지는 단어이다. 이 의미일 때, provide와 패러프레이징될 수 있다.
▸ afford the opportunity 기회를 주다
▸ be afforded ocean views 바다 전망을 제공받다

eligible

★★

ˈɛlɪdʒɪb(ə)l
엘리져블

ⓐ 자격이 있는   qualified

Members of the airline's frequent flyer programme are **eligible** for free seat upgrades.
그 항공사의 단골 고객 프로그램에 속한 회원은 무료 좌석 업그레이드의 자격이 있다.

기출 Collocations

be eligible for ~의 자격이 있다
eligible courses 수강할 수 있는 과정
all those eligible 자격이 있는 모든 사람

terrestrial

★★

təˈrɛstrɪəl
테레스트리얼

ⓐ 육생의, 육지에 사는

The African elephant is the largest **terrestrial** mammal.
아프리카 코끼리는 육지에 사는 가장 큰 포유류이다.

어원을 알면 더 쉽다!

terrestrial(지구의, 육상의), terrain(지형, 지역), 오락이나 영화에 나오는 Terran(테란, 지구인), ET(extraterrestrial; 외계인) 모두 로마 신화에서 '지구'를 상징하는 여신, Terra에 어원을 두고 있다.

degraded

★

dɪˈɡreɪdɪd
디그레이디드

degrade ⓥ 비하하다, 분해하다

ⓐ (품질이나 지위가) 강등된, 황폐화된

Environmentalists estimate that almost 80 per cent of cropland in China is **degraded** land.
환경론자들은 중국 내에서 거의 80%에 달하는 경작지가 황폐화된 땅이라고 추정하고 있다.

기출 Collocations

degraded quality 낮은 품질

Day
16

Listening & Reading

★★★
carry
'kari

캐리

동 나르다 transport

The winds in the desert **carry** sand, dust and other fine particles across the continent.

사막의 바람은 모래와 먼지, 그리고 기타 미세 입자들을 대륙 전역으로 운반한다.

기출 Collocations
carry with ~을 휴대하다, 데리고 가다

동 수행하다, 이행하다 perform

Every January, millions of people promise themselves to **carry** out their ambitious goals.

매년 1월에, 수백 만 명의 사람들이 야심찬 목표를 이행하겠다고 스스로에게 약속한다.

기출 Collocations
carry out 수행하다, 이행하다

동 계속하다

Maintenance workers **carried** on with the repairs even though the water was rising.

시설 관리 직원들은 물이 불어나고 있음에도 불구하고 수리 작업을 계속 이어 나갔다.

기출 Collocations
carry on 계속하다

Quick Review

단어와 그에 알맞은 뜻을 연결해 보세요.

1.	magnificent	①	유효한
2.	valid	②	장대한, 훌륭한
3.	thoroughly	③	버리다
4.	activate	④	철저히, 꼼꼼하게
5.	sediment	⑤	먹이를 찾다, 약탈하다
6.	absence	⑥	활성화시키다, 작동시키다
7.	forage	⑦	침전물
8.	discard	⑧	조치, 정책, 평가하다, 측정하다
9.	verification	⑨	인증
10.	measure	⑩	부재, 없음

단어와 그에 알맞은 유의어를 연결해 보세요.

11.	emit	⑪	transport
12.	disastrous	⑫	qualified
13.	carry	⑬	roughly calculate
14.	depending on	⑭	copy
15.	eligible	⑮	part
16.	divide	⑯	separate
17.	estimate	⑰	release
18.	nearly	⑱	according to
19.	component	⑲	catastrophic
20.	reproduce	⑳	almost

정답

1. ② 2. ① 3. ④ 4. ⑥ 5. ⑦ 6. ⑩ 7. ⑤ 8. ③ 9. ⑨ 10. ⑧
11. ⑰ 12. ⑲ 13. ⑪ 14. ⑱ 15. ⑫ 16. ⑯ 17. ⑬ 18. ⑳ 19. ⑮ 20. ⑭

Day 16

Listening & Reading

Collocations for Writing & Speaking

agree to differ
견해 차이를 인정하다

= agree to disagree

After a lengthy debate, we decided to **agree to differ** on the contentious issue.

오랜 논쟁 끝에, 우리는 논쟁의 여지가 있는 사안에 대해 견해 차이를 인정하기로 결정했다.

🔁 beg to differ 반대하다

at a crossroads
(중요한) 갈림길에, 기로에

I am **at a crossroads**, deciding whether to study abroad or continue working in my country.

나는 유학을 갈지, 아니면 조국에서 계속 일할지 결정해야 하는 기로에 있다.

common ground
공통점, 타협점

Despite differing views, finding **common ground** allowed our team to collaborate effectively on the challenging project.

서로 다른 견해에도 불구하고, 타협점을 찾는 것은 우리 팀이 까다로운 프로젝트에서 효과적으로 협업할 수 있도록 했다.

dead end   막다른 길

Stuck in a career **dead end**, Bill sought new opportunities for growth and advancement.
커리어의 막다른 길에 갇히자, 빌은 성장과 발전을 위한 새로운 기회를 모색했다.

developed country   선진국

Developing countries argue that **developed countries** have contributed more to the accumulation of greenhouse gas emissions that drive climate change.
개발도상국들은 선진국들이 기후 변화를 일으키는 온실가스 배출량 축적에 더 많은 원인 제공을 했다고 주장한다.

비교 developing country 개발 도상국

go round in circles   진전이 없다, 돌고 돌다

The discussion on the annual budget in our team meeting kept **going round in circles**.
우리 팀 회의에서 연간 예산에 대한 논의는 계속 진전이 없었다.

미국식 go around in circles

grey area

모호한 부분

There is a **grey area** surrounding the newly developed vaccine that requires clarification through proper legal discussions.

적절한 법적 논의를 통해 명확히 해야 하는, 새로 개발된 백신을 둘러싼 모호한 부분이 있다.

미국식 gray area

heated debate

열띤 논쟁/토론

= heated discussion

The government proposal sparked a **heated debate** among the public, revealing diverse opinions and passionate arguments.

이 정부 제안은 대중 사이에서 열띤 논쟁을 불러일으켰고, 다양한 의견과 열정적인 주장들이 펼쳐졌다.

lockdown measures

폐쇄(봉쇄) 조치

Governments implemented strict **lockdown measures** to curb the spread of the contagious virus.

정부는 전염성 바이러스의 확산을 억제하기 위해 엄격한 봉쇄 조치를 시행했다.

red herring

관심을 딴 데로 돌리는 것, 레드헤링

In discussions on environmental protection, focusing on individual behaviours can be a **red herring**, diverting attention from systemic solutions.

환경 보호에 대한 논의에서 개인의 행동에 초점을 맞추는 것은 시스템적인 해결책에서 관심을 돌리게 하는, 레드헤링이 될 수 있다.

sit on the fence

결정을 미루다, 결정을 하지 않다, 울타리에 앉아 있다

In meetings, Susie tends to **sit on the fence**, avoiding taking a firm stance on controversial issues.

회의에서 수지는 논쟁의 여지가 있는 사안에 대해 단호한 입장을 취하지 않고 결정을 하지 않는 경향이 있다.

활용법 Speaking 또는 General Training Writing의 Informal letter에서 사용

strictly forbidden

엄격하게 금지되는

Smoking in public areas is **strictly forbidden** in some countries.

일부 국가에서는 공공장소에서의 흡연이 엄격하게 금지되어 있다.

비교 strongly forbidden 보다 더 자연스러운 표현

the other side of the coin
다른 관점, 동전의 이면

While technology has improved our lives in many ways, it is crucial to consider **the other side of the coin**: the potential challenges it may bring.

기술은 여러 면에서 우리의 삶을 향상시켜왔지만, 동전의 다른 면, 즉 기술이 가져올 수 있는 잠재적 도전들에 대해서도 고려하는 것이 중요하다.

unanimous agreement
만장일치로 합의/결정

= unanimous decision

The committee reached a **unanimous agreement** on the proposed policy changes.

위원회는 제안된 정책 변경에 대해 만장일치로 합의했다.

unexpected outcome
예상치 못한 결과

= unforseen outcome

Despite meticulous planning, the project faced an **unexpected outcome**.

치밀한 계획에도 불구하고 그 프로젝트는 예상치 못한 결과에 직면했다.

Quick Review

빈칸에 알맞은 콜로케이션을 선택해 보세요.

① unexpected outcome ⑤ unanimous agreement

② strictly forbidden ⑥ lockdown measures

③ grey area ⑦ dead end

④ common ground

1. Despite differing views, finding _____ allowed our team to collaborate effectively on the challenging project.

   서로 다른 견해에도 불구하고, 타협점을 찾는 것은 우리 팀이 까다로운 프로젝트에서 효과적으로 협업할 수 있도록 했다.

2. Stuck in a career _____, Bill sought new opportunities for growth and advancement.

   커리어의 막다른 길에 갇히자, 빌은 성장과 발전을 위한 새로운 기회를 모색했다.

3. There is a _____ surrounding the newly developed vaccine that requires clarification through proper legal discussions.

   적절한 법적 논의를 통해 명확히 해야 하는, 새로 개발된 백신을 둘러싼 모호한 부분이 있다.

4. Governments implemented strict _____ to curb the spread of the contagious virus.

   정부는 전염성 바이러스의 확산을 억제하기 위해 엄격한 봉쇄 조치를 시행했다.

5. Smoking in public areas is _____ in some countries.

   일부 국가에서는 공공장소에서의 흡연이 엄격하게 금지되어 있다.

6. The committee reached a _____ on the proposed policy changes.

   위원회는 제안된 정책 변경에 대해 만장일치로 합의했다.

7. Despite meticulous planning, the project faced an

   _____ .

   치밀한 계획에도 불구하고 그 프로젝트는 예상치 못한 결과에 직면했다.

정답

1. ④ 2. ⑦ 3. ③ 4. ⑥ 5. ② 6. ⑤ 7. ①

아이엘츠가 좋아하는
감정 형용사

☐ **surprising** 놀라운
sə'prʌɪzɪŋ
써프라이징

☐ **terrified** (몹시) 무서워
'tɛrɪfʌɪd 하는
테리f아이드

☐ **touching** 감동적인
'tʌtʃɪŋ
터칭

☐ **outraged** 격분한
'aʊtreɪdʒd
아웉레이지드

☐ **stunning** 깜짝 놀랄 만한
'stʌnɪŋ
스터닝

☐ **unwilling** 꺼리는
ʌn'wɪlɪŋ
언윌링

☐ **awful** 끔찍한
'ɔːf(ə)l
오-f을

☐ **reluctant** 꺼리는, 주저하
rɪ'lʌkt(ə)nt 는
리럭턴트

☐ **discouraged** 낙담한
dɪskʌrɪdʒd
디스커리지드

☐ **satisfactory** 만족스러운
satɪs'fakt(ə)ri
세티스f엑터리

☐ **charming** 매력적인
'tʃɑːmɪŋ
챠-밍

☐ **agitated** 흥분한, 동요한
'adʒɪteɪtɪd
애쥐테이티드

☐ **offensive** 공격적인, 모욕
ə'fɛnsɪv 적인
어f엔씨v으

☐ **incredible** 믿을 수 없는
ɪn'krɛdɪb(ə)l
인크레더블

☐ **poignant** 가슴 아픈
'pɔɪnjənt
포이니언트

☐ **cherished** 소중히 여기는
'tʃɛrɪʃt
체리쉬트

☐ **disappointing** 실망스러운
dɪsə'pɔɪntɪŋ
디스어포인팅

☐ **astonishing** 정말 놀라운
ə'stɒnɪʃɪŋ
어스토니싱

☐ **infuriating** 정말 화나는
ɪn'fjʊərɪeɪtɪŋ
인f유어리에이팅

☐ **overwhelming** 압도적인
əʊvə'wɛlmɪŋ
오v어-웰밍

DAY 17

Listening
Reading

Writing
Speaking

★★

cure

kjʊər
큐우어

ⓥ **치료하다, 해결하다**   heal, treat

Early doctors believed tomatoes could **cure** ailments of the heart, solely based on the fruit's similar shape to the organ.
초기의 의사들은 단지 심장 기관과 유사한 토마토의 모양만을 근거로 들어 심장 질환을 치유할 수 있다고 믿었다.

ⓥ **말리다, 보존 처리를 하다**   preserve, smoke

Various meats are **cured** using salt in order to preserve and enhance their taste and texture.
맛과 질감을 지키고 향상시키기 위해 다양한 고기들이 소금을 사용해 보존 처리 되고 있다.

★★★

transform

tranzˈfɔːm
트렌스f오-옴

transformation ⓝ 변화, 변신
transformational ⓐ 변형의

ⓥ **변형시키다, 탈바꿈시키다**   turn

The success of e-reader devices such as Kindle completely **transformed** the publishing industry.
킨들과 같은 전자책 리더 기기의 성공은 출판업계를 완전히 바꾸어놓았다.

★

devastate

ˈdɛvəsteɪt
데V어스테이트

devastation ⓝ 대대적인 파괴
devastating ⓐ 대단히 파괴적인, 엄청나게 충격적인

ⓥ **완전히 파괴하다**   demolish

Numerous Indonesian businesses were **devastated** by the Asian Financial Crisis in the late 1990s.
수많은 인도네시아 사업체들이 1990년대 후반에 있었던 아시아 금융 위기로 큰 충격을 받았다.

★★★

conservative

kənˈsəːvətɪv
컨써-V에티V으

conservation ⓝ 보호, 보존

ⓐ **보수적인, 적게 잡은**

Most auction participants will begin by making relatively **conservative** bids.
대부분의 경매 참가자들은 상대적으로 보수적인 금액을 부르는 것으로 시작한다.

기출 Collocations

a conservative estimate 보수적인 견적(낮게 잡은 견적)

devoted ★★

dɪˈvəʊtɪd
디**보**티드

형 헌신적인, 열심인   committed

It is a website **devoted** entirely to checking the facts behind politicians' claims.
이것은 정치인들의 주장 이면에 존재하는 사실을 확인하는 데 전적으로 몰두하는 웹사이트다.

기출 Collocations
devoted to ~에 몰두하는, 헌신하는

---

alternative ★★★

ɔːˈltəːnətɪv
올**터**너티v으

alternatively 閉 그 대신에

형 대안이 되는, 대체의

Harrison's travels through South America exposed him to several **alternative** styles of playing the classical guitar.
해리슨의 남미 여행은 여러가지 다른 스타일의 클래식 기타 연주를 접하도록 했다.

명 대안, 대안이 되는 것

Congress spent months debating proposed **alternatives** to the current method of taxation.
의회는 기존의 과세 방법에 대한 대안을 제의하기 위해 여러 달을 보냈다.

---

fragile ★★

ˈfrædʒʌɪl
f으**레**자일

형 손상되기 쉬운   vulnerable

The mechanisms in an antique watch are extremely **fragile** and should only be handled by a trained expert.
골동품 시계의 기계 장치는 손상되기 매우 쉬우며 숙련된 전문가만이 다루어야 한다.

기출 Collocations
fragile environments 취약한 환경
ecologically fragile 생태학적으로 취약한

영국식 vs. 미국식

형용사 접미어 -ile를 영국은 /-아일/, 미국은 /-을/로 발음하기에, 영국은 /f으레자일/, 미국은 /f으레즐/이라고 한다.

---

enlarge ★★

ɪnˈlɑːdʒ
인**라**-쥐

동 확장하다

In 1850, work began to **enlarge** the Capitol Building in order to accommodate the growing congress.
1850년에 점점 더 커지는 의회를 수용하기 위해 의사당 건물을 확장하는 작업이 시작되었다.

★★
premises

ˈprɛmɪsɪz
프레미씨즈

[명] 부지, 구내 facility

Smoking is not allowed within 30 metres of any government-owned **premises**.
모든 정부 소유의 부지에서 30미터 이내로는 흡연이 허용되지 않는다.

빅데이터가 알려주는 출제포인트

단수형인 premise는 '(생각이나 이론의) 전제'를 뜻하며 hypothesis(가설)와 비슷한 단어로 봐도 무방하다.

★★★
otherwise

ˈʌðəwʌɪz
아더와이즈

[부] 다르게, 다른 방법으로

The substance can cause serious health problems when eaten or **otherwise** brought into contact with the body.
그 물질은 사람이 먹거나 인체에 접촉될 경우에 심각한 건강 문제를 초래할 수 있다.

기출 Collocations
or otherwise (앞서 언급한 것과) 반대로, 반대되는

[부] 그렇지 않으면

Applications for the job vacancy must be received by 5 p.m. on Friday; **otherwise**, they will be rejected and returned to applicants.
그 공석에 대한 입사지원서는 반드시 금요일 오후 5시까지 접수되어야 하며, 그렇지 않을 경우, 거절되어 지원자에게 반송됩니다.

★★
insist

ɪnˈsɪst
인씨스트

insistence [명] 주장, 고집

[동] 주장하다 claim

The director **insists** that no animals were harmed during the filming of the movie, but several animal rights organisations believe otherwise.
감독은 영화를 촬영하는 동안 어떠한 동물도 다치지 않았다고 주장하지만, 여러 동물 보호 단체는 다르게 생각한다.

기출 Collocations
insist that ~라고 주장하다
insist on ~을 강력히 요구하다

element

ˈɛlɪm(ə)nt
엘리멘트

elementary ⓐ 초급의, 기본적인

ⓔ 요소, 성분   component

Their business model relied on a psychological **element**, too: customers who assemble the products themselves also feel a sense of pride.

그들의 사업 모델은 심리적인 요소에도 의존했는데, 제품을 직접 조립하는 고객들은 자부심도 느낀다는 것이다.

기출 Collocations
elements in ~의 요소
key elements 핵심 요소

빅데이터가 알려주는 출제포인트
형용사형인 elementary는 초등학교를 뜻하는 elementary school로 자주 등장하며 이는 primary school로 바꾸어 쓸 수 있다.

---

flourish

ˈflʌrɪʃ
f을러리쉬

ⓥ 잘 자라다, 번창하다   thrive

Various strains of wine grapes **flourish** in the dry climate of the Mediterranean.

와인용 포도의 다양한 종은 지중해의 건조한 기후에서 잘 자란다.

---

delicate

ˈdɛlɪkət
델리케트

ⓐ 섬세한, 미묘한

The king's actions threatened the **delicate** balance of power between the Crown and the Church of England.

왕의 행동은 왕권과 잉글랜드 교회 간의 미묘한 균형 관계를 위협했다.

기출 Collocations
delicate balance 섬세한 균형, 절묘한 균형

---

sensible

ˈsɛnsɪb(ə)l
쎈시블

ⓐ 실용적인

Anyone planning to join the hike should wear warm clothing and **sensible** shoes.

등산 행사에 참가할 계획이 있는 모든 사람들은 따뜻한 옷과 실용적인 신발을 착용해야 한다.

기출 Collocations
a sensible adaptation 합리적인 적용
a sensible tool 합리적인 도구, 실용적인 도구

빅데이터가 알려주는 출제포인트
비슷한 철자를 가진 sensitive(민감한)와 의미가 전혀 다르기 때문에 서로 혼동하지 않도록 유의해야 한다.

Day 17

Listening & Reading

overcome

★★

əʊvəˈkʌm
오우V어**컴**

동 극복하다   deal with, solve

Patients undergo a variety of therapies to **overcome** irrational fears and phobias.
환자들은 비이성적인 두려움과 공포감을 극복하기 위해 다양한 치료 과정을 거친다.

기출 Collocations

overcome a negative experience 부정적인 경험을 극복하다

빅데이터가 알려주는 출제포인트

문제나 어려움을 성공적으로 해결한 것을 말할 때 overcome을 사용한 다. 따라서 의미적으로 다음 어휘들과 연결시킬 수 있어야 한다.
▸ get rid of ~을 제거하다
▸ recover 회복하다
▸ solution 해결책

volunteer

★★

ˌvɒlənˈtɪə
V올렌**티**어

동 자원하다, 자원봉사로 하다

Thousands of local residents **volunteered** to rebuild the village following the tsunami.
수천 명의 지역 주민들이 쓰나미 발생 후에 마을을 재건하기 위해 자원했다.

빅데이터가 알려주는 출제포인트

형용사 의미인 '자원봉사로 하는'을 뜻할 수 있는 단어는 voluntary(자발 적인)이다.

명 자원봉사자

During the summer of 1957, she worked as a **volunteer** at a medical clinic in Rwanda.
1957년 여름에 그녀는 르완다의 한 진료소에서 자원봉사자로 일했다.

readily

★★

ˈrɛdɪli
뤠딜리

부 손쉽게, 기꺼이

Financial aid for local students is now more **readily** available.
지역 학생들에 대한 재정적 지원이 지금은 더 쉽게 이용 가능하다.

기출 Collocations

readily available 쉽게 이용할 수 있는

어원을 알면 더 쉽다!

ready는 '준비가 된'의 기본 의미를 가지고 있고, '즉석의, 편리한, ~하기 쉬 운'이라는 확장된 의미를 갖는다. 따라서 readily는 '손쉽게, 즉시'란 뜻이 되 었다.

synthetic

★★

sɪnˈθɛtɪk
씬**th**에틱

synthetically ⓐ 합성하여

ⓐ 합성한, 인조의

Some medical experts believe frequent exposure to **synthetic** chemicals has contributed to increased cancer rates.

일부 의료 전문가들은 합성 화학 물질에 대한 잦은 노출이 암 발생율 증가의 원인이 되었다고 생각한다.

기출 Collocations

synthetic materials 합성 물질

빅데이터가 알려주는 출제포인트

반의어로 아이엘츠에 자주 등장하는 단어는 natural이다.

---

essential

★★★

ɪˈsɛnʃ(ə)l
이-**쎈**셜

essentially ⓐ 본질적으로

ⓐ 필수적인, 본질적인   vital

In medicine, appropriate bedside manner is also **essential**, alongside medical knowledge.

의학에서는, 의학적인 지식과 함께 환자를 대하는 적절한 태도 역시 필수적이다.

빅데이터가 알려주는 출제포인트

기본적으로 '중요하다'는 의미의 단어이다. 아이엘츠에서 자주 쓰이는 '중요하다'류의 단어는 다음과 같다.
- critical 대단히 중요한
- important 중요한
- necessary 필수적인
- crucial 결정적인
- key 핵심적인

---

verbal

★★

ˈvə:b(ə)l
V어-블

verbally ⓐ 구두로

ⓐ 언어의, 구두의   oral

In legal issues, written documents will hold much more power in court than any sort of **verbal** agreement.

법률 문제에서, 서면으로 된 문서들이 그 어떤 종류의 구두 합의보다 법정에서 훨씬 더 큰 힘을 지닌다.

기출 Collocations

non-verbal 말로 하지 않는, 비언어적인
verbal ability 언어 구사능력
verbal interactions 언어적 상호작용
verbal communication 언어적 의사소통

plausible

★★

ˈplɔːzɪb(ə)l
플**로**-즈블

형 타당한, 그럴듯한

The thesis committee found the candidate's findings **plausible** but required further revisions to the research methods.

논문 위원회는 그 지원자의 논문 결론이 타당하다고 여겼지만 연구 방법은 추가 수정하라고 요구했다.

---

primitive

★★

ˈprɪmɪtɪv
프리미티V으

형 원시적인   ancient, prehistoric

A collection of **primitive** tools was discovered in a cave in northern Mexico.

다양한 원시적 도구들이 멕시코 북부 지역의 한 동굴에서 발견되었다.

---

transit

★

ˈtransɪt
트**렌**짙트

명 통과, 변화, 환승

Astrologists partly base their predictions on the **transits** of the Moon.

점성술사들은 부분적으로 달의 변화에 예언의 근거를 둔다.

기출 Collocations

transit passengers 환승객

명 수송, 교통 체계

If more commuters opted to use mass **transit**, the amount of harmful automobile emissions would surely be reduced.

더 많은 통근자들이 대중 교통을 이용하기로 선택한다면, 유해 자동차 배기 가스의 양이 분명 감소될 것이다.

빅데이터가 알려주는 출제포인트

'대중교통 체계'를 뜻하는 단어는 다양한데 정리하면 다음과 같다.
- mass transit
- public transit
- public transport
- public transportation

---

situate

★★★

ˈsɪtʃʊeɪt
씻츄에이트

situation 명 상황, 환경

동 위치시키다   locate

The ferry terminal is **situated** fifteen kilometres south of the city centre.

그 여객선 터미널은 도심부에서 남쪽으로 15킬로미터 지점에 위치해 있다.

기출 Collocations

be situated on/in ~에 위치하다

fishery

ˈfɪʃ(ə)ri
f이셔-리

명 어업

The report revealed that large commercial **fisheries** were responsible for the ecological damage in the Bering Sea.

이 보고서는 베링해의 생태학적 파괴가 큰 규모의 상업 어업으로 인한 것임을 밝혔다.

기출 Collocations
certified fisheries 허가 받은 어업

discharge

dɪsˈtʃɑːdʒ
디스**챠**-쥐

통 방출하다

The corporation faced a lawsuit for **discharging** toxic waste into nearby Lake Washago.

그 기업은 와샤고 호수 인근 지역으로 유독성 폐기물을 방출한 것에 대한 소송에 직면했다.

기출 Collocations
certified discharge 인증된 방출

빅데이터가 알려주는 출제포인트

명사로도 사용되는 단어이며, '방출'이라는 의미를 가진다.
▸ a discharge path 방출 경로

그리고 명사로 사용될 때는 발음 강세가 앞 음절에 있다.
▸ ˈdɪstʃɑːdʒ 디스챠-쥐

germination

dʒəːmɪˈneɪʃ(ə)n
져-미**네**이션

germinate 동 싹트다, 시작되다

명 발아

Scientific advances in the understanding of seed **germination** have led to exciting developments in agriculture.

종자 발아의 이해에 대한 과학적 진보는 농업의 흥미로운 발전으로 이어졌다.

기출 Collocations
seed germination 종자 발아

inclination

ɪnklɪˈneɪʃ(ə)n
인클리네이션

📖 성향, 경향

The tortoise's natural **inclination** to retract its head and limbs in the presence of danger contributes to its long lifespan.

위험 요소가 존재하는 상황에서 머리와 사지를 움츠리는 거북이의 본능적 성향은 긴 수명에 도움이 된다.

★★★

ever

ˈɛvə
에V어

🔵 항상

Day-Lewis, **ever** the thorough actor, did intensive research over several months before portraying the character.

항상 철저한 연기를 펼치는 배우인 데이 루이스는 그 인물을 묘사하기에 앞서 수개월 동안에 걸쳐 집중적인 연구를 했다.

기출 Collocations

ever-increasing 계속 증가하는
ever-present 항상 존재하는
ever-shifting 항상 변화하는

빅데이터가 알려주는 출제포인트

any나 no가 있는 문장에서 쓰인 ever의 의미는 대부분 이것(언제든, 한 번이라도)이다.

🔵 언제든, 한번이라도

By using the new cook-to-order approach, no food will **ever** be wasted.

주문 시 조리하는 새로운 방법을 이용하면, 언제든 음식이 낭비되지 않을 것이다.

🔵 역대, 지금까지

With continual advances in Internet technology, staying in touch with friends and family becomes **ever** easier.

인터넷 기술의 끊임 없는 발전으로 인해, 친구 및 가족과 연락하는 일이 그 어느 때보다 더 쉬워지고 있다.

빅데이터가 알려주는 출제포인트

비교급이나 최상급의 의미를 강조하는 용도로 쓰인 ever이다.

Quick Review

단어와 그에 알맞은 뜻을 연결해 보세요.

1. premises	① 부지, 구내
2. delicate	② 발아
3. discharge	③ 실용적인
4. germination	④ 완전히 파괴하다
5. synthetic	⑤ 주장하다
6. devastate	⑥ 방출하다
7. insist	⑦ 손쉽게, 기꺼이
8. sensible	⑧ 섬세한, 미묘한
9. overcome	⑨ 합성한, 인조의
10. readily	⑩ 극복하다

단어와 그에 알맞은 유의어를 연결해 보세요.

11. verbal	⑪ oral
12. primitive	⑫ turn
13. essential	⑬ locate
14. flourish	⑭ thrive
15. transform	⑮ committed
16. cure	⑯ vital
17. element	⑰ ancient
18. devoted	⑱ component
19. situate	⑲ vulnerable
20. fragile	⑳ preserve

정답

1. ① 2. ⑧ 3. ⑥ 4. ② 5. ⑨ 6. ④ 7. ⑤ 8. ③ 9. ⑩ 10. ⑦
11. ⑪ 12. ⑰ 13. ⑯ 14. ⑭ 15. ⑫ 16. ⑳ 17. ⑱ 18. ⑮ 19. ⑬ 20. ⑲

Day
17

Listening & Reading

Collocations for Writing & Speaking

 **Technology**

access the internet

인터넷에 접속하다

Smartphones allow users to easily **access the internet** from anywhere.

스마트폰은 사용자가 어디서나 쉽게 인터넷에 접속할 수 있도록 해준다.

be attributed to

~에 기인하다, ~의 덕분이다

The recent breakthroughs in renewable energy technologies **are attributed to** ongoing research and development.

최근 재생 에너지 기술의 획기적인 발전은 지속적인 연구 개발 덕분이다.

be dedicated to

~에 바치다, ~을 기리다, ~에 전념하다

The research team **is dedicated to** creating cutting-edge technologies that will revolutionise the industry.

연구팀은 업계에 혁신을 가져올 최첨단 기술을 개발하는 데 전념하고 있다.

data breach
데이터 유출

= data leak

The company is facing backlash from customers in the aftermath of a **data breach** that compromised personal information.
그 회사는 개인 정보가 침해된 데이터 유출의 여파로 고객들의 반발에 직면해 있다.

digital age
디지털 시대

In the **digital age**, digital literacy is essential to navigate vast amounts of online information.
디지털 시대에는, 방대한 양의 온라인 정보를 탐색하기 위해 디지털 리터러시(미디어 정보 해독 능력)가 필수적이다.

비교 information age 정보화 시대

have an influence on
~에 영향을 미치다

Social media platforms **have a** profound **influence on** shaping public opinion and disseminating information.
소셜 미디어 플랫폼은 여론을 형성하고 정보를 전파하는 데 큰 영향을 미친다.

Day
17

Writing & Speaking

heavily rely on

~을 크게 의존하다, ~에 크게 달려 있다

= heavily depend on

Smart city initiatives **heavily rely on** cutting-edge technology to enhance urban infrastructure and services.

스마트 시티 계획은 도시 인프라와 서비스를 향상시키기 위해 최첨단 기술에 크게 의존한다.

비교 rely/depend heavily on으로도 사용 가능

intellectual property

지적 재산

Companies often employ various strategies to protect their **intellectual property** online, including trademarks, copyrights and patents.

기업들은 온라인에서 상표, 저작권, 특허 등 지적 재산을 보호하기 위해 다양한 전략을 사용한다.

mobile phone

휴대폰

The rapid evolution of the **mobile phone** has transformed it from a simple communication device to a multifunctional tool with various features.

휴대폰의 급속한 발전은 휴대폰을 단순한 통신 기기에서 다양한 기능을 갖춘 다기능 도구로 완전히 바꿨다.

미국식 cell phone

out of date

뒤떨어진, 구식인

My smartphone was so **out of date** that it could not run the latest apps.

내 스마트폰은 너무 구식이어서 최신 어플을 구동할 수 없었다.

pop-up ad

팝업 광고

Pop-up ads can be intrusive and disrupt the user experience while browsing websites.

팝업 광고는 웹사이트를 탐색하는 동안 거슬리고 사용자 경험을 방해할 수 있다.

screen time

화면 보는 시간

Parents have to monitor their children's **screen time** to ensure a healthy balance with other activities.

부모는 자녀의 화면 보는 시간을 모니터링하여 다른 활동과 건강한 균형을 유지하도록 해야 한다.

smart phone

스마트폰

= smartphone

With the advent of **smartphones**, the traditional role of mobile phones has expanded to include internet access and numerous applications.
스마트폰의 등장으로, 휴대폰의 전통적인 역할이 인터넷 접속과 수많은 앱으로 확장되었다.

state-of-the-art

최첨단의, 최신의

= cutting-edge

The government launched a new **state-of-the-art** tax management system.
정부는 새로운 최첨단 세금 관리 시스템을 개시했다.

user-friendly

사용자 친화적인, 사용하기 쉬운

The success of the app can be attributed to its **user-friendly** interface.
이 앱의 성공은 사용자 친화적인 인터페이스에 기인한다.

빈칸에 알맞은 콜로케이션을 선택해 보세요.

① user-friendly
② screen time
③ digital age
④ attributed to
⑤ heavily rely on
⑥ dedicated to
⑦ access the internet

1. Smartphones allow users to easily _____ from anywhere.

   스마트폰은 사용자가 어디서나 쉽게 인터넷에 접속할 수 있도록 해준다.

2. The recent breakthroughs in renewable energy technologies are _____ ongoing research and development.

   최근 재생 에너지 기술의 획기적인 발전은 지속적인 연구 개발 덕분이다.

3. The research team is _____ creating cutting-edge technologies that will revolutionise the industry.

   연구팀은 업계에 혁신을 가져올 최첨단 기술을 개발하는 데 전념하고 있다.

4. Smart city initiatives _____ cutting-edge technology to enhance urban infrastructure and services.

   스마트 시티 계획은 도시 인프라와 서비스를 향상시키기 위해 최첨단 기술에 크게 의존한다.

5. Parents have to monitor their children's _____ to ensure a healthy balance with other activities.

   부모는 자녀의 화면 보는 시간을 모니터링하여 다른 활동과 건강한 균형을 유지하도록 해야 한다.

6. In the _____ , digital literacy is essential to navigate vast amounts of online information.

   디지털 시대에는, 방대한 양의 온라인 정보를 탐색하기 위해 디지털 리터러시(미디어 정보 해독 능력)가 필수적이다.

7. The success of the app can be attributed to its _____ interface.

   이 앱의 성공은 사용자 친화적인 인터페이스에 기인한다.

정답

1. ⑦ 2. ④ 3. ⑥ 4. ⑤ 5. ② 6. ③ 7. ①

Vocabulary Expansion

아이엘츠가 좋아하는 다의어

- ☐ **rocket** ˈrɒkɪt 로킽ㅌ — ① 로켓 ② 급등하다
- ☐ **fine** fʌɪn f아인 — ① 벌금 ② 좋은
- ☐ **tendency** ˈtɛnd(ə)nsi 텐던씨 — ① 기질 ② 추세, 동향
- ☐ **tuition** tjuːˈɪʃ(ə)n 튜-이션 — ① 수업 ② 등록금
- ☐ **pension** ˈpɛnʃ(ə)n 펜션 — ① 연금 ② 펜션, 작은 호텔
- ☐ **contact** ˈkɒntakt 콘텍트 — ① 접촉하다 ② 연락하다
- ☐ **depression** dɪˈprɛʃ(ə)n 디프레션 — ① 우울증 ② 불경기
- ☐ **reception** rɪˈsɛpʃ(ə)n 리쎕션 — ① 접수처 ② 환영 연회
- ☐ **address** əˈdrɛs 어드레쓰 — ① 주소를 적다 ② 연설하다 ③ (문제를) 다루다
- ☐ **patient** ˈpeɪʃ(ə)nt 페이션트 — ① 인내심 있는 ② 환자
- ☐ **sharp** ʃɑːp 샤아-프 — ① (물체가) 날카로운 ② 예리한
- ☐ **temporal** ˈtɛmp(ə)r(ə)l 템포럴 — ① 시간의 ② 관자놀이의
- ☐ **select** sɪˈlɛkt 씰렉트 — ① 선정하다 ② 엄선된
- ☐ **mortal** ˈmɔːt(ə)l 모-털 — ① (보통) 사람 ② 영원히 살 수 없는
- ☐ **premier** ˈpriːmɪə 프리-미어 — ① 최고의 ② 수상, 주지사
- ☐ **transparent** tranˈspar(ə)nt 트렌스패어런트 — ① 투명한 ② 명백한
- ☐ **desert** [명] ˈdezət 데저트 [동] dɪˈzəːt 디저-트 — ① 사막 ② 저버리다
- ☐ **fragment** [명] ˈfragm(ə)nt f으레그먼트 [동] fragˈmɛnt f으레그먼트 — ① 조각 ② 해체되다
- ☐ **remedy** ˈrɛmɪdi 레미디 — ① 처리방안 ② 치료
- ☐ **respondent** rɪˈspɒnd(ə)nt 리스폰던트 — ① 응답자 ② 피항소인

DAY
18

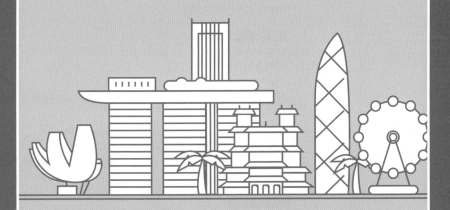

Listening
Reading

Writing
Speaking

★★★

term

tə:m
터-어엄

명 용어

word, phrase

In the 1920s, 'Flapper' was a **term** used to describe women who went against what was considered acceptable behaviour.

1920년 대에 '신여성'은 용인되는 행동이라고 여겨졌던 것에 대해 저항했던 여성을 묘사하기 위해 사용되는 용어였다.

기출 Collocations

in technical terms 기술적인 용어로
in broad terms 간략하게
in terms of ~면에서, ~에 관하여

명 기간

period

Even in relative **terms**, the cost of a university education has skyrocketed compared to what previous generations paid.

심지어 서로 대응되는 기간에도, 대학 교육 등록금이 이전 세대의 사람들이 지불했던 것에 비해 급등했다.

기출 Collocations

long-term 장기의
short-term 단기의

★★

setback

ˈsɛtbak
쎄엣백

명 차질

The cloudy weather conditions presented a minor **setback** for the satellite's launch plans.

구름이 많은 기상 상태로 인해 인공 위성 발사 계획에 사소한 차질이 빚어졌다.

어원을 알면 더 쉽다!

set(두다) + back(뒤에)이 결합되어 '퇴보, 차질'의 의미가 되었다.

★★

excavation

ɛkskəˈveɪʃ(ə)n
익스커V에이션

excavate ⑧ 발굴하다

명 발굴

dig

The **excavation** at the Peruvian site came to a halt because of a lack of funding.

페루 지역의 발굴은 자금 부족으로 중단되었다.

★★★

current

'kʌr(ə)nt
커런트

currency [명] 통화, 화폐

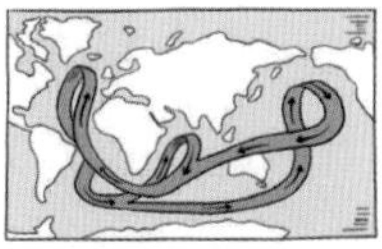

[명] 흐름, 해류, 기류 wave

Several factors affect the direction and speed of ocean **currents**, such as wind, temperature and salinity.
바람과 기온, 염분과 같은 여러 요소들이 해류의 방향과 속도에 영향을 미친다.

기출 Collocations
ocean currents 해류
air currents 기류
convection currents 대류

[형] 현재의

Our lead designer travels to Paris multiple times a year to keep up with **current** fashion trends.
우리 선임 디자이너는 현재의 패션 동향을 파악하기 위해 일년에 여러 차례 파리로 출장을 간다.

기출 Collocations
current trends 최근 동향
current locations 현재 위치
current concerns 현안

★★

perceive

pə'si:v
퍼**씨이**V으

[동] 인지하다 recognise, sense, feel

As people become more obsessed with their virtual lives through social media and video games, they may lose the ability to **perceive** the beauty of the natural world.
사람들이 소셜 미디어와 비디오 게임을 통한 가상의 삶에 더욱 집착하게 됨에 따라, 자연 세상이 지니는 아름다움을 인지하는 능력을 잃을 수도 있다.

기출 Collocations
widely perceive 폭넓게 인지하다
generally perceive 일반적으로 인식하다

★★★

observe

əb'zə:v
옵**져어**-v으

observable [형] 관찰할 수 있는
observation [명] 관찰, 관측
observer [명] 보는 사람, 관찰자
observatory [명] 관측소

[동] 관찰하다 discover

Countless academic studies have **observed** the link between wealth and fitness.
셀 수 없이 많은 학술 연구들이 부와 건강 사이의 연관성을 관찰해왔다.

★★

reasonable

ˈriːz(ə)nəb(ə)l
리-즈너블

reasonably (♥) 상당히, 합리적으로

(●) **상당한, 합리적인**

The artist hired by the city will be given a **reasonable** amount of creative freedom when designing the mural.
시에서 고용한 미술가는 벽화를 디자인할 때 상당한 수준의 창의적 자유가 주어질 것이다.

기출 Collocations

reasonable prices 합리적인 가격
reasonable concerns 합리적인 관심사, 당연한 우려
at a reasonable level 합리적인 수준

빅데이터가 알려주는 출제포인트

합리적인 가격을 말하는 reasonable prices의 의미는 가격이 적당한, 그래서 '비싸지 않은'이라는 의미로 이해하면 된다.

★★★

remove

rɪˈmuːv
리**무**-V으

removal (ⓢ) 제거, 철폐

(●) **제거하다, 치우다**   eliminate

Since the healing process is not yet complete, plastic surgery patients may have a negative reaction when the doctor first **removes** the bandages.
아직 회복 과정이 끝나지 않은 상태이기 때문에, 성형 수술 환자들은 의사가 처음 붕대를 제거할 때 부정적인 반응을 보일 수 있다.

빅데이터가 알려주는 출제포인트

무엇을 제거하거나 예외시키는 것을 말할 때 remove를 사용한다. 따라서 의미적으로 다음 어휘들과 연결시킬 수 있어야 한다.
» take out 빼내다, 제거하다
» forbid 금지하다
» omit 생략하다
» leave out 생략하다

★★

conventional

kənˈvɛnʃ(ə)n(ə)l
컨**V엔**셔너얼

convention (ⓢ) 관습

(●) **관습적인**   traditional, usual, ordinary

Aaron decided to skip the **conventional** approach to publishing and released his novel for free on the Internet.
애런은 관습적인 출판 방식을 생략하기로 결정했고, 자신의 소설을 인터넷에 무료로 배포했다.

기출 Collocations

conventional methods 기존의 방식, 전통적인 방식
conventional crime 관습적인 범죄
in the conventional sense 관습적으로

appliance

əˈplʌɪəns
어플라이언스

명 기기

Each floor now has an all-in-one office **appliance** that prints, copies and scans documents.
현재 각 층에는 문서 인쇄와 복사, 그리고 스캔 작업을 할 수 있는 복합 사무용 기기가 있다.

energy-saving appliances 에너지 절약형 가전제품
kitchen appliances 주방용품

★★★
stress

strɛs
스트레스

stressful 형 스트레스가 많은

동 강조하다   emphasise, focus, underline

The city signed off on a new advertisement campaign that **stressed** the ease of public transit.
시에서 대중 교통의 편리함을 강조한 새로운 광고 캠페인을 승인했다.

동 스트레스 받다   strain

It will stop soon, so don't **stress** about this heavy snow.
곧 멈출 것이므로, 이 많은 눈에 스트레스 받지 마세요.

명사로도 사용되는 단어로 '스트레스, 강조, 긴장'의 의미로 주로 쓰인다.
▸under stress 스트레스를 받고 있는
▸experience stress 스트레스를 경험하다
▸water stress 수분 부족

★★
frequent

ˈfriːkw(ə)nt
f으리-퀸트

frequently 부 자주, 흔히

형 빈번한, 잦은

Cyberattacks on financial systems have become more **frequent**, and the hackers are rarely identified.
금융 시스템에 대한 사이버 공격이 더욱 빈번해졌으며, 해커들은 좀처럼 그 정체가 밝혀지지 않고 있다.

★
disclose

dɪsˈkləʊz
디스클로우즈

동 밝히다, 공개하다   reveal

In order to protect the privacy of their patients, doctors will never **disclose** any sensitive information, even to a patient's close relatives.
환자들의 사생활을 보호하기 위해, 의사들은 심지어 가까운 친척들에게조차 그 어떤 민감한 정보도 절대로 공개하지 않는다.

Day
18

Listening & Reading

★★
dismissive

dɪsˈmɪsɪv
디스**미**씨V으

dismiss ⓢ 떨쳐 버리다, 해고하다
dismissal ⓜ 해고, 묵살

ⓗ 무시하는

New authors are often **dismissive** of the changes recommended by their editors.
신인 작가들은 편집자들이 권하는 변경 사항들을 종종 무시한다.

기출 Collocations
dismissive of ~을 무시하는

어원을 알면 더 쉽다!
기본형인 dismiss의 어원을 살펴보자. dis(떨어져) + miss(보내다)가 결합되어 '떨쳐 버리다'라는 기본 뜻을 가진다. '해산시키다, 해고하다, 기각하다'라는 의미로 확장되었다.

★★
frustration

frʌˈstreɪʃn
f으러스뜨**레**이션

frustrated ⓗ 좌절감을 느끼는, 불만스러워하는
frustrating ⓗ 좌절감을 주는, 불만스러운

ⓜ 좌절감

The additional flight delays added to the **frustration** of the already exhausted travelers at the airport.
추가적인 항공편 지연이 이미 공항에서 지친 여행객들의 좌절감을 가중시켰다.

★★
appeal

əˈpiːl
어**피이**-일

ⓢ 흥미를 끌다, 매력적이다

You shouldn't judge someone for enjoying certain hobbies that don't **appeal** to you.
자신에게 매력적이지 않은 특정 취미를 즐긴다는 이유로 다른 사람을 판단하지 말아야 한다.

ⓜ 매력

Working abroad has a special **appeal** for people who have become bored with their lives.
해외에서 근무하는 것은 자신들의 삶이 지루해진 사람들에게 있어 특별한 매력을 지닌다.

★

freight

freɪt
f으뤠이트

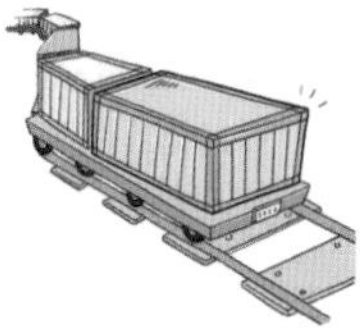

[명] **화물, 화물 운송** cargo

The amount of coal transported by rail **freight** in the UK has dropped significantly over the past five years.
영국에서 철도 화물로 운송되는 석탄량이 지난 5년 동안에 걸쳐 상당히 감소했다.

기출 Collocations
freight rates 화물 운임

★★★

adopt

əˈdɒpt
어**돕**트

adoption [명] 입양, 채택

[동] **채택하다, 받아들이다** choose

Some of Alexander the Great's success came from his practice of **adopting** the customs of the lands he conquered into a unified culture.
알렉산더 대왕의 성공은 그가 정복한 영토의 풍습을 하나의 통합된 문화로 받아들인 것에서 비롯되었다.

기출 Collocations
universally adopt 보편적으로 채택하다

빅데이터가 알려주는 출제포인트
동사로서의 또 다른 뜻으로 '입양하다'라는 의미가 있는 단어이다.

★

elusive

ɪˈluːsɪv
일**루**-씨V으

elude [동] 빠져나가다

[형] **이해하기 어려운, 포착하기 어려운**

Serious birdwatchers plan entire trips around having the opportunity to catch a glimpse of an **elusive** species of bird.
진정한 새 관찰자들은 포착하기 어려운 종의 새를 언뜻 볼 수 있는 기회를 갖는 것을 중심으로 모든 여행을 계획한다.

기출 Collocations
elusive phenomenon 포착하기 어려운 현상

빅데이터가 알려주는 출제포인트
의미가 같은, 다음 표현과 패러프레이징된다.
▹hard to find 알아내기 어려운
▹difficult to find 알아내기 어려운

★★
induce
ɪn'djuːs
인**듀**-쓰

[동] 유발하다, 유도하다 encourage

Some of the inappropriate jokes in the play **induced** groans and sighs in the audiences.
그 연극의 부적절한 농담들은 관객들 사이에서 불만과 한숨 섞인 소리를 유발했다.

★
dye
dʌɪ
다이

[명] 염료, 염색제

Natural **dyes** were once in high demand among merchants and fabric manufacturers.
천연염료는 한때 상인들과 섬유 제조사들 사이에서 수요가 높았다.

기출 Collocations
natural dye 천연염료
synthetic dye 합성염료

빅데이터가 알려주는 출제포인트
동사로도 사용되는 단어로 '염색하다'라는 의미이다. 그리고 dyeing(현재분사)-dyed(과거/과거분사)의 형태로 파생된다. die(죽다)의 dying-died과 혼동하지 않도록 한다.

★★
temporary
'tɛmp(ə)rəri
템포러리

temporarily [부] 일시적으로

[형] 일시적인 short-term

Due to **temporary** difficulties at the television station, the broadcast of the symphony's live performance was interrupted.
방송국 내의 일시적인 문제들로 인해 그 교향곡의 실황 공연 방송은 중단되었다.

기출 Collocations
a temporary halt 임시 중단

★★★
income
'ɪnkʌm
인컴

[명] 소득, 수입

The export of semiconductors is a major source of **income** for South Korea.
반도체 수출은 대한민국의 주요 수입원이다.

기출 Collocations
a source of income 수입원
a viable income 뚜렷한 수입

★★★

prior

ˈprʌɪə
프**롸**이어

[형] **사전의, 이전의** previous

Most internships in the corporate world have low wages, but they do not require any **prior** experience.
기업 세계에서 대부분의 인턴 과정은 저임금이지만, 이전의 어떠한 경험도 필요로 하지 않는다.

기출 Collocations
prior experience 사전 경험
prior knowledge 선행지식, 배경지식
prior to ~에 앞서, 먼저

★★★

anticipate

anˈtɪsɪpeɪt
안**티**씨페이트

anticipatory [형] 예상한

[동] **예상하다** expect, predict, foreshadow

As security standards were heightened at the airport, travelers should **anticipate** longer queues.
공항에서의 보안 수준이 강화되었으므로, 여행객들은 더 길게 늘어선 줄을 예상해야 한다.

★

shun

ʃʌn
쉬언

[동] **피하다** avoid

Members of the punk community **shun** the typical products of capitalism, such as mainstream politics, career-oriented employment and pop culture.
펑크 커뮤니티의 회원들은 자본주의의 전형적인 산물을 피하는데, 예를 들어 주류 정치, 직업 위주의 고용, 대중 문화 등과 같은 것들이다.

★★

injury

ˈɪn(d)ʒ(ə)ri
인져리

injure [동] 부상을 입히다
injured [형] 부상당한, 다친
injurious [형] 손상을 주는, 해로운

[명] **부상**

Parents should be aware of the risk of **injury** associated with each sport their child may participate in.
부모는 자녀가 참가할 수도 있는 각 스포츠와 관련된 부상의 위험성을 알고 있어야 한다.

기출 Collocations
sport injury 스포츠 관련 부상
illness or injury 병이나 부상

★★

call for

kɔːl fɔː
코올- f오-

필요로 하다, (공식적으로) 요청하다

Many local residents **called for** a no-parking policy to be implemented around the school.
많은 지역 주민들이 학교 주변에서 주차 금지 정책이 시행되도록 요청했다.

☆
apparatus

ˌæpəˈreɪtəs
아퍼레이터스

명 기구, 기관

Nikola Tesla made several changes to the **apparatus** while perfecting his Tesla Coil.

니콜라 테슬라는 자신의 테슬라 코일을 완벽하게 만드는 동안 그 기구에 여러 변화를 주었다.

빅데이터가 알려주는 출제포인트

신체 기관을 뜻하는 의학 전문용어로도 사용되는 단어이다. 예를 들어 brain도 하나의 apparatus이다. 기계와 신체는 아이엘츠 빈출 주제이니 두 가지 뜻을 모두 알아두자.

영국식 vs. 미국식

영국은 /아퍼레이터스/, 미국은 /아퍼레더스/라고 발음한다.

★★★
atmosphere

ˈætməsfɪə
에트모스fɪ어

명 (지구의) 대기   air

The burning of fossil fuels since the Industrial Revolution has greatly altered the Earth's **atmosphere**.

산업혁명 이후부터의 화석연료 연소는 지구의 대기를 크게 변화시켰다.

빅데이터가 알려주는 출제포인트

지구 환경은 아이엘츠에 자주 나오는 주제이다. 지구 대기층에 해당하는 다음 용어들을 알아두자.
- troposphere 대류권
- stratosphere 성층권
- mesosphere 중간권
- thermosphere 열권

어원을 알면 더 쉽다!

지구의 대기층에 해당하는 모든 단어 뒤에 sphere(영역, 권, 층)란 단어가 붙는다. 거기에 각각의 특징이나 위치를 뜻하는 단어가 결합되었다.
- 대류권: 공기가 이동하는 층이므로 '변화'를 의미하는 그리스어에서 유래된 tropo가 결합
- 성층권: 대류권 위에서 층을 이룬다는 의미의 strato가 결합
- 중간권: '중간'이란 의미의 meso
- 열권: '열'을 뜻하는 thermo가 결합

명 분위기   environment

Most cafés aim to provide a comfortable **atmosphere** for light conversation and studying.

대부분의 카페는 가벼운 대화와 공부를 위한 편안한 분위기를 제공하려고 한다.

기출 Collocations

academic atmosphere 학구적인 분위기
adult atmosphere 성숙한 분위기
family atmosphere 가정적 분위기

Quick Review

단어와 그에 알맞은 뜻을 연결해 보세요.

1.	induce	① 관습적인
2.	appliance	② 채택하다, 받아들이다
3.	frustration	③ (지구의) 대기, 분위기
4.	term	④ 유발하다, 유도하다
5.	atmosphere	⑤ 용어, 기간
6.	observe	⑥ 기기
7.	conventional	⑦ 관찰하다
8.	adopt	⑧ 좌절감
9.	elusive	⑨ 이해하기 어려운, 포착하기 어려운
10.	setback	⑩ 차질

단어와 그에 알맞은 유의어를 연결해 보세요.

11.	temporary	⑪ dig
12.	stress	⑫ wave
13.	excavation	⑬ recognise
14.	freight	⑭ cargo
15.	shun	⑮ reveal
16.	prior	⑯ previous
17.	disclose	⑰ short-term
18.	current	⑱ avoid
19.	perceive	⑲ eliminate
20.	remove	⑳ emphasise

정답

1. ④ 2. ⑥ 3. ⑧ 4. ⑤ 5. ③ 6. ⑦ 7. ① 8. ② 9. ⑨ 10. ⑩
11. ⑰ 12. ⑳ 13. ⑪ 14. ⑭ 15. ⑱ 16. ⑯ 17. ⑮ 18. ⑫ 19. ⑬ 20. ⑲

Collocations for Writing & Speaking

 **Linking Words**

as a result

결과적으로, 그 결과

As a result, the amount of waste in the city significantly decreased.
그 결과, 도시의 쓰레기 양이 상당히 줄었다.

as has been described

앞서 설명한 바와 같이

As has been described, I believe that the population growth in the countryside is a positive development.
앞서 설명한 바와 같이, 나는 시골에서의 인구 증가가 긍정적인 발전이라고 생각한다.

be that as it may

그럼에도 불구하고

= **nevertheless, nonetheless**

She faced numerous challenges in her career; **be that as it may**, her resilience ultimately led to success.
그녀는 커리어에서 수많은 도전에 직면했지만, 그럼에도 불구하고, 그녀의 회복탄력성은 결국 성공으로 이어졌다.

first of all

먼저

= to begin with

First of all, eggs are produced by a butterfly.

먼저, 알이 나비에 의해 생산되어진다.

for this reason

이러한 이유로

For this reason, renewable energy sources are gaining prominence in environmental policy discussions.

이러한 이유로, 환경 정책 논의에서 재생 에너지원이 각광을 받고 있다.

in addition

게다가, 더욱이, 추가로

= moreover, furthermore

In addition, Lake Victoria is relatively shallow with a maximum depth of 82 metres.

게다가, 빅토리아 호수는 최고 깊이가 82미터로 비교적 얕다.

in conclusion

결론으로, 마지막으로

In conclusion, I believe that rich countries should share their wealth with poor countries.

결론으로, 나는 부유한 국가들이 그들의 부를 가난한 국가들과 나눠야 한다고 생각한다.

in contrast

그에 반해서, 대조적으로

= by contrast

In contrast, the percentage of people staying single markedly increased from 20 per cent in 2010 to around 30 per cent in 2020.

그에 반해서, 혼자 사는 사람의 비율이 2010년 20%에서 2020년에 30%로 눈에 띄게 올랐다.

in particular

특별히

In particular, I appreciate the intricate details of historical architecture.

특별히, 나는 역사적 건축물의 복잡한 디테일을 높이 평가한다.

in summary
요약하면, 결론으로

= to sum up

In summary, it is critical to have a balanced diet and exercise regularly for better overall well-being.

요약하면, 더 나은 전반적인 건강을 위해서는 균형 잡힌 식단을 유지하고 규칙적으로 운동을 하는 것이 중요하다.

비교 캐쥬얼하게 말할 때는 in a nutshell 사용

in the same way
같은 방법으로, 마찬가지로

In the same way that regular exercise is crucial for physical health, mental well-being also requires regular care.

규칙적인 운동이 신체 건강에 중요한 것과 마찬가지로, 정신 건강에도 정기적인 관리가 필요하다.

on balance
모든 점을 감안할 때

= all things considered

On balance, the advantages of remote work include flexibility and increased employee satisfaction.

모든 점을 감안할 때, 원격 근무의 장점은 유연성과 직원 만족도 향상이다.

Day
18

Writing & Speaking

on the one hand ···
but on the other hand
한편으로는 ··· 그러나 다른 한편으로는

On the one hand, pursuing higher education can broaden one's knowledge and career opportunities, **but on the other hand**, it often comes with financial challenges.

한편으로, 고등 교육을 받으면 지식과 경력 기회를 넓힐 수 있지만, 다른 한편으로는, 재정적 어려움이 따르는 경우가 많다.

to this end
이 때문에

To this end, I believe demolishing the older buildings downtown and constructing small luxury hotels would attract more tourists.

이 때문에, 나는 오래된 시내 건물들을 부수고 작은 고급 호텔들을 짓는 것이 더 많은 관광객들을 불러늘일 것이라고 생각한다.

without a doubt
의심할 여지 없이

Without a doubt, innovations in medicine have changed lives for the better.

의심할 여지 없이, 의학의 혁신은 삶을 더 나은 방향으로 변화시켜 왔다.

빈칸에 알맞은 콜로케이션을 선택해 보세요.

① In contrast	⑤ For this reason
② In summary	⑥ In particular
③ As a result	⑦ On balance
④ In conclusion	

1. _____ , the advantages of remote work include flexibility and increased employee satisfaction.
모든 점을 감안할 때, 원격 근무의 장점은 유연성과 향상된 직원 만족도이다.

2. _____ , I appreciate the intricate details of historical architecture.
특별히, 나는 역사적 건축물의 복잡한 디테일을 높이 평가한다.

3. _____ , I believe that rich countries should share their wealth with poor countries.
결론으로, 나는 부유한 국가들이 그들의 부를 가난한 국가들과 나눠야 한다고 믿는다.

4. _____ , renewable energy sources are gaining prominence in environmental policy discussions.
이러한 이유로, 환경 정책 논의에서 재생 에너지원이 각광을 받고 있다.

5. _____ , the percentage of people staying single markedly increased from 20 per cent in 2010 to around 30 per cent in 2020.
그에 반해서, 혼자 사는 사람의 비율이 2010년 20%에서 2020년에 30%로 눈에 띄게 올랐다.

6. _____ , it is critical to have a balanced diet and exercise regularly for better overall well-being.
요약하면, 더 나은 전반적인 건강을 위해서는 균형 잡힌 식단을 유지하고 규칙적으로 운동을 하는 것이 중요하다.

7. _____ , the amount of waste in the city significantly decreased.
그 결과, 도시의 쓰레기 양이 상당히 줄었다.

정답

1. ⑦ 2. ⑥ 3. ④ 4. ⑤ 5. ① 6. ② 7. ③

아이엘츠가 좋아하는
명사

☐ **satellite** ˈsatəlʌɪt 쎄틸라이트	인공위성	☐ **arithmetic** əˈrɪθmətɪk 아리th으마틱	산수, 연산
☐ **robbery** ˈrɒb(ə)ri 로버리	강도 (사건)	☐ **sphere** sfɪə 스f이어	구, (관심) 영역
☐ **bullying** ˈbʊlɪŋ 불링	집단 괴롭힘	☐ **alienation** eɪlɪəˈneɪʃ(ə)n 에일리어네이션	소외
☐ **upheaval** ʌpˈhiːv(ə)l 업히-블	격변	☐ **parcel** ˈpɑːs(ə)l 파-쓸	소포
☐ **prosecution** prɒsɪˈkjuːʃ(ə)n 프로씨큐-션	기소, 고발	☐ **myth** mɪθ 미th으	신화
☐ **remnant** ˈrɛmnənt 렘넌트	남은 부분, 나머지	☐ **notoriety** nəʊtəˈrʌɪti 노우터라이티	악평, 악명
☐ **sympathy** ˈsɪmpəθi 씸파th이	동정, 연민	☐ **culprit** ˈkʌlprɪt 커얼플릿	장본인, 원인
☐ **catastrophe** kəˈtastrəfi 카타스트로f이	참사, 재앙	☐ **insulation** ɪnsjʊˈleɪʃ(ə)n 인쓸레이션	절연 처리
☐ **outbreak** ˈaʊtbreɪk 아웉브레이크	발생, 발발	☐ **earthquake** ˈəːθkweɪk 어-th으퀘이크	지진
☐ **desertification** dɪˌzəːtɪfɪˈkeɪʃ(ə)n 디저-티f이케이션	사막화	☐ **childbirth** ˈtʃʌɪl(d)bəːθ 챠일드버-th으	출산

DAY
19

Listening
Reading

Writing
Speaking

★★★
eventually

ɪ'vɛntʃʊ(ə)li
이**V**엔츄얼리

🔵 결국, 마침내   ultimately

The time required to produce each vehicle was
eventually reduced by the introduction of robotic
conveyor systems.
로봇 컨베이어 시스템의 도입으로 각각의 차량을 생산하는 데 필요한 시간이
마침내 감소되었다.

기출 Collocations

eventually become 마침내 ~가 되다
eventually end up 결국 (어떤 처지에) 처하게 되다

★★
deposit

dɪ'pɒzɪt
디**포**짙

🔵 침전물   sediment

The operation of the dam led to an increase of silt and
mud **deposits** at the mouth of the river.
그 댐의 운영은 강 어귀의 토사 및 진흙 침전물 증가로 이어졌다.

빅데이터가 알려주는 출제포인트

아이엘츠에서는 동사로 '쌓이다, 침전시키다', '두다, 놓다'의 뜻으로 등장
하는 편이다. place(두다, 놓다)와 서로 패러프레이징 된다.

어원을 알면 더 쉽다!

de(벗어나, 따로) + posit(두다, 위치하다)이 결합된 것으로, 따로 둔 돈인 '예
치금, 보증금'이나 따로 모이게 된 '침전물'의 뜻을 가지게 되었다.

🔵 선금, 보증금

Premium travel insurance will cover non-refundable
deposits that would otherwise be lost in the event of a
sudden cancellation.
고가의 여행 보험 상품은 갑작스러운 취소 시 잃을 수 밖에 없는 환불 불가
능한 선금을 보상해 줄 것이다.

★★
persistent

pə'sɪst(ə)nt
퍼씨스턴트

🔵 지속적인, 집요한

The company introduced a new policy to combat the
persistent lateness of its employees.
그 회사는 소속 직원들의 지속적인 지각 문제를 방지할 새로운 정책을 도입
했다.

★★
astronomical

astrə'nɒmɪk(ə)l
에스트로**노**미컬

astronomy [명] 천문학
astronomer [명] 천문학자

astro(별)+nom(규칙, 법)+ical(형용사 접미어)

[형] 천문학의, 천문의

The passing of Halley's Comet every 75 years is arguably the most famous **astronomical** event.
매 75년마다 핼리 혜성이 지나가는 것은 틀림없이 가장 유명한 천문 사건이다.

기출 Collocations
astronomical telescopes 천체 망원경

★★
arousal

ə'raʊzl
어**라**우절

arouse [동] 불러일으키다, 자극하다

[명] 자극

This new medicine is designed to trigger the **arousal** of hunger in patients, which will encourage them to eat.
이 새로운 약품은 환자들에게 있어 허기 자극을 유발하도록 고안된 것으로, 그들이 식사를 하도록 북돋아 줄 것이다.

기출 Collocations
high arousal 높은 자극
emotional arousal 정서적 각성
physiological arousal 생리학적 자극

★★
outstanding

aʊt'standɪŋ
아웉스**텐**딩

[형] 뛰어난 excellent

The audience at the film festival applauded the film for its **outstanding** direction and acting.
영화제의 관객들은 그 영화의 뛰어난 연출과 연기에 갈채를 보냈다.

기출 Collocations
outstanding students 우수한 학생
outstanding achievements 탁월한 성취

[형] 미지불된, 아직 처리되지 않은 balance

Any inquiries regarding **outstanding** bills should be directed to the customer services team.
미지불 고지서와 관련된 어떤 문의 사항이든 고객 서비스팀으로 전달되어야 한다.

기출 Collocations
outstanding fees 미지불된 요금

★★★

appear

əˈpɪə
어**피**-어

disappear [동] 사라지다, 보이지 않게 되다

[동] 나타나다 emerge

Many species of songbirds only **appear** in the morning.
많은 종류의 지저귀는 새는 오직 아침에만 나타난다.

[동] ~인 것 같다 seem

Popular diets may **appear** to be beneficial at first, but they can be disadvantageous in the long-term.
인기 있는 다이어트는 처음에는 유익한 것처럼 보일 수 있지만, 장기적으로는 이롭지 않을 수 있다.

기출 Collocations
appear to do ~로 나타나다, ~하는 것처럼 보이다

★★★

gene

dʒiːn
지-인

genetic [형] 유전의, 유전학의
genetics [명] 유전학
genetically [부] 유전적으로, 유전자상으로

[명] 유전자

Advances in genetics will allow scientists to identify specific **genes** that contain harmful diseases or even undesirable traits.
유전학의 발전은 과학자들이 해로운 질병이나 원하지 않는 특성을 가진 특정 유전자를 발견할 수 있도록 할 것이다.

기출 Collocations
a single gene 단일 유전자, 홑유전자

★

motif

məʊˈtiːf
모우**티**-fㅡ

[명] 무늬, 주제 image

The floral **motif** appears frequently throughout the hotel's interior designs.
꽃무늬는 호텔의 인테리어 디자인 전반에 걸쳐 흔히 나타난다.

기출 Collocations
salient motifs 가장 두드러지는 무늬, 핵심적인 주제

어원을 알면 더 쉽다!
motif는 motive(동기, 이유)와 마찬가지로 라틴어 motivus(움직이는, 움직이게 하는)에서 파생한 단어로, 두드러지거나 반복적인 주제를 뜻하게 되었다.

revert

rɪˈvəːt
리V어-트

(동) 되돌아가다

After the week-long fashion show, the stage at Becker Stadium was **reverted** to a basketball court.
일주일 기간의 패션쇼 후에, 베커 경기장의 그 무대는 농구 코트로 되돌려졌다.

빅데이터가 알려주는 출제포인트

revert는 의미가 같은, 다음 표현과 패러프레이징된다.
▸ change back 다시 바뀌다

어원을 알면 더 쉽다!

re(뒤로) + vert(전환하다)가 결합되어 '되돌아가다, 되돌리다'라는 의미가 되었다.

---

associated

əˈsəʊʃɪeɪtɪd
어쏘시에이티드

(형) 관련된   related, involved

A person's favourite food tends to have strong memories **associated** with it.
사람이 좋아하는 음식은 그것과 관련된 강렬한 기억을 가지고 있는 경향이 있다.

---

terminal

ˈtəːmɪn(ə)l
터-미널

(형) 더 이상 손을 쓸 수 없는, 가망없는

Illegal logging operations in the Amazon may cause the rainforest's ecosystem to enter a **terminal** decline.
아마존 내에서의 불법 벌목 작업은 그 우림 생태계를 더 이상 손 쓸 수 없는 쇠퇴 단계로 접어들게 할 수도 있다.

---

custom

ˈkʌstəm
커스텀

customs (명) 세관

(명) 관습, 풍습   convention, practice, fashion

The Scottish **custom** of bringing gifts to friends and loved ones on New Year's Day is called first-footing.
새해 첫날에 친구와 사랑하는 사람들에게 선물을 가져다 주는 스코틀랜드의 풍습을 새해 첫 방문이라고 부른다.

빅데이터가 알려주는 출제포인트

customs의 기출 Collocations는 다음과 같다.
▸ clear customs 세관을 통과하다

(형) 주문 제작한

The president's **custom** car included several cutting-edge security features.
대통령의 주문 제작된 차량은 여러 가지 최첨단 보안 장치를 포함시켰다.

Listening & Reading

Day
19

psychological

★★★

sʌɪkə'lɒdʒɪk(ə)l
싸이커러지컬

형 정신의, 심리적인　　　　　　　　　mental

The **psychological** demands of military service in combat zones can result in post-traumatic stress disorder.
전투 지역에서의 군 복무에 대한 심리적인 부담은 외상 후 스트레스 장애라는 결과를 낳을 수 있다.

기출 Collocations
psychological illness 정신적인 병
psychological demands 심리적 부담

pigment

★

'pɪgm(ə)nt
피그먼트

명 색소

Ultramarine, originally made by grinding a semi-precious stone, was the most expensive colour **pigment** until a synthetic version was invented in 1826.
본래 준보석의 돌을 갈아 만들어지는 군청색은 1826년 합성 형태가 발명되기 전까지 가장 비싼 색소였다.

proportion

★★

prə'pɔː'ʃ(ə)n
프러포-션

명 비율, 부분　　　　　　　　　　　part

According to the survey, a large **proportion** of students leave university with debts in excess of 8,000 pounds.
설문 조사에 따르면, 대다수의 학생들이 8천 파운드가 넘는 빚을 진 상태로 대학을 떠나고 있다.

기출 Collocations
a large proportion of 대다수의

decent

★

'diːs(ə)nt
디쓴트

형 괜찮은　　　　　　　　　　acceptable

The non-profit organisation's goal is to provide **decent** housing to the refugees that have been displaced in the war-torn region.
비영리 기관의 목적은 전쟁 피해 지역으로부터 탈출한 난민들에게 괜찮은 주거지를 제공하는 것이다.

기출 Collocations
decent clothes 괜찮은 옷
decent results 괜찮은 결과

★★

conceive

kən'siːv
컨**씨**-V으

conceivable [형] 상상할 수 있는, 믿을 수 있는

[동] 이해하다, 상상하다

There were times when people could not **conceive** of the fact that the Earth is round.
사람들이 지구가 둥글다는 사실을 이해하지 못했을 때가 있었다.

기출 Collocations

conceive of ~을 상상하다
be conceived as ~으로 이해되다

★

reclaim

rɪ'kleɪm
리클**레**임

reclaimed [형] 재생된

[동] 복구하다, 개간하다

Volunteers planted over 500 trees in an effort to **reclaim** the forest.
숲을 복구하기 위한 노력의 일환으로 자원 봉사자들이 500그루가 넘는 나무를 심었다.

기출 Collocations

reclaimed wood 재활용된 목재, 재활용된 나무

빅데이터가 알려주는 출제포인트

파생어인 reclaimed의 기출 collocations는 다음과 같다.
▸reclaimed wood 재생 목재
▸reclaimed land 매립지

어원을 알면 더 쉽다!

re(반대로) + claim(외치다, 주장하다)가 결합되어 '되찾아 달라고 주장하다'라는 기본적인 의미가 되었다. 그리고 '복구하다, 개간하다'란 의미로 확장되었다.

★★★

fundamental

fʌndə'mɛnt(ə)l
f언더**멘**틀

[형] 근본적인 core, basic

Methods of taxation are a **fundamental** difference between liberal and conservative political views.
과세 방식은 진보적 관점과 보수적 관점 간의 근본적인 차이점이다.

기출 Collocations

fundamental differences 근본적인 차이점들
fundamental strategies 근본적인 전략

★★

publicise

'pʌblɪsʌɪz
퍼블리싸이즈

[동] 알리다, 홍보하다

The celebrity couple's private plans to marry were recently **publicised** by multiple online publications.
그 유명인 커플의 비공개 결혼 계획이 최근 다수의 온라인 출판을 통해 알려졌다.

★★

collective

kə'lɛktɪv
컬**렉**티V으

collectively 🅟 집합적으로

⑱ 공동의, 단체의 cooperative, collaborative

Preventing the construction of the dam was a **collective** accomplishment among several different environmental and human rights groups.
그 댐의 건설을 막은 것은 여러 다른 환경 단체 및 인권 단체 사이에서 이뤄진 공동의 성과였다.

기출 Collocations

collective endeavours 공동의 노력
collective action 단체 행동

★★★

permit

pə'mɪt
퍼**밋**ㅌ

permission ⑲ 허락, 승인

⑤ 허용하다 allow, control

A work visa, unlike a student visa, **permits** its holder to seek employment in the country.
학생 비자와 달리 취업 비자는 보유자가 해당 국가에서 일자리를 구하는 것을 허용해준다.

기출 Collocations

be permitted to do ~하도록 허용되다

⑲ 허가증

Vendors at the fair must have a **permit** from the public health department in order to sell food or beverages.
박람회의 판매업체들은 음식이나 음료를 판매하기 위해 공중 위생 관리국에서 발급한 허가증이 반드시 있어야 한다.

기출 Collocations

work permit 취업 허가증, 작업 허가
parking permit 주차증

★★

particle

'pɑːtɪk(ə)l
파-티컬

⑲ 입자

The Large Hadron Collider in Geneva allows physicists to observe new atomic **particles**.
제네바에 있는 대형 하드론 입자 가속기는 물리학자가 새로운 원자 입자를 관찰할 수 있게 한다.

vicinity

★

vɪˈsɪnɪti
V이**씨**니티

명 부근, 인근 — neighbourhood

Since the beginning of civilisation, humans have settled in the **vicinity** of water sources such as lakes and rivers.
문명 사회의 시작 이후로, 인류는 호수나 강과 같은 수자원 인근에서 정착해 왔다.

기출 Collocations
the vicinity of ~의 인근, ~의 근처

tolerant

★

ˈtɒl(ə)r(ə)nt
톨러r언트

tolerate ⑤ 용인하다, 내성이 있다
tolerance ⑩ 관용, 내성
intolerant ⑩ 너그럽지 못한, 과민증이 있는

형 잘 견디는, (약물 등에) 내성이 있는

Frequent use of the drug will make the patient more **tolerant** to its antibiotic effects.
약물의 잦은 사용은 환자를 항생 효과에 더 큰 내성을 지닌 상태로 만들 것이다.

substantially

★★

səbˈstanʃ(ə)li
썹스**탠**셜리

substantial ⑧ 상당한

부 상당히, 많이

Insurance for a sports car is **substantially** more expensive than coverage for a basic model.
스포츠 카의 보험은 일반 모형의 보험 비용보다 상당히 더 비싸다.

separate

★★★

⑩ ˈsɛp(ə)rət
쎄퍼릿ㅌ

⑤ ˈsɛpəreɪt
쎄퍼뤠이ㅌ

형 별개의, 서로 다른 — different, independent

The tracking chip for dogs was tested through three **separate** methods.
개를 위한 추적용 칩은 세 개의 서로 다른 방법으로 시험되었다.

동 분리하다, 나누다 — split

Twins who were **separated** at birth provide an interesting insight regarding the influence of genes on personality.
출생 시에 분리된 쌍둥이는 사람의 성격에 유전자가 미치는 영향과 관련된 흥미로운 이해를 제공한다.

기출 Collocations
widely separated 상당히 떨어져 있는, 크게 분리된

★★
commodity

kə'mɒdɪti
커**모**디티

[명] 상품 — material

Furs were a lucrative **commodity** in the lands west of the river.
모피는 강 서쪽 지역의 수익성 좋은 상품이었다.

기출 Collocations
a vital commodity 필수 상품

★
diagnosis

ˌdʌɪəg'nəʊsɪs
다이고**노**시스

diagnose [동] 진단하다
undiagnosed [형] 진단 미확정의

[명] 진단

The early **diagnosis** of cancer is the most important factor in a successful treatment.
암의 초기 진단은 성공적인 치료에 있어 가장 중요한 요소이다.

어원을 알면 더 쉽다!
dia(통해서) + gnosis(지식)가 결합한 것으로 '검사나 실험을 통한 지식'에서 확장되어 '진단'이라는 의미가 되었다.

Quick Review

단어와 그에 알맞은 뜻을 연결해 보세요.

1.	conceive	①	자극
2.	astronomical	②	뛰어난, 미지불된, 아직 처리되지 않은
3.	gene	③	이해하다, 상상하다
4.	revert	④	복구하다, 개간하다
5.	persistent	⑤	되돌아가다
6.	pigment	⑥	유전자
7.	reclaim	⑦	관습, 풍습, 주문 제작한
8.	custom	⑧	지속적인, 집요한
9.	arousal	⑨	색소
10.	outstanding	⑩	천문학의, 천문의

단어와 그에 알맞은 유의어를 연결해 보세요.

11.	associated	⑪	neighbourhood
12.	eventually	⑫	image
13.	motif	⑬	related
14.	separate	⑭	split
15.	psychological	⑮	allow
16.	permit	⑯	acceptable
17.	decent	⑰	mental
18.	vicinity	⑱	ultimately
19.	deposit	⑲	sediment
20.	appear	⑳	emerge

Listening & Reading

Day 19

정답

1. ③ 2. ⑩ 3. ⑥ 4. ⑤ 5. ⑧ 6. ⑨ 7. ④ 8. ⑦ 9. ① 10. ②
11. ⑬ 12. ⑱ 13. ⑫ 14. ⑭ 15. ⑰ 16. ⑮ 17. ⑯ 18. ⑪ 19. ⑲ 20. ⑳

Collocations for Writing & Speaking

 **Essay**

address the issue
문제를 다루다, 문제를 해결하다

= deal with the issue

This essay explores different approaches to **address the issue** of income inequality and its impact on societal well-being.
이 에세이는 소득 불평등 문제와 그것이 사회의 안녕에 미치는 영향을 다루기 위한, 다양한 접근 방식을 살펴본다.

cast doubt on
~에 의문을 던지다

The lack of community involvement can **cast doubt on** the success of urban projects.
주민 참여의 부족은 도시 프로젝트의 성공에 의문을 던질 수 있다.

do not have much of a choice
선택의 여지가 거의 없다

Individuals often encounter circumstances where they **do not have much of a choice** but to adapt to the given conditions.
개인은 종종 주어진 조건에 적응하는 것 외에 선택의 여지가 거의 없는 상황에 처한다.

비교 have no choice 선택의 여지가 없다

draw a distinction between

~ 사이에 구분을 짓다

In this essay, I aim to **draw a distinction between** traditional and modern approaches to environmental conservation.

이 에세이에서, 나는 환경 보존에 대한 전통적인 접근 방식과 현대적인 접근 방식을 구분하고자 한다.

draw attention to

~에 관심(이목)을 끌다

Some conservation organisations release provocative images to **draw attention to** endangered species.

일부 환경 보호 단체는 멸종 위기종에 대한 관심을 끌기 위해 자극적인 이미지를 공개한다.

give an account of

~을 설명하다, ~에 대해 이야기하다

The essay will **give an account of** how important individual effort is in solving climate change.

이 에세이는 기후 변화를 해결하는 것에 대한 개인의 노력이 얼마나 중요한지에 대해 설명할 것이다.

Writing & Speaking

Day
19

give support to

~을 돕다, ~을 지지하다

= lend support to

Our community has to come together to **give support to** families in need during difficult times.
우리 공동체는 어려운 시기에 도움이 필요한 가족들을 지원하기 위해 함께 힘을 모아야 한다.

lay emphasis on

~에 역점을 두다, ~을 강조하다

Scholars often **lay emphasis on** critical analysis when evaluating arguments in academic essays.
학자들은 학술 에세이에서 논증을 평가할 때 비판적 분석을 강조하는 경우가 많다.

make a case for

~을 옹호하다

By examining historical precedents, this essay **makes a case for** the importance of diplomacy in resolving international conflicts.
이 에세이는 역사적 선례를 살펴봄으로써, 국제 분쟁을 해결하는 데 있어 외교의 중요성을 옹호한다.

반의 make a case against ~을 반대하다

make reference to

~을 언급하다

Throughout this essay, I will **make reference to** specific examples to support my argument.

이 에세이에서, 나는 나의 주장을 뒷받침하기 위해 구체적인 사례들을 언급할 것이다.

provide evidence

증거를 제공하다

Scientific studies often **provide evidence** to support the validity of new theories.

과학적 연구는 종종 새로운 이론의 타당성을 뒷받침하는 증거를 제공한다.

raise questions

의문을 제기하다

The presented argument about climate change **raises questions** about our responsibility towards the environment.

기후 변화와 관련하여 제시된 주장은 환경에 대한 우리의 책임에 관해서 의문을 제기한다.

reason to believe
믿을 수 있는 근거

Recent developments in infrastructure give us **reason to believe** in the city's sustainable future.

최근 기반 시설의 개발은 그 도시의 지속 가능한 미래에 대해 믿을 수 있는 근거를 제공한다.

take advantage of
활용하다, 이용하다

Students should **take advantage of** library resources for academic success.

학생들은 학업 성공을 위해 도서관 자료를 활용해야 한다.

take into consideration
~을 고려하다

When designing the new product, it is crucial to **take into consideration** the feedback received from potential users.

새로운 제품을 디자인할 때는 잠재적인 사용자로부터 받은 피드백을 고려하는 것이 중요하다.

Quick Review

🗨 빈칸에 알맞은 콜로케이션을 선택해 보세요.

① lay emphasis on	⑤ makes a case for
② give support to	⑥ cast doubt on
③ address the issue	⑦ give an account of
④ make reference to	

1. This essay explores different approaches to _____ of income inequality.

   이 에세이는 소득 불평등 문제와 그것이 사회의 안녕에 미치는 영향을 다루기 위한, 다양한 접근 방식을 살펴본다.

2. The lack of community involvement can _____ the success of urban projects.

   주민 참여의 부족은 도시 프로젝트의 성공에 의문을 던질 수 있다.

3. The essay will _____ how important individual effort is in solving climate change.

   이 에세이는 기후 변화를 해결하는 것에 대한 개인의 노력이 얼마나 중요한지에 대해 설명할 것이다.

4. Scholars often _____ critical analysis when evaluating arguments in academic essays.

   학자들은 학술 에세이에서 논증을 평가할 때 비판적 분석을 강조하는 경우가 많다.

5. Our community has to come together to _____ families in need during difficult times.

   우리 공동체는 어려운 시기에 도움이 필요한 가족들을 지원하기 위해 함께 힘을 모아야 한다.

6. By examining historical precedents, this essay _____ the importance of diplomacy in resolving international conflicts.

   이 에세이는 역사적 선례를 살펴봄으로써, 국제 분쟁을 해결하는 데 있어 외교의 중요성을 옹호한다.

7. Throughout this essay, I will _____ specific examples to support my argument.

   이 에세이에서, 나는 나의 주장을 뒷받침하기 위해 구체적인 사례들을 언급할 것이다.

정답

1. ③ 2. ⑥ 3. ⑦ 4. ① 5. ② 6. ⑤ 7. ④

Writing & Speaking

Day 19

아이엘츠가 좋아하는
사람 관련 어휘

☐ **undergraduate** (대학) 학부생
ˌʌndəˈgradjʊət
언더그래쥬에트

☐ **athlete** (운동) 선수
ˈaθliːt
아th을리-ㅌ

☐ **architect** 건축가
ˈɑːkɪtɛkt
아-키텍트

☐ **composer** 작곡가
kəmˈpəʊzə
컴포우져

☐ **conductor** 지휘자
kənˈdʌktə
컨덕터

☐ **craftsmen** 장인
ˈkrɑːf(t)smən
크라-f으츠맨

☐ **navigator** 조종사
ˈnavɪgeɪtə
내V이게이터

☐ **therapist** 치료 전문가,
ˈθɛrəpɪst 치료사
th에라피스ㅌ

☐ **workforce** 직원, 노동력
ˈwəːkfɔːs
워-ㅋfㅇ-쓰

☐ **housewife** (전업) 주부
ˈhaʊswʌɪf
하우쓰와이f으

☐ **ambassador** 대사
amˈbasədə
앰베써더

☐ **slave** 노예(나 다름없
sleɪv 는 사람)
슬레이V으

☐ **witness** 목격자, 증인
ˈwɪtnəs
윝으니쓰

☐ **monk** 수도자
mʌŋk
멍ㅋ

☐ **mediator** 중재인
ˈmiːdɪeɪtə
미-디에이터

☐ **surveyor** 측량사
səˈveɪə
써V에이어

☐ **extraterrestrial** 외계인
ˌɛkstrətəˈrɛstrɪəl
엑스트라트뤠스트리얼

☐ **nomad** 유목민
ˈnəʊmad
노마드

☐ **the unemployed** 실직자
ˌʌnɪmˈplɔɪd
언임플로이드

☐ **clientele** 고객들
ˌkliːɒnˈtɛl
클리-언텔

DAY
20

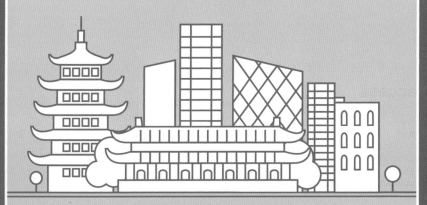

Listening
Reading

Writing
Speaking

★★

diversify

dʌɪˈvəːsɪfʌɪ
다이V어씨f아이

diverse [형] 다양한
diversification [명] 다양화

[동] 다각화하다

Young people hoping to save for retirement should **diversify** their investments.
은퇴에 대비해 저축하기를 원하는 젊은 사람들은 그들의 투자를 다각화해야 한다.

★

pane

peɪn
페인

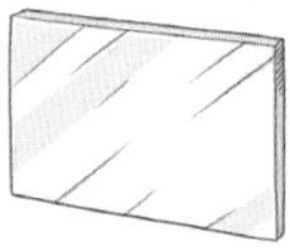

[명] 한 장의 판유리, 창유리

The outer **pane** of glass absorbed the blow from the hammer and prevented the whole window from shattering.
바깥쪽의 판유리가 망치질의 충격을 흡수해 창문 전체가 산산조각 나지 않도록 막아 주었다.

★★★

access

ˈaksɛs
엑세스

accessible [형] 접근 가능한, 이용 가능한
accessibility [명] 접근 (가능성)

[명] 접근, (정보의) 이용 entry

Researchers had **access** to newspapers from the 1830s, clear back to the city's founding.
조사원들은 1830년대의 신문을 입수하여 그 도시의 건설 때로 온전히 돌아갔다.

기출 Collocations

access to ~의 입수, ~에의 접근

빅데이터가 알려주는 출제포인트

동사로도 사용되는 단어로, '접근하다, 접속하다'의 의미를 가진다.
▸access information 정보에 접근하다, 정보를 얻다

★★★

intend

ɪn'tɛnd
인**텐**드

intention [명] 의도
intended [형] 의도된

[동] 의도하다 aim, want, design

The government programme was primarily **intended** for those who had recently moved to the country.
그 정부 프로그램은 기본적으로 최근 시골 지역으로 이사한 사람들을 대상으로 하는 것이었다.

기출 Collocations
be intended for ~을 대상으로 하다
intend to do ~하려고 하다

★★

via

'vʌɪə
V아이아

[전] 경유하여, 통하여 through

Corporations have been able to save on travel costs for their executives by holding teleconferences **via** free software.
기업들은 무료 소프트웨어를 통해 화상 회의를 개최함으로써 임원들의 출장 경비를 절약할 수 있었다.

영국식 vs. 미국식
영국은 [V아이아], 미국은 [v이어]로 발음한다.

★

specimen

'spɛsɪmɪn
스**페**씨먼

[명] 표본, 샘플

Multiple **specimens** were collected from the site and taken back to the lab for further observation.
다수의 표본들이 현장으로부터 수집되어 추가 관찰을 위해 실험실로 보내졌다.

★★

priority

prʌɪ'ɒrɪti
프라이**오**리티

[명] 우선, 우선순위 preference

Funding for educational initiatives should be given **priority** when making the state's budget for next year.
내년도 주 예산을 세울 때는 교육 관련 법안에 대한 자금 지원이 우선되어야 한다.

기출 Collocations
be given priority 우선권이 주어지다
as top priority 최우선 순위로

impact
★★★

ɪmpakt
임팩트

명 영향   effect

A well-designed working schedule can have a major **impact** on the productivity of employees.
잘 설계된 업무 일정은 직원들의 생산성에 상당한 영향을 미칠 수 있다.

> **기출 Collocations**
> an impact on ~에 끼치는 영향
> a negative impact 부정적 영향
> a positive impact 긍정적 영향
> an environmental impact 환경적 영향

> **빅데이터가 알려주는 출제포인트**
> 동사로도 사용되는 단어로, '영향을 주다, 충돌하다'라는 의미를 가진다.

expertise
★★

ˌɛkspəːˈtiːz
엑스퍼-티-즈

명 전문 기술, 지식   ability

Only a few pianists have the **expertise** required to play the composition at the intended tempo.
불과 몇몇 피아니스트들만이 그 곡을 의도된 템포로 연주하는 데 필요한 전문 기술을 지니고 있다.

fraud
★★

frɔːd
f으로오-드

명 사기

Hundreds of reporters gathered outside the company's headquarters after accusations of **fraud** were made against its CEO.
대표이사를 상대로 사기 혐의가 제기되자 그 회사의 본사 밖에 수백 명의 기자들이 모여 들었다.

integrated
★★

ˈɪntɪɡreɪtɪd
인티그레이티드

형 통합된

Students take **integrated** science courses in their early education and then focus on the distinct branches later in secondary school.
학생들은 초등 교육에서 통합 과학 수업을 듣고 중등 교육에서 개별적인 과목에 집중한다.

> **기출 Collocations**
> become integrated 통합되다

★★
norm
nɔːm
노오-옴

[명] 표준, 규범

Living with one's family well into adulthood is considered the **norm** in many Asian cultures.
성년이 되어서도 가족과 함께 잘 사는 것이 여러 아시아 문화에서 표준으로 여겨진다.

기출 Collocations
age-norm [심리학 용어] 연령 기준(일정 연령의 기준이 되는 심신 발달 수준)

★★
delegate
ˈdɛlɪgeɪt
델리게이ㅌ

delegation [명] 대표단, 위임

[동] (권한이나 업무 등을) 위임하다 entrust

Effective managers **delegate** daily responsibilities to their staff.
유능한 관리자들은 소속 직원들에게 일별 책무를 위임한다.

빅데이터가 알려주는 출제포인트
명사로도 사용되는 단어로, 위임을 받은 '대표자, 대리인, 파견단'을 뜻한다. 이때 representative와 서로 패러프레이징되어 출제된다. 명사일 때의 발음은 /ˈdɛlɪgət(델리겟)/이다.

[동] (위임자를) 뽑다, 선정하다

They have **delegated** an accountant to go through their finances and find the errors.
그들은 재무 상태를 검토하여 오류를 찾아 낼 회계사를 뽑았다.

★
exempt
ɪgˈzɛm(p)t
이그**젬**트

exemption [명] 면제, (세금) 공제(액)

[형] 면제되는

Only those with genuine disabilities are **exempt** from the nation's mandatory military service.
실제로 신체 장애가 있는 사람들만 오직 국가의 병역 의무에서 면제된다.

기출 Collocations
exempt employee 예외 직원(노동법 규정이 적용되지 않는 직원)

★★★
factor

'faktə
f**엑**터

[명] 요소 cause, condition

Does our genetic information make us who we are, or is it other **factors** such as our environment?
유전적 정보가 우리가 누구인지를 만드는 것인가, 아니면 환경과 같은 다른 요소들이 우리를 만드는 것인가?

기출 Collocations
insignificant factors 사소한 요소
factors contributing to ~에 기여하는 요인
factors affecting ~에 영향을 미치는 요인

★★
collaborate

kə'labəreɪt
컬**라**보레이트

collaborative [형] 공동의
collaborator [명] 합작자, 협력자

[동] 공동으로 작업하다 cooperate, team up

Space agencies from three different nations **collaborated** on the satellite launch.
세 곳의 다른 국가에 속한 항공 우주국들이 그 위성 발사를 위해 공동으로 작업했다.

어원을 알면 더 쉽다!
col(함께) + laborate(일하다)가 결합되어 '함께 일하다'라는 의미가 되었다. 참고로 영국에서 '노동, 노동하다'의 단어의 철자를 labour로 쓰지만, collaborate는 u를 넣지 않고 쓴다.

★★★
endure

ɪn'djʊə
인**듀**어

endurance [명] 인내, 지구력

[동] (시련 등을) 견디다

The architect **endured** the harsh criticism of his latest building.
건축설계사는 그의 최근 빌딩에 대한 혹독한 비평을 견뎠다.

★★
parallel

'parəlɛl
파라렐

unparalleled [형] 비할 데 없는, 유례 없는

[명] 유사점, 유사한 것 similarity

There are many **parallels** between how people treat their pets and how they are likely to treat their children.
사람들이 애완동물을 어떻게 다루는지와 그들의 아이를 어떻게 다루는지에는 많은 유사성이 있다.

빅데이터가 알려주는 출제포인트
형용사와 동사로도 쓰이는 단어로, '평행한, 평행하다, 유사한, 유사하다'라는 의미를 가진다.
▸parallel to ~와 평행한, ~와 유사한

한편, 파생어인 unparalleled의 기출 collocations는 다음과 같다.
▸unparalleled popularity 유례 없는 인기
▸unparalleled expansion and growth 유례 없는 확장과 성장

★★
solely

ˈsəʊlli
쏘올리

sole ⓗ 유일한, 단 하나의

ⓟ 오로지, 오직 only, entirely

Be aware when driving in the downtown area that the far right lane is **solely** restricted to city buses.
시내 지역에서 운전할 때 가장 오른쪽의 차선은 오직 시내 버스로만 제한된다는 점에 유의하시기 바랍니다.

★★
resolve

rɪˈzɒlv
리**졸**V으

unresolved ⓗ 결단력이 없는

ⓓ 해결하다

To **resolve** any audio issues, first check the condition of the speaker cables on the back of the unit.
어떤 오디오 문제든 해결하기 위해, 가장 먼저 기기 뒷면 스피커 케이블의 상태를 확인하십시오.

기출 Collocations
resolve problems 문제를 해결하다
be resolved with ~를 통해 해결되다

★★★
arrival

əˈrʌɪv(ə)l
어**라**이v얼

arrive ⓓ 도착하다, 배달되다

ⓜ 도착, 등장

The practice of psychology changed with the **arrival** of Freud's work regarding dreams and the subconscious.
심리학의 활용 방식은 꿈과 잠재 의식에 대한 프로이드의 연구가 등장하면서 바뀌었다.

기출 Collocations
the arrival of ~의 도착, ~의 탄생
on arrival 도착하는 즉시, 도착하자마자

★★

aggressive

əˈɡrɛsɪv
어그**뤠**시V으

aggressively ⓥ 공격적으로, 적극
적으로

---

⑱ 공격적인, 대단히 적극적인   assertive

The new police chief adopted a more **aggressive**
approach to handling the city's crime problem.
신임 경찰서장은 도시의 범죄 문제를 다루는 데 있어 더욱 공격적인 접근 방
식을 택했다.

기출 Collocations

an aggressive approach 공격적 기법, 공격적 접근법
an aggressive behaviour 공격적인 행동

빅데이터가 알려주는 출제포인트

공격적인 행동을 뜻하는 aggressive behaviour는 다음 표현으로 패러
프레이징될 수 있다.
- anger 화
- frustration 좌절

★★

vanish

ˈvanɪʃ
V**에**니쉬

---

⑧ (갑자기) 사라지다   disappear, die out

To this day, scientists are uncertain what caused the
civilisation to **vanish** so suddenly.
지금까지도, 과학자들은 문명 사회를 그렇게 갑자기 사라지도록 초래한 것이
무엇인지에 대해 확신하지 못하고 있다.

기출 Collocations

vanish from public life 은퇴하다

★★★

disperse

dɪˈspəːs
디스**퍼**-쓰

---

⑧ 퍼지다

The substance is **dispersed** into the atmosphere
via planes, and they can then promote or prevent
precipitation.
그 물질은 비행기를 통해 대기 속으로 퍼진 후, 강수를 촉진시키거나 막을 수
있다.

---

overlook
★★

əʊvəˈlʊk
오우v어**룩**

⑧ 간과하다　　　　　　　　　　　underestimate

Many bosses **overlook** the need to listen to their staff carefully, which is in fact the most important part of their job.

많은 상사들이 직원들을 경청하는 필요성을 간과하는데, 사실 이는 그들 업무의 가장 중요한 부분이다.

기출 Collocations
overlook the need to do ~하는 것을 간과하다

빅데이터가 알려주는 출제포인트

중요한 것을 놓치고 있는 것을 말할 때 overlook을 사용한다. 따라서 다음 표현으로 패러프레이징되기도 한다.
▸ miss 놓치다
▸ fail to notice 알아채지 못하다

⑧ 내려다보다

The west coast of Bali features several scenic temples **overlooking** the blue sea.

발리의 서부 해안은 푸른 바다가 내려다보이는 여러 경치 좋은 사원들을 특징으로 한다.

camouflage
★

ˈkaməflɑːʒ
카마플라-지

⑧ 위장하다, 감추다

Their patterned feathers allow the owls to **camouflage** themselves and evade potential predators.

특정 무늬의 깃털로 올빼미는 스스로를 위장할 수 있으며 잠재 포식자들을 피할 수 있다.

raw
★★

rɔː
로오-

⑱ 원자재의, 가공되지 않은

A rise in the costs of **raw** materials made the price of electronics increase around the world.

원자재 비용의 증가로 인해 전자기기의 가격이 전 세계적으로 증가하게 되었다.

기출 Collocations
raw materials 원자재

★★

compatible

kəmˈpatɪb(ə)l
컴**패**터블

incompatible [형] 호환되지 않는, 공존할 수 없는

[형] 호환되는

The latest update made the application **compatible** with older phone models.
최신 업데이트 작업은 그 애플리케이션이 기존의 전화기 모델들과 호환되는 상태로 만들었다.

기출 Collocations

compatible with ~와 호환 가능한

영국식 vs. 미국식

모음과 모음사이에 /t/와 /d/발음이 미국식에서는 연음처리되어 부드럽게, /ㄷ/ 또는 /ㄹ/로 발음한다. 영국식 /컴패터블/이 미국식으로 /컴패더블/ 또는 /컴패러블/로 들린다.

★

outright

aʊtˈrʌɪt
아웉**롸**이트

[부] 완전히, 노골적으로 entirely

Flavoured tobacco products, which specifically appeal to youths, have been banned **outright**.
특히 젊은이들의 관심을 끄는 향이 나는 담배 상품은 완전히 금지되었다.

빅데이터가 알려주는 출제포인트

형용사로도 사용되는 단어로 다음 collocation이 아이엘츠에 자주 등장한다.
▹outright fraud 노골적인 사기 행각

★★

ailment

ˈeɪlm(ə)nt
에일먼트

[명] 질병 disease

Today's most dangerous street drugs were once prescribed by doctors to cure various **ailments**.
오늘날 거리에서 거래되는 가장 위험한 마약류는 한때 다양한 질병을 치료하기 위해 의사에 의해 처방되었다.

빅데이터가 알려주는 출제포인트

의미적으로 다음 표현으로 패러프레이징될 수 있다.
▹medical problems 의학적 문제

Quick Review

단어와 그에 알맞은 뜻을 연결해 보세요.

1. fraud	① 접근, (정보의) 이용
2. integrated	② 표본, 샘플
3. resolve	③ 전문 기술, 지식
4. disperse	④ (시련 등을) 견디다
5. norm	⑤ 퍼지다
6. exempt	⑥ 해결하다
7. endure	⑦ 면제되는
8. access	⑧ 표준, 규범
9. specimen	⑨ 사기
10. expertise	⑩ 통합된

단어와 그에 알맞은 유의어를 연결해 보세요.

11. collaborate	⑪ through
12. parallel	⑫ only
13. vanish	⑬ cooperate
14. solely	⑭ disease
15. ailment	⑮ aim
16. aggressive	⑯ disappear
17. via	⑰ effect
18. impact	⑱ assertive
19. factor	⑲ cause
20. intend	⑳ similarity

정답

1. ⑨ 2. ⑩ 3. ⑥ 4. ⑤ 5. ⑧ 6. ⑦ 7. ④ 8. ① 9. ② 10. ③
11. ⑬ 12. ⑳ 13. ⑯ 14. ⑫ 15. ⑭ 16. ⑱ 17. ⑪ 18. ⑰ 19. ⑲ 20. ⑮

Collocations for Writing & Speaking

 **Chart**

account for

~을 차지하다

= make up, constitute, comprise

In 2022, agriculture **accounted for** 30% of the country's total economic output.

2022년에, 농업이 그 국가의 전체 경제 생산량에서 30%를 차지했다.

across from

~로부터 맞은편에

The cinema is right **across from** the bank.

극장은 은행 바로 맞은편에 있다.

be replaced with

~로 대체되다

The shopping district shown on the map from the year 2000 **was replaced with** high-rise buildings.

2000년도 지도에서 보여지는 쇼핑 지역이 고층 사무실 건물들로 대체되었다.

close to

~에 가까이

The restaurant marked on the map is **close to** the city centre and easily accessible.

지도에 표시된 식당은 시내 중심가와 가까워 쉽게 갈 수 있다.

come to a total of

~의 총합이 되다

When all the figures are added, they **come to a total of** 1 million.

모든 수치들을 합하면, 1백만의 총합이 된다.

compared to

~과 비교해 볼 때

= compared with

Compared to 2020, a higher level of water scarcity is expected in 2025.

2020년과 비교해 볼 때, 2025년에는 더 높은 수준의 물 부족이 예측된다.

Writing & Speaking

Day 20

decrease in the number of
~ 수의 감소

= decline in the number of

There has recently been a decrease in the number of students studying overseas.
최근에 유학생 수의 감소가 있어 왔다.

반의 increase in the number of ~ 수의 증가

give information about
~에 대한 정보를 주다

The line graph gives information about the usage of oil in the UK.
그 선 그래프는 영국의 석유 사용량에 대한 정보를 준다.

given period
주어진 기간, 해당 기간

The proportion of urban dwellers in the Philippines has an upward trend during the given period.
필리핀의 도시 거주자 비율은 해당 기간 동안 상승 추세를 보인다.

in the middle of

~의 가운데에

The lake is positioned **in the middle of** the town.
호수는 마을 가운데에 위치하고 있다.

[비교] in the front of ~의 앞에
in the back of ~의 뒤에

on the map

지도에서

The hotel **on the map** is conveniently located next to the main train station.
지도에서 호텔은 주요 기차역 옆에 편리하게 위치해 있다.

[유의] in the map은 틀린 표현

remain constant

변함없이 유지되다

= **remain stable**

The number of crimes committed in the UK has **remained constant** since 2020.
2020년 이후로 영국에서 벌어지는 범죄 수가 변함없이 유지되어 왔다.

Writing & Speaking

Day
20

rise sharply

급격하게 상승하다

= rise steeply

Profits **rose sharply** in 2022 but fell steeply in 2023.
수익이 2022년에 급격하게 상승했으나, 2023년에 급격하게 하락했다.

비교 fall sharply(=fall steeply) 급격하게 하락하다

stand out

두드러지다

The sales in Germany **stand out** as the largest among the countries in the chart.
독일의 매출이 도표에 있는 국가들 중 가장 많음으로 인해 두드러진다.

the number of

~의 수

The number of unemployed individuals increased significantly in 2000.
2000년에 실업자 수가 크게 증가했다.

비교 a number of 많은

빈칸에 알맞은 콜로케이션을 선택해 보세요.

① remained constant	⑤ gives information about
② accounted for	⑥ rose sharply
③ close to	⑦ stand out
④ given period	

1. The line graph _____ the usage of oil in the UK.

그 선 그래프는 영국의 석유 사용량에 대한 정보를 준다.

2. The sales in Germany _____ as the largest among the countries in the chart.

독일의 매출이 도표에 있는 국가들 중 가장 많음으로 인해 두드러진다.

3. Profits _____ in 2022 but fell steeply in 2023.

수익이 2022년에 급격하게 상승했으나, 2023년에 급격하게 하락했다.

4. The number of crimes committed in the UK has _____ since 2020.

2020년 이후로 영국에서 벌어지는 범죄 수가 변함없이 유지되어 왔다.

5. In 2022, agriculture _____ 30% of the country's total economic output.

2022년에, 농업이 그 국가의 전체 경제 생산량에서 30%를 차지했다.

6. The proportion of urban dwellers in the Philippines has an upward trend during the _____ .

필리핀의 도시 거주자 비율은 해당 기간 동안 상승 추세를 보인다.

7. The restaurant marked on the map is _____ the city centre and easily accessible.

지도에 표시된 식당은 시내 중심가와 가까워 쉽게 갈 수 있다.

정답

1. ⑤ 2. ⑦ 3. ⑥ 4. ① 5. ② 6. ④ 7. ③

Vocabulary Expansion

아이엘츠가 좋아하는
형용사

☐ **religious** ri'lɪdʒəs 릴리져스	종교의, 종교적인	☐ **paradoxical** ˌparə'dɒksɪk(ə)l 파라독씨컬	역설적인

- ☐ **religious** ri'lɪdʒəs 릴리져스 — 종교의, 종교적인
- ☐ **paradoxical** ˌparə'dɒksɪk(ə)l 파라독씨컬 — 역설적인

- ☐ **violent** 'vʌɪəl(ə)nt V아이올런트 — 폭력적인
- ☐ **salient** 'seɪlɪənt 쎄일리언트 — 핵심적인, 두드러진

- ☐ **misleading** mɪs'liːdɪŋ 미스리-딩 — 오해의 소지가 있는, 호도하는
- ☐ **colossal** kə'lɒs(ə)l 컬러쓸 — 거대한

- ☐ **vibrant** 'vʌɪbr(ə)nt V아이브런트 — 활기찬
- ☐ **opulent** 'ɒpjʊl(ə)nt 옵퓰런트 — 호화로운

- ☐ **unblemished** ʌn'blɛmɪʃt 언블레미쉬트 — 흠 하나 없는
- ☐ **coarse** kɔːs 코오-쓰 — 거친

- ☐ **fierce** fɪəs f이어쓰 — 격렬한
- ☐ **vigorous** 'vɪg(ə)rəs V이거러스 — 활기찬

- ☐ **undeterred** ʌndɪ'təːd 언디터-드 — 좌절하지 않는
- ☐ **impulsive** ɪm'pʌlsɪv 임펄씨V으 — 충동적인

- ☐ **unworkable** ʌn'wəːkəb(ə)l 언워-커블 — 쓸모없는, 실행할 수 없는
- ☐ **startling** 'stɑːtlɪŋ 스탓-틀링 — 깜짝 놀랄

- ☐ **prevalent** 'prɛv(ə)l(ə)nt 프레V올런트 — 널리 퍼져 있는
- ☐ **desperate** 'dɛsp(ə)rət 데스퍼러트 — 필사적인

- ☐ **cumbersome** 'kʌmbəs(ə)m 컴버썸 — (불편하게) 무거운
- ☐ **arbitrary** 'ɑːbɪt(rə)ri 아-비터리 — 임의적인, 독단적인

Basic
Vocabulary
200

basic

여러 의미를 가지는 한 단어가 여러 문맥에서 어떤 의미로 사용되었는지 정확하게 파악하는 것이 아이엘츠 어휘 학습의 핵심입니다. 반드시 숙지해야 할 필수 기초 어휘 200개를 선별하여, 기출 빈도순으로 수록하였습니다. 모르는 단어를 체크하여 최소 2회 이상 반복 학습하는 것을 권장합니다. 또한 수시로 음원을 들으며 아이엘츠 필수 기초 어휘를 정복하시길 바랍니다.

001 □ **see**

ⓢ 보다, 만나다

ⓢ 알다, 이해하다
- see the point 요점을 이해하다

002 □ **place**

ⓜ (특정한) 장소
- in place 제자리에 있는, 준비가 된
- in places 곳곳에 있는

ⓜ (정해진) 자리, 좌석

ⓢ (특정한 장소에) 놓다, 위치하다
- be ideally placed to do ~하기에 이상적인 위치에 있다

ⓢ (중요성을) 두다
- place more value on individual happiness
  개인 행복에 더 큰 가치를 두다
- emphasis is placed on ~을 강조하다

003 □ **increase**

ⓜ 증가

ⓢ 증가하다, 증가시키다

004 □ **local**

ⓗ 지방의, 현지의
- the locals 지역 주민, 현지인

005 □ **collect**

ⓢ 수집하다, 모으다

ⓢ (우편물 등을) 가지러 가다
- collect and deliver 집배하다

ⓢ (쓰레기를) 수거하다

ⓢ (상, 상금을) 받다

ⓢ (서서히) 쌓이다, 모이다
- water collects 물이 고이다

006 □ **sound**

ⓜ 소리, 음향

ⓢ ~로 들리다, ~인 것 같다
- sound strange 이상하게 들리다

007 □ **discover**

ⓢ 발견하다

ⓢ (정보를) 알아내다

008 □ **clear**

(형) 깨끗한, 맑은

(형) 알아듣기 쉬운, 명확한
▸ clear instructions 명확한 지시사항

(형) (의심의 여지 없이) 확실한, 결정적인
▸ clear reasons 확실한 이유

(동) 치우다, 없애다
▸ clear forests 숲을 없애다

(동) 허가하다, 통과시키다
▸ clear regulations 규정을 통과시키다

009 □ **public**

(형) 일반인의, 대중을 위한

(형) 공개적인, 공개된

(명) 일반인, 대중
▸ in public 대중 앞에서, 공공장소에서

010 □ **cause**

(동) 초래하다

(명) 원인

011 □ **material**

(명) 재료, 소재

(형) 물질적인
▸ material culture 물질적인 문화

012 □ **form**

(동) 형성하다, 구성하다

(명) 형태, 유형

(명) 서식, 양식

013 □ **travel**

(동) 여행하다

(동) 이동하다
▸ The animal travels 20 km a day.
그 동물은 하루에 20킬로미터를 이동한다.

014 □ **claim**

(명) 주장

(명) (보험금 등에 대한) 청구, 요청

(동) 주장하다

(동) (권리로서) 요구하다, 청구하다

015 □ **provide**

(동) 제공하다

016
☐ **process**
ⓜ 과정

ⓓ 처리하다

ⓓ (자재나 식품을) 가공하다

017
☐ **transport**
ⓜ 운송, 수송
- public transport 대중교통
- Road transport is more expensive than rail transport. 도로 수송은 철도 수송보다 비용이 더 많이 든다.

ⓜ 차량, 이동
- private transport 개인 차량
- accommodation and transport 숙박과 이동

ⓓ 이동시키다, 실어나르다

018
☐ **complete**
ⓓ 완성하다

ⓓ (양식을 모두) 작성하다

ⓗ (모두 갖추어서) 완전한

019
☐ **likely**
ⓗ ~할 것 같은, 예상되는

020
☐ **whether**
ⓙ ~인지 아닌지
- whether or not 어찌됐든간에, 아무튼

021
☐ **field**
ⓜ 들판

ⓜ (전문) 분야
- the field of science 과학 분야

ⓜ (실제) 현장
- field work 현장 연구, 현장 작업
- field trip 현장 학습

022
☐ **approach**
ⓜ 접근, 접근법

ⓓ 접근하다

023
☐ **period**
ⓜ 시기, 시대

024 ☐	**range**	몡 다양성

024 ☐ range
- 몡 다양성
  - ‣ a range of 다양한
- 몡 범위, 산맥
- 동 (범위가) ~에서 ~이다
  - ‣ Prices range from $10 to $50.
    가격은 10달러에서 50달러까지이다.

025 ☐ known
- 혱 알려진
  - ‣ a well-known chef 잘 알려진 요리사
  - ‣ known as ~로 알려진

026 ☐ similar
- 혱 유사한, 비슷한

027 ☐ learn
- 동 배우다, 학습하다
- 동 ~을 알게 되다, 깨닫다

028 ☐ ability
- 몡 (~할 수 있는) 능력
- 몡 (특정 분야에서의) 재능

029 ☐ invest
- 동 투자하다

030 ☐ common
- 혱 흔한, 보통의
- 혱 공통의
  - ‣ in common with ~과 마찬가지로
  - ‣ in common 공동으로, 공통적으로

031 ☐ since
- 전 접 ~이래로
- 접 ~이기 때문에

032 ☐ behaviour
- 몡 행동

033 ☐ present
- 혱 현재의
- 혱 존재하는, 출석한
- 몡 현재
- 몡 선물

| 034 ☐ | **popular** | 휑 유명한 |
| | | 휑 대중적인, 일반적인 |

035 ☐	**further**	휑 추가적인
		▸ need further research 추가적인 연구가 필요하다
		⊕ 더 멀리
		▸ go further 더 멀리 가다

| 036 ☐ | **result** | 몡 결과, 성과 |
| | | 동 (결과로) 발생하다 |

037 ☐	**sense**	몡 감각
		▸ a sense of smell 후각
		몡 의식, -감
		▸ common sense 상식
		▸ a strong sense of purpose 강한 목적의식
		몡 (글이나 단어의) 의미
		▸ describe the sense of ~의 의미를 설명하다
		동 느끼다, 감지하다

038 ☐	**leave**	동 떠나다
		동 그만두다
		동 (어떤 상태로) 만들다, 두다
		▸ leave alone 혼자 있도록 두다
		몡 휴가
		▸ sick leave 병가

039 ☐	**control**	동 조절하다, 조정하다
		▸ control the volume 볼륨을 조정하다
		동 통제하다, 장악하다
		동 규제하다, 제한하다
		▸ strictly control 엄격히 규제하다
		몡 지배, 통제, 규제

040 ☐ **fit**

- ⑧ (크기나 용도가) 맞다, 적합하게 하다
  - ▸ fit in ~에 어울리다
- ⑧ 장착하다, 설치하다
  - ▸ be fitted with ~를 착용하다, ~를 갖추다
  - ▸ be fitted by ~에 의해 설치되다
- ⑨ 건강한
  - ▸ keep fit 건강한 상태를 유지하다
- ⑨ 알맞은, 적합한
  - ▸ fit for ~에 적합한

041 ☐ **condition**

- ⑨ 상태
  - ▸ medical condition 질병(의학적인 상태)
- ⑨ 환경, 조건
  - ▸ ideal conditions 이상적인 조건

042 ☐ **improve**

- ⑧ 개선하다, 개선시키다

043 ☐ **hard**

- ⑨ (물리적으로) 단단한
  - ▸ a hard shell 단단한 껍질
- ⑨ 곤란한, 힘든
  - ▸ hard problems 곤란한 문제
  - ▸ hard work 힘든 일
- ⑨ 열심인
  - ▸ hard at work 일에 열심인
- ⑨ 열심히
  - ▸ work hard 열심히 일하다

044 ☐ **construct**

- ⑧ 건설하다, 구성하다

045 ☐ **bring**

- ⑧ 가져오다
- ⑧ 야기하다

046 ☐ **disease**

- ⑨ 병, 질환

047 ☐ **recent**

- ⑨ 최근의

048 ☐ **shape**	몡 모양, 형태
	동 (특정 모양으로) 만들다
	▸ be shaped like a cone 원뿔 같은 모양으로 만들어지다
	동 (성향 등을) 형성하다

| 049 ☐ **original** | 형 원래의 |
| | 형 독창적인 |

| 050 ☐ **climate** | 몡 기후 |
| | ▸ climate change 기후 변화 |

051 ☐ **interest**	동 관심을 끌다, 관심을 보이다
	▸ I'm interested in music. 저는 음악에 관심이 있어요.
	몡 관심
	▸ She has a lot of interest in art.
	그녀는 예술에 많은 관심을 갖고 있어요.
	몡 이자, 이익
	▸ low interest 저금리

052 ☐ **average**	형 평균의, 보통의
	몡 평균, 보통
	동 평균을 내다

| 053 ☐ **various** | 형 다양한 |

054 ☐ **space**	몡 공간
	몡 우주
	동 공간을 두다

| 055 ☐ **manufacture** | 동 (대량으로) 제조하다 |
| | 몡 제조, 생산 |

| 056 ☐ **impossible** | 형 불가능한 |

| 057 ☐ **perhaps** | 부 아마도 |

058 ☐ **subject**	몡 주제
	몡 대상
	몡 과목
	혱 ~될 수 있는, ~의 대상인
	▸ subject to change 변경될 수 있는

| 059 ☐ **argue** | 통 (논거를 들어) 주장하다 |

| 060 ☐ **understanding** | 몡 이해 |

| 061 ☐ **reduce** | 통 감소하다, 감소시키다 |

| 062 ☐ **describe** | 통 서술하다 |

| 063 ☐ **traditional** | 혱 전통적인 |

| 064 ☐ **financial** | 혱 재정적인, 금융의 |
| | ▸ financial meltdown 금융 붕괴 |

| 065 ☐ **method** | 몡 이론 |
| | 몡 방법 |

| 066 ☐ **nature** | 몡 자연 |
| | 몡 본성, 본질 |

| 067 ☐ **previous** | 혱 이전의 |

| 068 ☐ **strategy** | 몡 전략 |

| 069 ☐ **expert** | 몡 전문가 |
| | 혱 전문가의, 전문적인 |

| 070 ☐ **region** | 몡 지역 |

071 ☐ **cover**	동 가리다, 덮다
	동 다루다, 포함시키다
	동 (언론에서) 취재하다, 보도하다
	동 (자리를 비운 사람을) 대행하다
	동 (보험이) 보장하다
	명 표지, 커버
	명 (업무의) 대행

| 072 ☐ **according to** | 전 ~에 따르면 |
| | ▸ according to the CEO 대표이사에 따르면 |

073 ☐ **throughout**	전 ~에 걸쳐서
	▸ throughout the country 전국에 걸쳐서
	전 쭉, 내내
	▸ throughout the year 일년 내내

| 074 ☐ **create** | 동 창조하다, 만들어내다 |
| | 동 창립하다, 창설하다 |

| 075 ☐ **necessary** | 형 필수적인 |

| 076 ☐ **participant** | 명 참가자 |

077 ☐ **chance**	명 기회
	▸ take a chance 기회를 잡다
	명 가능성
	▸ chance of rain 비 올 가능성

078 ☐ **goods**	명 상품
	▸ heavy goods 무거운 상품
	▸ goods transport 물품 수송

| 079 ☐ **follow** | 동 따르다, 따라가다 |
| | 동 (시간상 혹은 결과로) 뒤따르다 |

| 080 ☐ **ancient** | 형 고대의 |

081 ☐	**supply**	동 공급하다
082 ☐	**due to**	전 ~때문에
083 ☐	**consider**	동 고려하다
084 ☐	**continue**	동 계속하다
085 ☐	**decade**	명 10년 ▸ a few decades later 수십 년 이후에
086 ☐	**notice**	명 주목, 알아챔 명 공고문, 공지사항, 알림 ▸ at short notice 예고 없이, 촉박하게 동 주목하다, 알아채다
087 ☐	**safety**	명 안전
088 ☐	**surface**	명 표면
089 ☐	**urban**	형 도시의
090 ☐	**length**	명 길이 명 기간
091 ☐	**survey**	명 설문조사
092 ☐	**positive**	형 긍정적인
093 ☐	**purpose**	명 목적, 용도
094 ☐	**tend**	동 경향이 있다

095 □ **match**

[동] 어울리다

[동] 일치하다

[동] 부응하다

▸ try to match customers' expectations
고객의 기대에 부응하려고 노력하다

[명] 경기, 시합

[명] 맞수, 상대

[명] 성냥

096 □ **opinion**

[명] 의견

097 □ **specialise**

[동] 전문적으로 다루다

[동] 전공하다

098 □ **united**

[형] 연합된, 통합된

099 □ **spend**

[동] (시간이나 돈을) 소비하다

100 □ **highly**

[부] 매우, 대단히

▸ highly similar 매우 유사한

[부] 높이

101 □ **opportunity**

[명] 기회

102 □ **receive**

[동] 받다, 받아들이다

103 □ **standard**

[명] 표준, 기준

[형] 표준의

[형] 일반적인

104 □ **structure**

[명] 구조

105 □ **surround**

[동] 둘러싸다

| 106 ☐ **correct** | 휑 정확한, 옳은 |
| | 동 정정하다, 바로잡다 |

| 107 ☐ **distance** | 명 거리, 거리감 |

| 108 ☐ **miss** | 동 놓치다 |
| | 동 그리워하다 |

| 109 ☐ **private** | 휑 개인적인, 사적인 |

| 110 ☐ **reach** | 동 이르다 |
| | 동 연락하다 |

| 111 ☐ **planet** | 명 행성 |

| 112 ☐ **prefer** | 동 선호하다 |

113 ☐ **face**	동 직면하다
	▸ face problems 문제에 직면하다
	명 얼굴

| 114 ☐ **document** | 동 (상세히) 기록하다 |
| | 명 서류 |

115 ☐ **chemical**	휑 화학적인
	명 화학 물질
	▸ add chemicals 화학 물질을 첨가하다

| 116 ☐ **difficulty** | 명 어려움, 곤경 |

| 117 ☐ **relevant** | 휑 관련 있는 |
| | 휑 적절한 |

| 118 ☐ **suppose** | 동 추측하다 |
| | ▸ be supposed to understand 이해한 것으로 추측하다 |

119 □ **corporate**

[형] 기업의, 회사의

[형] 공동의

120 □ **normal**

[형] 보통의, 일상적인

121 □ **compared to/with**

~과 비교하여

122 □ **employ**

[동] 고용하다

[동] (방법으로서) 활용하다

123 □ **historical**

[형] 역사적인

124 □ **investigate**

[동] 조사하다

125 □ **path**

[명] 길

126 □ **unique**

[형] 독특한

127 □ **register**

[동] 등록하다

[동] 알아채다

▸ hardly register 거의 알아채지 못하다

128 □ **rise**

[동] 오르다, 상승하다

[명] 인상, 증가

[명] 성공, 번영

[명] 급여 인상

129 □ **practical**

[형] 현실적인, 실제적인

▸ practical advice 현실적인 조언

[형] 실용적인, 유용한

▸ practical uses 실용적인 용도

130 □ **prepare**

[동] 준비하다, 대비하다

131 □ **responsible**

[형] 책임이 있는

▸ be responsible for ~에 책임이 있다

132 ☐	**spread**	동 펼치다, 펴다
		동 확산되다, 확산시키다
		▸ spread disease 병이 확산되다
		명 확산

| 133 ☐ | **prevent** | 동 예방하다 |

| 134 ☐ | **publish** | 동 출판하다, 출간하다 |
| | | 동 발표하다 |

| 135 ☐ | **cultural** | 형 문화의, 문화적인 |

136 ☐	**double**	동 두 배가 되다
		형 두 배의
		명 두 배

| 137 ☐ | **limit** | 동 제한하다 |
| | | 명 한도, 한계 |

| 138 ☐ | **solution** | 명 해결책 |
| | | 명 용액 |

139 ☐	**regulation**	명 규정
		명 통제, 단속
		▸ self-regulation 자기 통제

| 140 ☐ | **warn** | 동 경고하다 |
| | | 명 경고 |

141 ☐	**happen**	동 발생하다, 벌어지다
		▸ What happened to the ship?
		그 선박에 무슨 일이 발생했나요?
		▸ happen to find 우연히 ~을 발견하다

| 142 ☐ | **response** | 명 반응 |

| 143 ☐ | **revolution** | 명 혁명, 혁신 |

144 □ **closely**

[부] (빈틈 없이) 밀접하게
▸ closely related 밀접하게 관련된

[부] 면밀히
▸ watch closely 면밀히 보다

145 □ **force**

[동] 강요하다

[명] 물리력, 힘

146 □ **valuable**

[형] 소중한

[형] 가치가 큰, 값비싼

147 □ **add**

[동] 첨가하다, 추가하다

148 □ **attend**

[동] (행사 등에) 참석하다

[동] 주의하다, 주목하다
▸ attend to details 세부사항에 주목하다

149 □ **dangerous**

[형] 위험한

150 □ **deliver**

[동] 배달하다

151 □ **female/male**

[형] 여성의/남성의

[명] 여성/남성

152 □ **raise**

[동] 들어올리다

[동] (수준을) 높이다, 올리다
▸ raise standards 기준을 높이다

[동] (안건 등을) 제기하다
▸ raise another question 다른 문제를 제기하다

[동] 불러일으키다
▸ raise fear 공포를 불러일으키다

[동] 키우다, 기르다

153 □ **remain**

[동] 남다, 남아있다
▸ remain alone 혼자 남다

[동] 여전히 ~인 채로 있다
▸ remain positive 긍정적으로 있다

154 □ **repair**	동 수리하다
	동 회복하다
	▸ rest and repair 쉬고 회복하다
	명 수리, 수리 작업
	명 회복, 보상
	▸ the repair of the natural environment 자연의 회복
155 □ **except**	전 ~을 제외하고
	접 ~라는 것 외에
156 □ **perform**	동 수행하다
157 □ **quiet**	형 조용한
	형 한산한
158 □ **straight**	형 곧은
	부 일직선으로, 똑바로
159 □ **destruction**	명 파괴
	▸ forest destruction 삼림 파괴
160 □ **detailed**	형 자세한
161 □ **existence**	명 존재, 실재
	▸ the existence of ~의 존재
	▸ in existence 현존하는
162 □ **flow**	동 흐르다
	명 흐름, 이동
163 □ **personality**	명 성격
164 □ **attract**	동 마음을 끌다
	동 끌어모으다
165 □ **law**	명 법
	명 규칙

| 166 ☐ **satisfy** | 동 만족시키다 |

| 167 ☐ **express** | 동 표현하다 |
| | 형 급행의 |

168 ☐ **reserve**	동 예약하다
	동 (나중을 위해) 남겨두다, 보류하다
	동 보유하다
	▸ reserve the right 권리를 보유하다
	명 보호 지역
	▸ nature reserve 자연 보호 구역

| 169 ☐ **trust** | 동 신뢰하다 |
| | 명 신뢰 |

170 ☐ **vital**	형 필수적인
	형 생명의, 생명 유지와 관련된
	▸ vital signs (심장박동 등) 생명의 징후

171 ☐ **contribute**	동 기여하다
	동 기부하다
	동 원인이 되다

| 172 ☐ **decrease** | 동 감소하다, 감소시키다 |
| | 명 감소 |

173 ☐ **operate**	동 작동하다, 작동시키다
	동 (시스템 혹은 회사 등이) 운용되다
	동 수술하다

174 ☐ **peak**	동 절정(최고조)에 달하다
	▸ The price peaked in May. 그 가격은 5월에 최고조에 달했다.
	명 꼭대기, 정점
	▸ The price rose to a peak in May.
	그 가격은 5월에 정점으로 올랐다.
	형 절정기인, 한창인
	▸ at peak time 한창 때에

175 ☐ **rapid**	혱 빠른	
176 ☐ **object**	몡 물체	
	▸ historical objects 역사적인 물건	
	동 반대하다	
	▸ strongly object 강하게 반대하다	
177 ☐ **relationship**	몡 관계	
178 ☐ **request**	동 요청하다	
	몡 요청	
179 ☐ **the majority of**	대부분의	
	▸ the majority of students 대부분의 학생들	
180 ☐ **acquire**	동 얻다, 습득하다	
181 ☐ **definitely**	윗 분명히	
182 ☐ **emphasis**	몡 강조	
183 ☐ **indicate**	동 보여주다, 시사하다	
	▸ the research indicates that 그 연구는 ~을 시사한다	
	동 표시하다	
	▸ indicate the time 시간을 표시하다	
184 ☐ **proof**	몡 증거	
185 ☐ **prove**	동 증명하다	
186 ☐ **purchase**	동 구매하다	
	몡 구매	
187 ☐ **survive**	동 생존하다	
188 ☐ **candidate**	몡 지원자	
	몡 후보자	

189 □ **debate**

[동] 논쟁하다

[명] 논쟁

190 □ **predict**

[동] 예측하다

191 □ **represent**

[동] 보여주다, 제시하다

[동] 대표하다, 표본이 되다

192 □ **unfortunately**

[부] 유감스럽게도

193 □ **gain**

[동] 얻다

[명] 증가, 개선

194 □ **hire**

[동] 빌리다
▸ hire a bike 자전거를 빌리다

[동] 고용하다

195 □ **assume**

[동] 추측하다

196 □ **capable**

[형] ~할 수 있는

197 □ **secondary**

[형] 이차적인, 부수적인
▸ secondary problems 부수적인 문제들

[형] 중등 교육의

198 □ **skilled**

[형] 숙련된, 전문적인

199 □ **doubt**

[동] 의심하다

[명] 의심

200 □ **intelligent**

[형] 똑똑한

[형] 지능이 있는
▸ intelligent robots 지능이 있는 로봇

Index

S

시원스쿨아이엘츠 교재 최대 6권 포함

200% 환급반

강의 × 교재 × 응시료

사자마자 50%, 최대 200% 환급! 응시료 0원까지

* 환급조건 : 성적표 제출 및 후기 작성 등 제세공과금&교재비 제외, 유의사항 참고

SIWONSCHOOL LAB

가장 빠른 목표 달성을 위한 최상의 선택!

사자마자 환급	수강료 환급	응시료	교재
50%	**200%**	**0원**	
출석 × 성적 × 현금 환급	수강료 부담 NO 최대 200% 환급	299,000원 현금 환급	강의 교재 최대 6권 포함